자본시장법상

내부자거래

이상복

博英社

본 저서는 2009년 서강대학교 교내학술지원을 받아 수행한 연구임.

머 리 말

우리는 언론과 방송을 통해 검찰이 내부자거래나 주가조작 등의 증권범죄에 대한 수사결과를 발표하는 것을 지켜본 경험이 있다. 그런데 내부자거래에 연루된 사람들의 대부분은 사회적 지위가 높거나 안정된 사람들이었다. 이것은 우리나라나 외국이나 마찬가지이다. 따라서 내부자거래는 화이트칼라 범죄의 대표라고 알려지게 되었다.

저자는 1999년부터 2004년까지 한국증권거래소에 상근변호사로 근무하면서 증권범죄에 대한 연구에 관심을 가지게 되었다. 2001년 「개인투자자가 꼭 알아야 할 인터넷 증권사기」를 출간하고, 2002년 봄부터 2003년 여름까지 미국 스탠퍼드 로스쿨에서 증권규제와 기업범죄를 연구하고 돌아와 2004년에 「증권범죄와 집단소송」과 「증권집단소송론」을 출간하였으며, 변호사 활동을 하던 2005년에는 「기업범죄와 내부통제」를 출간한 적이 있다. 그 후 한국의 증권범죄에 관한 단행본을 출간하고픈 생각으로 원고정리에 들어갔으나 능력과 시간의 부족으로 출간이 미루어지게 되었다. 변호사 활동을 하던 시기 내부자거래 등 증권범죄에 대한 소송실무를 하면서 증권범죄 중 내부자거래에 관한 단행본을 우선 출간할 결심을 하였다. 그러나 변호사 활동을 하던 시기에는 차일피일 미루다가 2007년 가을부터 서강대 로스쿨에서 연구할 시간을 가지면서 본서의 출간에 박차를 가하고 이제야 본서를 출간하게 되었다.

현재 우리나라에는 자본시장법상 내부자거래에 관한 단행본은 출간된 적이 없는 것 같다. 외국의 경우만 하더라도 연구가 활발히 이루어져 내부자거래에 관한 단행본이 있는 것으로 알고 있다. 앞으로 더 깊은 연구결과가 나오기를 기대한다.

본서는 "자본시장과 금융투자업에 관한 법률"(자본시장법) 제4편 "불공정거래의 규제" 제1장 "내부자거래 등"에 관한 부분을 단행본으로 엮은 것이다. 본서는 다음과 같은 점을 고려하여 서술되었다.

첫째, 본서는 학계뿐만 아니라 법조계, 자본시장법상 내부자거래 관련 업무를 담당하는 감독기관, 자율규제기관, 금융투자업자, 그리고 기업실무가, 이 분야를 전공하는 대학원생 등의 독자층을 고려하여 상세하게 서술하였다.

둘째, 본서는 이미 출간된 자본시장법 관련 서적, 과거의 증권거래법 관련 서적, 이미 발표된 연구자들의 학술논문, 대학원 졸업논문 등을 참조하여 유용한 이론과 학설을 최대한 반영하려고 노력하였다.

셋째, 이론을 생동감 있게 만드는 것은 법원의 판례임을 고려하여 대법원 판례뿐만 아니라 하급심 판례도 최대한 반영하였다. 판례는 2010년 8월 선고된 판례까지 반영하였다. 또한 내용을 서술하면서 이론을 전개하고 그 아래에 관련판례를 서술하여 이론과 판례의 연관성을 강조하고자 하였다.

넷째, 미공개정보를 이용한 내부자거래에 관한 제재를 민사제재, 행정제재, 그리고 형사제재로 분류하여 서술하면서, 민사제재 부분은 법률요건에 맞추어 서술하고자 하였으며, 형사제재에 관한 부분은 범죄구성요건에 맞추어 서술하고자 노력하였다.

다섯째, 2005년도부터 시행된 증권관련 집단소송을 내부자거래에 관한 민사제재 부분에서 서술하였다. 현재 우리나라의 통계는 나와 있지 않지만, 집단소송의 천국이라 불리는 미국의 경우 내부자거래가 증권관련 집단소송에서 차지하는 비중이 평균 60%를 웃도는 것을 고려하여 서술한 것이다.

여섯째, 금융감독원과 거래소의 내부자거래 관련 규정이 실무에서 자주 이용되는 점을 고려하여 이러한 규정을 반영하였다.

이 보잘것없는 책이 내부자거래를 연구하는 사람들과 관련 업무 종사자들에게 도움이 되었으면 좋겠다는 바람에서 출간을 서두르게 되었다. 미흡한 점은 후일 더 보완되어야 할 것이다.

끝으로 저자가 증권관련 연구에 관심을 가진 지 10년 이상의 세월이 흘렀다. 그동안 많은 도움을 주신 분들에게 감사드린다. 연구하는 마음과 자세를 갖게 해주신 한국증권법학회의 전 회장이신 한양대학교 이철송 교수님과 현 회장이신 법무법인 세종의 송웅순 변호사님, 서울대학교 김건식 교수님, 성균관대학교 임재연 교수님, 충북대학교 송종준 교수님에게 특별히 감사의 말씀을 전한다. 또한 자신의 연구에 바쁜 가운데서도 내용에 대한 조언과 교정에 장시간을 수고해준 서강대학교 법학연구소의 강인태 박사에게 감사드리며, 결혼한 후 현재까지 시부모님을 모시면서 불평 한마디 없는 아내에게도 고마운 마음을 전한다. 마지막으로 이 책의 제작 및 간행에 힘써주신 박영사 안종만 회장님과 이구만 이사님의 노고에 감사드린다.

2010년 10월
저자 씀

* 이 책에서는 '자본시장과 금융투자업에 관한 법률'을 '자본시장법' 또는 '법'으로 표기하고 있습니다. 이 법의 시행령은 '영'으로 표기하였습니다.

차　　례

제1장　서　　론

제2장　내부자의 단기매매차익의 반환

제 3 장 임원 등의 특정증권등 소유상황보고의무

제 4 장 장내파생상품의 대량보유보고

제 5 장 내부자거래

제 6 장 내부자거래에 대한 제재

제1장

서 론

Ⅰ. 내부자거래규제의 목적

자본시장법(자본시장과 금융투자업에 관한 법률, 이하 "자본시장법"이라 함) 제172조부터 제175조는 주권상장법인의 임원, 직원 또는 주요주주 등 회사의 내부정보에 쉽게 접근할 수 있는 자에 대하여 단기차익반환, 임원 등의 특정증권등 소유상황보고, 미공개정보 이용행위 금지 등의 법적규제를 하고 있다.

일반적으로 증권시장에서 신제품의 개발, 증자 및 감자, M&A 정보 등의 기업정보는 투자자의 투자판단에 중요한 재료로 이용되며, 이 정보가 공개되었을 때에는 주가의 형성에 영향을 미친다. 이러한 회사의 내부정보에 용이하게 접근할 수 있는 해당 기업의 임직원, 주요주주, 기타 회사와 밀접한 관계에 있는 지위로 인하여 내부정보 획득 기회를 갖는 자를 내부자라고 한다. 이러한 내부자가 자신의 지위로 인하여 얻은 미공개정보를 이용하여 매매차익을 얻거나 손실을 면하기 위해 하는 증권거래를 내부자거래라 한다.

증권시장에서의 거래는 고도의 불확실성에 대한 투자임을 본질로 한다. 이러한 불확실성 속에서 투자자들은 자기의 판단과 위험부담하에 투자를 하게 된다. 따라서 모든 투자자들은 그 판단을 자기의 책임으로 하되 기회를 균등히 가져야 한다. 이러한 기회의 균등이야말로 자본시장법이 추구하는 기본적인 목적이다. 기업정보는 투자의 불확실성을 감소시킨다. 따라서 기업정보는 공시되어 모든 투자자들이 균등하게 이용할 수 있어야 한다. 일부 투자자만이 기업정보를 독점하여 일반투자자에 앞서 유리한 판단을 함으로써 이익을 보거나 손실을 회피한다면, 이것은 일반투자자의 손실로 전가되어 불공정한 거래가 된다. 따라서 일부 내부자에 의한 기업정보의 불공정한 이용을 방지하고 일반투자자와 증권시장을 보호하기 위한 제도가 내부자거래규제이다.[1)]

Ⅱ. 내부자거래규제 체계

자본시장법에서 규정하는 내부자거래의 주요 규제내용은 첫째, 일정한 내부자가 주식을 매도 또는 매수한 후 6개월 이내에 다시 매수 또는 매도하는 방법으로 단기간의 매매를 통한 차익을 얻은 경우에는 그 차익을 회사에 반환하게 하고(법 제172조 제1항), 둘째, 내부자가 회사의 미공개정보를 이용하여 주식을 매도 또는 매수하는 것을 금지하는 것이다(법 제174조 제1항).

위 두 가지는 몇 가지 차이점이 있다. 첫째, 단기매매차익 반환제도는 일정한 내부자의 신분만 구비하면 실제 미공개정보를 이용하였느냐를 불문하고 제한을 가하는 것이다. 그러나 미공개중요정보 이용행위 금지제도는 내부자의 신분을 가진 자가 미공개중요정보를 이용하여 거래를 하여야 규

1) 이철송, 회사법강의 제16판, 박영사(2009), 361쪽.

제를 받는다. 따라서 규제대상이 상이하다. 둘째, 미공개중요정보 이용행위 금지제도는 미공개중요정보를 이용한 행위에 비난가능성이 있기 때문에 형사제재를 받는다. 그러나 단기매매차익 반환제도는 정보이용의 개연성에만 기초하여 규제하는 것이므로 범죄성을 인정할 수는 없다. 따라서 매매차익만을 반환하게 함으로써 거래를 무익하게 할 뿐이다. 셋째, 단기매매차익 반환제도는 정보이용의 개연성을 기초로, 미공개중요정보의 이용행위 금지제도는 실제로 정보를 이용한 사실을 비난하는 것이므로 규제대상인 내부자의 범위를 달리한다. 넷째, 단기매매차익 반환제도는 형식적인 기준에 의해 그 범위가 제한적이고, 미공개중요정보 이용행위 금지제도는 정보접근의 가능성이 있는 자를 광범위하게 포함한다.

그리고 자본시장법은 위와 같은 규제의 실효성을 확보하기 위한 간접적인 제도로서 첫째, 임원 등의 특정증권등 소유상황의 보고의무를 지우고(법 제173조), 둘째, 장내파생상품의 대량보유상황에 대한 보고의무를 부과하며(법 제173조의2), 셋째, 미공개중요정보를 이용한 자에 대하여 민사제재(법 제175조)와 형사제재(법 제443조)를 가하고 있다.

제2장

내부자의 단기매매차익의 반환

Ⅰ. 서 설

1. 의의 및 제도적 취지

단기매매차익(short-swing profits) 반환제도란 회사의 내부자가 자신의 지위로 인하여 취득한 내부정보를 이용하는 것을 방지하기 위하여 당해 회사의 주권 등에 대하여 단기간에 행한 매매와 그 후의 반대매매에서 얻은 차익을 당해 회사에 반환할 것을 회사가 청구하는 것을 말한다.

단기매매차익 반환책임은 특수한 법정책임이고 일반불법행위책임과는 다르다. 따라서 미공개중요정보의 이용 여부를 불문하고 그 요건에 해당하는 경우에는 자동적으로 책임이 인정되는 엄격책임에 해당한다.[2)]

2) 한국증권법학회, 자본시장법 주석서 Ⅰ, 박영사(2009), 818쪽.

단기매매차익 반환제도의 취지는 주가에 영향을 미치는 회사의 내부정보에 용이하게 접근할 수 있는 내부자들이 정보가 공개되기 전에 이를 이용하여 당해 주권 등을 매수 또는 매도한 후 정보가 공개되어 주가가 상승 또는 하락함에 따라 이익을 취득하거나 손실을 회피하는 행위를 방지함으로써 증권시장의 건전성을 수호하고 내부자거래로 인한 일반투자자들의 피해를 방지하며 주권발행회사를 보호하고 중요정보의 조기공시 촉진을 통한 증권시장의 효율성을 제고하는 것이다.[3] 그런데 이 제도는 회사의 내부자의 미공개중요정보의 이용 여부와 관계없이 그 요건에 해당하는 경우 자동적으로 그 반환책임이 인정되는 엄격책임이기 때문에, 반환의무자가 내부정보를 이용하여 단기차익을 취득하지 않았음을 입증하더라도 그 책임을 면할 수 없다. 이는 이러한 내부자의 내부정보 이용행위를 방지하기 위하여 실제로 내부자가 회사의 미공개 내부정보를 이용하여 주식매매를 하였는지 여부를 묻지 않고 내부자의 단기주식거래로 인한 차익을 모두 회사에 반환하도록 하는 것이다. 법은 이러한 내부자의 내부정보 이용행위를 방지하기 위하여 회사의 내부자가 외부에 공개되지 않은 회사의 정보를 이용하여 회사의 주식등의 거래를 한 경우 민사상·형사상 제재를 가함으로써 이에 대한 규제를 하고 있으나, 실제로 내부자가 회사의 내부정보를 이용하였음을 입증하는 것은 회사와 내부자의 관계나 내부자가 회사내부의 서류 등 증거자료에 접근하는 것이 용이한 점 등을 고려할 때 매우 어렵다고 볼 것이다. 따라서 이 제도는 회사의 내부자가 6월의 단기간 동안에 당해 회사의 주식거래를 한 경우에는 실제로 내부정보를 이용하였는지 여부에 관계없이 그러한 거래로 인하여 발생하는 차익을 모두 회사에 반환하도록 함으로써 내부자거래에 대한 예방적·간접적 규제를 하는 데 그 취지가 있다고 할 것이다.[4]

---

3) 서울고등법원 2001. 5. 18. 선고 2000나22272 판결.

4) 헌법재판소 2002. 12. 18. 선고 99헌바105, 2001헌바48(병합) 결정.

관련판례: 서울고등법원 2001. 5. 9. 선고 2000나21378 판결[5)]

내부자의 단기매매차익 반환을 규정하고 있는 법 제188조 제 2 항은 ① 미공개정보 이용행위 금지(법 제188조의2, 3) ② 공매도금지(법 제188조 제 1 항) ③ 주식소유상황 보고의무(법 제188조 제 6 항, 제 7 항) 등과 함께 증권거래법이 정하고 있는 내부자거래에 대한 규제 중의 하나이며, 이는 주권상장법인의 임원, 직원, 주요주주와 같이 주권의 가격에 영향을 미치는 회사의 내부정보에 용이하게 접근할 수 있는 내부자들이 위와 같은 정보가 공개되기 전에 이를 이용하여 당해 주권 등을 매수 또는 매도한 후 위 정보가 현실화되어 주가가 상승 또는 하락함에 따라 부당한 이익을 취득하는 것을 막음으로써 증권시장의 건전성을 수호하고 내부자거래로 인한 일반투자자들의 피해를 방지하며 주권발행회사를 보호하고 중요정보의 조기공시 촉진을 통한 증권시장의 효율성을 제고하는 것을 그 입법취지로 하고 있다.

2. 연 혁

미국은 내부자거래규제에 관한 한 가장 오랜 역사와 전통을 가지고 있다. 1929년 대공황 이후 증권시장을 규제하기 위하여 1933년 증권법(Securities Act of 1933)과 1934년 증권거래법(Securities Exchange Act of 1934)이 제정되었다. 1934년 증권거래법 제정 당시 제16조에서 주요주주 및 임원에 대한 소유주식보고의무((a)항), 단기차익반환의무((b)항), 공매도금지((c)항) 등의 규정을 통해 내부자거래를 규제하였다. 이 시기에 도입된 것이 단기매매차익 반환제도이다.[6)]

5) 서울고등법원 2001. 5. 18. 선고 2000나22272 판결도 동일한 내용의 입법취지를 설시하고 있다.

6) 연혁적으로 내부자거래규제라고 하면 회사의 내부자가 자기회사의 호재성 미공개정보(good news)를 이용하여 자기회사 주식을 단기간 내에 매수한 후 매도하여 부당하게 차익을 얻은 경우, 이를 반환하도록 하는 것을 의미하였고, 이는 회사의 내부자가 회사의 정보를 이용할 개연성이 어느 누구보다도 크다는 점을 고려한 것이다. 그러나 내부자거래, 즉 미공개정보의 이용행위를 증권범죄의 한 유형으로 보아 내부자의 범위를 점차 확대해오면서, 단기매매차익 반환의무와 공매도금지제도는 회사 내부자에 대한 특별규제의 성격으로 변모되었다. 또한 미공개정보 이용행위는 정보이용을 금지시키는 사후의 처벌장치이나, 단기매매차익 반환의무와 공매도금지제도는 사전예방적 규제장치로서의 성격이 강하다. 세계 각국은 회사내부자가 자기회사 주

우리나라에서 내부자거래를 규제하기 위한 제도는 1962년 증권거래법 제정 당시에는 없었고, 1976년 개정에 의해 도입되었다. 이 제도는 미국의 1934년 증권거래법 제16조를 계수한 것으로, 내부자거래의 개연성이 큰 주요주주 및 임직원에 대한 공매도를 금지하고(1976년 개정 증권거래법 제188조 제 1 항) 단기매매차익의 반환의무를 부과한 것이다(같은 법 제188조 제 2 항). 그러나 단기매매차익 반환제도는 내부자의 미공개정보 이용사실이 입증된 경우에 한하여 단기매매차익을 회사에 반환하도록 하는 것이었기 때문에 내부자거래규제의 실효성은 거의 없었고, 그 입증책임을 내부자에게 전환하는 형태로 동 조항을 1987년 개정할 때까지는 거의 사문화되어 있었다. 그 후 1987년 개정에서 미공개정보를 이용한 내부자거래를 직접금지하는 제도를 처음으로 신설하면서 내부자의 단기매매차익 반환시 내부정보의 이용에 대한 입증책임을 당해 회사 또는 주주가 아닌 내부자가 부담하는 내용의 개정이 있었다.

1990년대 들어 내부자거래에 대한 본격적인 단속의 필요성과 규제를 강화하는 세계적인 추세에 맞추어, 1991년 내부자거래규제법제를 전면적으로 개편하였다. 이에 따라 단기매매차익의 반환시 미공개정보 이용 여부에 대한 입증책임 요건을 폐지하였다. 그 후 1997년 개정 증권거래법에서는 단기매매차익의 반환을 위한 제 1 차 청구권자를 당해 회사로 하고, 제 2 차 청구권자를 당해 회사의 주주와 증권선물위원회로 분리하였다.[7)]

식등을 매매함에 있어 호재성정보(good news)를 이용하는 행위를 제한하기 위하여 단기매매차익 반환규제를, 악재성 정보(bad news)를 이용하는 행위를 규제하기 위하여 공매도(short selling)를 규제하고 있다(전홍렬, 증권거래법 해설, 한국상장회사협의회(1997), 392-393쪽 참조).

7) 우리나라의 단기매매차익 반환제도는 미국의 1934년 증권거래법 제16조 (b)항과 이를 본받은 일본 증권취인법(證券取引法) 제189조를 모범으로 하여 1976년 12월 22일의 증권거래법 개정시 도입된 것인데, 처음에는 증권거래법 제188조 제 2 항에서 내부자가 "그 직무 또는 직위에 의하여 지득한 비밀을 이용하여"라고 하여 내부정보의 현실적 이용을 그 요건으로 하였다가, 그 후 1982. 3. 29. 법률 제3541호로 위 조항이 개정되면서 위 제188조 제 2 항 단서에 "다만, 그 자가 그 직무 또는 지위에 의하여 지득한 비밀을 이용하여 이익을 얻은 것이 아님을 입증할 때에는 그러하지 아

3. 제도의 위헌 여부

단기매매차익 반환제도가 헌법 제23조 제 1 항 본문이 보장하는 재산권을 제한하고, 회사 내부자를 그 사회적 신분에 의하여 경제적 생활영역에서 차별함으로써 헌법 제11조 제 1 항이 보장하는 평등권을 침해하고 있으며, 간접적으로는 헌법 제10조의 행복추구권에서 파생되는 일반적 행동자유권의 한 내용인 계약의 자유 등을 침해하고 있다는 이유로 헌법소원심판이 청구되었다. 그러나 헌법재판소는 단기매매차익 반환제도에 대하여 헌법재판관 전원의 일치된 의견으로 합헌결정을 내렸다.

관련판례: 헌법재판소 2002. 12. 18. 선고 99헌바105, 2001헌바48(병합) 결정

1. 사건의 개요

(1) 99헌바105

청구인 이○호는 주식회사 ○○의 대표이사 또는 이사로 재직 중이던 1997. 10. 23.부터 1998. 2. 12.까지 사이에, 위 회사의 전·현직 직원인 김○웅 등 17인의 명의를 빌려 청구인의 계산으로 위 회사의 주식 365,570주를 매수한 다음(주당 평균단가 금 4,861원), 그로부터 6개월이 경과하지 아니한 1997. 11. 3.에 4,610주, 같은 달 6.에 390주, 1998. 1. 24.에 5,000주, 같은 해 2. 16.에 335,951주 합계 345,951주를 평균단가 9,284원에 매도하여 매매수수료 등을 공제하고 금 1,691,464,381원의 매매차익을 얻었다.

증권선물위원회는 1999. 3. 11. 위와 같은 매매차익의 발생사실을 알고 위 회사에게 청구인이 위 증권거래를 통하여 얻은 단기매매차익의 반환을 위한 재판상 청구 등 실효성 있는 조치를 취할 것을 요구하였고, 위 요구에 따라 위

니한다"고 규정하여 그 입증책임을 내부자에게 전환시켰으며, 다시 1991년 12월 31일 법률 제4469호로 개정하면서 위 제188조 제 2 항 단서를 삭제하는 대신 증권거래법 제188조 제 8 항을 신설하여 "제 2 항의 규정은 임원·직원 또는 주요주주로서 행한 매도 또는 매수의 성격 기타 사정 등을 감안하여 대통령령이 정한 경우 및 주요주주가 매도·매수한 시기 중 어느 한 시기에 있어서 주요주주가 아닌 경우에는 이를 적용하지 아니한다"고 규정함으로써 내부 정보의 이용 여부를 불문하고 같은 조 제 1 항의 요건에 해당하는 경우에는 자동적으로 매매차익의 반환의무가 인정되는 엄격책임의 원칙을 취하였고, 다만, 그 적용의 예외 사유를 인정하여 그 예외의 범위를 시행령과 증권관리위원회의 규정에 위임하였다.

회사는 같은 해 5. 15. 청구인을 상대로 단기매매차익 반환을 구하는 민사소송(서울지방법원 남부지원 99가합7825호)을 제기하였다. 청구인은 위 소송 계속 중, 위 반환청구의 근거조항인 증권거래법 제188조 제2항, 제8항에 대하여 위헌제청신청을 하였으나, 위 법원은 이를 기각하였고, 이에 청구인은 1999. 11. 24. 이 사건 헌법소원심판을 청구하였다.

(2) 2001헌바48

청구인 권○섭은 ○○화학공업 주식회사 발행의 보통주 30.09%를 보유한 주주이자 1992. 3. 12.부터 위 회사의 대표이사로 재직하였던 자인바, 1997. 8. 12.부터 1998. 1. 10.까지 사이에 그가 보유하고 있던 위 회사의 주식 중 1,844,290주를 매도한 다음, 이로부터 6개월이 경과하지 아니한 1997. 11. 21.부터 1998. 6. 3.까지 사이에 같은 종류, 같은 종목의 주식 1,624,250주를 제3자 신주인수 또는 매매를 통하여 취득하였다.

증권선물위원회는 1998. 10. 2. 청구인의 위와 같은 주식거래사실을 알고 위 회사에게 청구인이 위 증권거래를 통하여 얻은 단기매매차익의 반환을 위한 재판상 청구 등 실효성 있는 조치를 취할 것을 요구하였고, 위 요구에 따라 정리회사 ○○화학공업주식회사는 청구인을 상대로 청구인이 얻은 단기매매차익 9,774,839,087원에 대한 반환청구소송(서울지방법원 98가합114133)을 제기하여 2000. 4. 18. 위 법원으로부터 승소판결을 받았다. 이에 청구인은 위 판결에 대하여 항소(서울고등법원 2000나22272)를 제기하였고, 항소심 계속중 증권거래법 제188조 제2항의 위헌법률심판제청을 신청하였으나, 위 법원은 이를 기각하였고, 이에 청구인은 2001. 5. 18. 이 사건 헌법소원심판을 청구하였다.

2. 청구인들의 주장요지

(1) 99헌바105

(가) 이 사건 법률조항은 내부자의 소유에 속하는 주권 등의 거래로부터 발생한 소득을 주권 등 발행회사에 반환하게 함으로써 헌법 제23조 제1항 본문이 보장하는 재산권을 제한하고 있고, 또한 회사 내부자를 그 사회적 신분에 의하여 경제적 생활 영역에서 차별함으로써 헌법 제11조 제1항이 보장하는 평등권을 침해하고 있으며, 간접적으로는 이러한 제한을 가함으로써 헌법 제10조의 행복추구권에서 파생되는 일반적 행동자유권의 한 내용인 계약의 자유를 침해하는바, 이러한 기본권의 제한은 미공개중요정보 불이용 사실에 대한 반대입증의 기회를 내부자에게 부여함으로써 그 주식매매거래의 실질에 따라 단기매매차익 반환청구의 적용 여부를 달리하는 등 보다 완화된 규정을 통해 기본권의 제한을 필요한 최소한도에 그치도록 할 수 있음에도 불구하고 과도하게

기본권을 제한하고 있다는 점에서 헌법 제37조 제 2 항을 위반하고 있다.

(나) 증권거래법 제188조 제 8 항은 이 사건 법률조항의 적용 예외 사유에 관하여 규정하면서, "매도 또는 매수의 성격 기타 사정 등을 감안하여 대통령령이 정한 경우"라고 함으로써 단지 형식적인 기준을 제시하고 있을 뿐, 적용제외 범위의 결정을 위한 실질적인 기준을 전혀 제시하고 있지 아니하므로 위임의 기준, 범위 및 그 한계를 명확히 하지 아니하고 단기매매차익 반환규정의 적용제외 범위의 결정을 대통령령에 포괄적으로 위임한 것으로서 헌법 제75조에 위반된다.

(다) 그렇지 않더라도, 이 사건 법률조항의 '그 법인의 주권등을 매수한 후 6월 이내에 매도 … 하여 이익을 얻은 경우'에 지배주주가 경영권 양도의 의도나 인식 없이 자사주를 취득한 후, 경영 악화로 인해 경영권을 양도하기로 하고서 그 방법으로 보유주식을 경영권 프리미엄을 포함한 협의가격에 의해 장외에서 매도하여 이익을 얻은 경우'도 포함되는 것으로 해석하는 한, 이 사건 법률조항은 헌법에 위반된다.

(2) 2001헌바48

(가) 이 사건 법률조항은 내부자의 단기주식매매로 인하여 손해를 입은 일반주주의 보호를 위한 것임에도 그 단기매매차익의 반환청구권자를 법인, 즉 회사로 정함으로써 일반주주와 임원 등 내부자간의 다툼에 있어 중립적이어야 할 법인이 자신이 가진 정보를 이용하여 일반주주를 위하여 단기매매차익의 반환을 내부자에게 요구하게 된다. 그러므로 법인을 단기매매차익의 반환청구권자로 정한 것은 중립적이어야 할 법인으로부터 내부자가 차별취급을 받게되는 결과가 되므로 청구인의 평등권을 침해한다.

(나) 이 사건 법률조항에 따라 단기매매차익을 반환하는 경우에 있어서도 거래의 유형이나 단기매매를 할 수밖에 없었던 상황을 고려하여 법관의 판단에 따라 그 반환의 범위가 결정되어야 함에도 그러한 사정을 고려하지 않고 매매차익의 전부를 반환하게 한다는 것은 청구인의 재판청구권을 침해한다.

3. 판 단

가. 내부자거래에 대한 규제와 그 수단

(1) 내부자거래라 함은 회사의 임원·직원 또는 주요주주 등 회사의 내부자가 그 직무 또는 지위에 의하여 얻은 내부정보를 이용하여 자기회사의 주식을 거래하는 것을 말한다. 이러한 거래가 규제의 대상이 되는 이유는, 내부자의 경우 자기회사의 주가에 영향을 미칠만한 회사의 기밀, 예컨대 유·무상증자, 자산재평가계획, 합병, 신상품개발, 부도발생 등 중요한 정보를 미리 알게 될

기회가 많으므로 주식거래에 있어 일반투자자보다 훨씬 유리한 입장에 있는 반면, 일반투자자로서는 손해를 보게 될 가능성이 크기 때문이다.

일반적으로 주식투자에 수반되는 위험은 주로 회사의 영업실적, 시장이나 경제동향 등에 대한 투자자의 판단이 불완전한 것에 기인하는 것이므로, 투자자가 타인이 갖고 있는 정보를 이용하지 못했거나 그릇된 분석으로 인하여 손실을 입었더라도, 이는 증권거래 자체의 고유한 특성일 뿐 법적으로 고려할 일은 아니다. 그러나 내부자거래로 인한 상대방의 손실은 능력의 부족이나 부주의로 정보를 몰랐기 때문에 발생하게 되는 것이 아니라, 내부자가 자신의 이득을 위하여 회사의 미공개 내부정보를 이용하였기 때문에 발생한다고 볼 수 있으므로 이러한 행위는 쉽게 용납될 수 있는 것은 아니다. 만일 이를 방치한다면, 일반투자자로서는 그러한 증권시장에 불신감을 갖게 되어 투자를 주저하게 될 것이므로 증권시장을 통한 회사의 자금조달이 어렵게 될 것이고, 이로 인하여 증권시장의 건전한 발전이 저해될 것임은 물론 국민의 효율적 자산운영을 막는 결과를 초래할 것이다.

요컨대, 내부자거래에 대한 규제의 목적은 증권매매에 있어 정보면에서의 평등성, 즉, 공정한 입장에서 자유로운 경쟁에 의하여 증권거래를 하게 함으로써 증권시장의 거래에 참여하는 자로 하여금 가능한 동등한 입장과 동일한 가능성 위에서 증권거래를 할 수 있도록 투자자를 보호하고 증권시장의 공정성을 확립하여 투자자에게 그 신뢰감을 갖게 하려는 데에 있는 것이다(헌재 1997. 3. 27. 97헌바24, 판례집 9-1, 274, 283-284 참조).

(2) 증권거래법은 이러한 내부자거래를 규제하기 위하여 회사의 내부자가 업무 등과 관련하여 일반인에게 공개되지 아니한 중요한 미공개정보를 이용하는 행위를 금지하고(제188조의2), 이에 위반한 경우 거래상대방에 대한 손해배상책임(제188조의3)과 형사책임(제207조의2 제1호)을 부과함으로써 직접적으로 회사내부자의 미공개 내부정보의 이용행위를 금지하고 있다. 그리고 이러한 내부자거래에 대한 규제의 효율성을 확보하기 위한 사전적·간접적 규제수단으로 임원 및 주요주주의 주식보유상황 및 그 변동내용을 보고하게 하고(제188조 제6항), 내부자의 공매도를 금지하는(제188조 제1항) 한편, 이 사건 법률조항은 내부자의 6개월 이내의 단기매매로 인하여 발생하는 차익을 회사로 반환하도록 하는 단기매매차익 반환제도를 두고 있다.

나. 단기매매차익 반환제도의 취지

단기매매차익 반환제도는 회사의 내부자가 당해 회사의 주식을 매도하거나 또는 매수한 다음 6월 이내에 이를 다시 매수하거나 또는 매도하여 이익을 얻은 경우에 당해 회사가 그 이익을 회사로 반환할 것을 청구할 수 있도록 함을 내용으로 하는데, 이는 실제로 내부자가 회사의 미공개 내부정보를 이용하여 주식매매를 하였는지 여부를 묻지 않고 내부자의 단기주식거래로 인한 차익을 모두 회사에 반환하도록 하는 것이다.

법은 이러한 내부자의 내부정보 이용행위를 방지하기 위하여 위에서 본 바와 같이 회사의 내부자가 외부에 공개되지 않은 회사의 정보를 이용하여 회사의 주식등의 거래를 한 경우 민사상·형사상 제재를 가함으로써 이에 대한 규제를 하고 있으나, 실제로 내부자가 회사의 내부정보를 이용하였음을 입증하는 것은 회사와 내부자의 관계나, 내부자가 회사내부의 서류 등 증거자료에 접근하는 것이 용이한 점 등을 고려할 때 매우 어렵다고 볼 것이다.

따라서, 이 사건 법률조항은 회사의 내부자가 6월의 단기간 동안에 당해 회사의 주식거래를 한 경우에는 실제로 내부정보를 이용하였는지 여부에 관계없이 그러한 거래로 인하여 발생하는 차익을 모두 회사에 반환하도록 함으로써 내부자거래에 대한 예방적·간접적 규제를 하는 데 그 취지가 있다고 할 것이다.

다. 재산권의 침해 여부에 관한 판단

이 사건 법률조항은 내부자가 실제로 회사의 미공개 내부정보를 이용하여 주식거래를 하였는지 여부를 묻지 않고, 이 사건 법률조항이 정하는 객관적 요건에 해당하기만 하면 일률적으로 그러한 거래를 통하여 발생한 이익을 회사에 반환하게 하는 반증을 허용하지 않는 반환책임을 내부자에게 부과하고 있다. 그러나 회사의 내부자가 회사의 미공개 내부정보를 이용하지 않았음이 객관적으로 명백하거나 그러한 정보의 이용가능성이 애당초 없었을 경우, 또는 내부자가 스스로 내부정보를 이용하지 않았음을 입증하는 경우에도 이 사건 법률조항이 정하는 단기매매차익 반환의 요건에 해당한다고 하여 무조건 그 차익을 반환하게 한다면, 이는 내부자거래의 규제라는 단기매매차익 반환제도의 목적을 넘어 내부자의 정당한 주식거래로 인한 이익마저도 박탈하게 되는 결과가 된다.

따라서 단기매매에 해당하는 경우 그 이익을 회사에 모두 반환하도록 하고 있는 이 사건 법률조항이 과잉금지의 원칙에 반하여 청구인들의 재산권을 침해하는지 여부에 관하여 본다.

(1) 입법목적의 정당성 및 방법의 적정성

이 사건 법률조항의 입법목적은 내부자거래를 규제함으로써 일반 투자자들의 이익을 보호함과 동시에 증권시장의 공평성·공정성을 확보함으로써 일반투자자들의 증권시장에 대한 신뢰를 확보하고 이를 바탕으로 국가경제의 발전에 기여함에 있다고 할 것이므로 그 입법목적이 정당함은 명백하다.

나아가 이러한 목적의 달성을 위하여 내부정보를 이용하였을 개연성이 큰 내부자의 단기주식거래로 인한 이익을 회사로 반환하도록 하여 그러한 거래를 무익하게 하고 있는바, 이는 내부자거래에 대한 상당한 억지효과를 가질 것이 예상되므로 그 방법도 또한 적정하다고 보인다.

(2) 수단의 최소침해성

(가) 이 사건 법률조항이 정하는 책임의 성격과 예외

이 사건 법률조항의 입법연혁을 보면, 이 사건 법률조항이 처음 제정된 1976년 증권거래법 제188조 제2항은 "상장법인의 임원·직원 또는 주요주주는 그 직무 또는 지위에 의하여 지득한 비밀을 이용하여 그 자가 그 법인의 주식을 매수한 후 6월 이내에 … 법인 또는 당해 법인의 주주는 그 이익을 그 법인에게 제공할 것을 청구할 수 있다"라고 하여 내부자의 내부정보 이용사실을 회사가 입증하는 경우에만 그 차익의 반환을 청구할 수 있도록 하였으나, 1987년에 개정된 법 제188조 제2항은 "상장법인 또는 등록법인의 임원·직원 또는 주요주주가 그 법인의 주권등을 매수한 후 6월 이내에 … 법인 또는 위원회는 그 이익을 그 법인에게 제공할 것을 청구할 수 있다. 다만, 그 자가 그 직무 또는 지위에 의하여 지득한 비밀을 이용하여 이익을 얻은 것이 아님을 입증할 때에는 그러하지 아니하다"라고 규정하여 내부정보의 이용 여부에 관한 입증책임을 내부자에게 전환시킴으로써 단기매매차익 반환제도의 실효성을 확보하려고 하였다.

그러나 이러한 입증책임의 전환에도 불구하고, 내부자로서는 내부정보 이용 여부의 입증자료를 모두 독점하는 관계로 어렵지 않게 내부정보를 이용하지 않았음을 쉽게 입증할 수 있었고 또한 아무런 근거도 없이 내부자거래가 아님을 주장하여 반환책임을 고의로 지연시키는 등 단기매매차익 반환제도의 실효성이 없어짐에 따라 1991년 개정법에서는 위 단서부분을 삭제하여 미공개 내부정보를 이용하였는지 여부에 관계없이 단기매매에 해당하기만 하면 그로 인한 차익을 모두 반환하도록 하였다.

따라서 이 사건 법률조항이 정하는 단기매매차익 반환제도는 문면상 내부자가 실제로 미공개 내부정보를 이용하였는지 여부에 관계없이 i) 내부자가, ii) 6월 이내의 기간에, iii) 자기회사의 주식등을 거래하여, iv) 차익이 발생한 경우라는 형식적인 요건에만 해당하면 반환책임이 성립하고, 내부정보를 이용하지 않고 주식거래를 하였다는 등 일체의 반증을 허용하지 않는 내부자에 대한 엄격책임을 부과하고 있는 것이다.

한편, 이러한 내부자에 대한 엄격책임의 부과에 대하여 법 제188조 제 8 항은 "제 2 항의 규정은 임원·직원 또는 주요주주로서 행한 매도 또는 매수의 성격 기타 사정 등을 감안하여 대통령령이 정한 경우 및 주요주주가 매도·매수한 시기 중 어느 한 시기에 있어서 주요주주가 아닌 경우에는 이를 적용하지 아니한다"라고 하여 대통령령이 정하는 일정한 경우에는 내부자에 대한 엄격책임을 예외적으로 완화하고 있다. 그러나 이러한 반환책임의 예외도 대통령령이 정하는 일정한 유형의 주식거래에 한정되는 것일 뿐, 내부자에게 내부정보를 이용하지 않았다는 반증을 허용하게 하거나 대통령령에서 정하지 않는 사유로까지 그 반환책임의 예외 사유를 넓힐 것을 예정한 것도 아니라고 볼 것이므로, 이러한 엄격책임의 부과가 단기매매차익 반환제도의 입법목적을 넘어 청구인들의 재산권을 과잉제한하고 있는지 여부에 대하여 본다.

(나) 미공개 내부정보의 이용 유무를 반환책임의 적극 또는 소극요건으로 하지 않은 것이 최소침해성의 원칙에 반하는지 여부

내부자가 회사의 미공개 내부정보를 실제로 이용하였음이 입증되는 때에만 반환책임을 인정하는 경우에는, 회사와 내부자의 관계상 회사가 이를 적극적으로 입증하기를 기대하는 것은 어렵고, 그 입증자료들이 모두 내부자가 경영 또는 관리하는 회사의 내부에 존재하는 관계로 감독기관 또는 일반주주가 이를 찾아내어 입증하기도 또한 불가능하다. 또한 입증책임을 내부자에게 전환한다고 하더라도 내부자는 회사의 내부자료에 손쉽게 접근할 수 있어 그 입증이 용이할 뿐 아니라 심지어 증거자료를 조작할 위험도 크다고 할 것이므로 단기매매차익 반환제도의 실효성이 약화되어 무용화될 위험성이 매우 크다.

그리고 내부자가 회사의 미공개 내부정보를 이용하였다는 자료가 있는 경우에도 그 내부정보는 외부정보와 혼재하는 경우가 대부분이라 할 것인데 어느 쪽이 주가의 상승·하락에 영향을 미쳤는지의 판별이 곤란한 상황이 있을 수 있고, 내부정보는 현저하고 단발적인 것에 한정되는 것이 아니라 미미하고 다발적인 요소들이 누적된 형태로 나타날 수도 있는데, 이러한 경우에는 내부정보의 특정마저 곤란하게 된다.

이러한 상황에서 내부자가 실제로 내부정보를 이용하였는지 여부를 반환책임의 적극 또는 소극요건으로 두는 것은 사실상 단기매매차익 반환제도를 무력하게 하여 내부자거래규제의 목적을 달성하기 어렵게 될 것이 능히 예상되기 때문에, 실제로 내부정보를 이용하였는지 여부를 불문하고 엄격한 반환책임을 내부자에게 부과하고 있는 것이다.

나아가 내부자가 단기거래로 차익을 발생시킬 경우, 일반투자자들은 비록

내부자가 내부정보를 이용하지 않았다 하더라도 내부자의 회사에서의 지위로 인하여 그것이 내부 정보의 이용으로 인한 것이 아닌가 불신할 수 있다. 이러한 불신은 내부자의 단기거래로 인한 차익의 발생만으로도 발생하는 것이고, 그러한 불신이 시장에서 만연하게 되면, 결국 증시 전반은 위축되는 결과가 초래된다.

따라서 입법자는 내부정보를 실제로 이용한 경우에만 단기매매차익 반환책임을 물어서는 내부자거래를 규제하고자 하는 입법목적을 달성하기 어렵다고 판단하고, 실제로 내부정보를 이용하였는지 여부를 불문하고 내부정보를 이용하였을 개연성이 큰 단기매매 자체를 금지하려는 의도에서 이로 인하여 발생한 모든 차익을 회사로 반환하게 한 것으로 이는 증권시장에 대한 신뢰의 제고를 입법목적으로 하는 이 사건 법률조항의 입법목적상 불가피한 입법적 선택이라 할 것이다.

(다) 증권거래법 제188조 제8항이 정하는 예외 사유에 해당하지 않는다고 하여 일률적으로 반환책임을 부담하게 하는 것이 최소침해성의 원칙에 반하는지 여부

위에서 본 바와 같이 내부정보를 이용할 개연성이 크다고 볼 수 있는 내부자의 단기주식거래에 있어 실제로 내부자가 회사의 내부정보를 이용하였는지 여부를 불문하고 객관적인 요건에 해당하는 한, 그러한 거래로 인하여 발생한 이익을 회사로 반환시켜야 할 필요성과 합리적인 이유가 있다고 하더라도, 애당초 단기매매차익의 발생 원인이 미공개 내부정보의 이용에 있지 않음이 객관적으로 명백히 인정되는 등 법 제188조 제8항과 이에 근거한 법시행령 제83조의6 및 위 시행령 조항 제6호에 근거한 임원·주요주주의주식소유상황보고및단기매매차익반환에관한규정 제9조의2가 정하는 반환책임의 예외 사유와 본질적으로 같은 성격의 거래임에도, 단지 위 법령 등에서 정한 예외 사유에 해당하지 않는다는 이유로 그 차익을 일률적으로 모두 반환하게 한다면 이는 최소침해성의 원칙에 반할 여지가 있다.

그러므로 보건대, 이 사건 법률조항이 정하는 단기매매차익 반환제도는 미국이나 일본의 단기매매차익 반환조항과는 달리 '내부자의 미공개 내부정보의 이용방지를 위하여'라는 입법목적문구를 두지 않아, 애당초 내부정보를 이용하였을 가능성이 객관적으로 없는 경우에도 이 사건 법률조항이 정하는 객관적인 반환책임의 요건에 해당하는 한, 단기매매차익의 반환책임을 부담하도록 규정되어 있다.

그러나 이 사건 법률조항이 내부자거래규제라는 입법목적을 명시적으로 규

정하지 않았다고 하더라도 단기매매차익 반환제도의 목적은 회사의 내부자가 미공개 내부정보를 이용하여 회사의 주식을 거래하는 내부자거래의 규제에 있다고 할 것이고, 특히 내부자의 단기주식거래는 미공개 내부정보를 이용하였을 개연성이 크다고 할 것이어서 실제로 내부자가 내부정보를 이용하였는지를 묻지 않고 엄격한 반환책임을 내부자에게 부과하고 있음은 위에서 본 바와 같다. 따라서 비록 이 사건 법률조항이 미국이나 일본의 그것과 달리 목적조항을 두고 있지 않다고 하더라도 이 사건 법률조항을 해석·적용함에 있어서는 내부자거래규제라는 입법목적을 반드시 고려하여야 할 것이고, 나아가 단기매매차익 반환의 예외를 정한 법 제188조 제 8 항과 그에 근거한 법시행령 제86조의6이 정하는 예외 사유에서 명시적으로 따로 정한 바 없다고 하더라도 내부자거래에 의한 주식거래가 아님이 명백한 경우 즉, 거래의 유형상 애당초 내부정보의 이용가능성이 객관적으로 없는 경우에는 이미 이 사건 법률조항 자체가 적용되지 않는다고 보아야 할 것이다.

참고로 이러한 문제는 이 사건 법률조항과 실질적으로 동일한 내용의 단기매매차익 반환조항을 두고 있는 미국이나 일본의 경우도 마찬가지로 발생하게 되는 것으로, 이에 대하여 미국 연방대법원[Kern County Land Co. v. Occidental Petroleum Corp. 411 U.S. 582(1973)]과 일본 최고재판소(최고재 2002. 3. 13. 선고 평12(오) 제1965, 1703호)도 각 이와 동일한 해석을 한 바 있는데, 이는 이 사건 법률조항의 해석과 적용에 있어서도 시사하는 바가 크다고 할 것이다.

그렇다면, 이 사건 법률조항이 반환책임의 요건을 객관화하여 엄격한 반환책임을 내부자에게 부과하고, 법 제188조 제 8 항 및 이에 근거한 법시행령 제86조의6 등에서 반환책임의 예외를 한정적으로 열거하여 이에 해당하지 않는 한 반환책임의 예외를 인정하지 않는다고 하더라도, 이 사건 법률조항의 입법목적과 단기매매차익 반환의 예외를 정한 시행령 제86조의6의 성격 및 헌법 제23조가 정하는 재산권 보장의 취지를 고려하면 내부정보를 이용할 가능성조차 없는 주식거래의 유형에 대하여는 이 사건 법률조항이 애당초 적용되지 않는다고 해석하여야 할 것이므로 내부자의 단기매매에 대하여 법과 법시행령이 정하는 예외 사유에 해당하지 않는 한 엄격한 반환책임을 부과하였다고 하여 이를 두고 최소침해원칙에 위배된다고 할 수 없다.

(3) 법익의 균형성

이 사건 법률조항은 단기매매차익을 반환하게 함으로써 일반 투자자들의 이익을 보호함과 동시에 증권시장의 공평성·공정성을 확보함으로써 일반투자자들의 증권시장에 대한 신뢰를 확보하고자 하는 데 비해, 이로 인하여 제한

되는 청구인들과 같은 내부자의 재산권에 대한 제한은 내부자에게 일체의 주식거래를 금지하는 것이 아니라 단지 단기매매에 해당하는 경우 그 이익을 회사로 반환하도록 하는 데 그친다.

나아가 내부정보를 이용하였다고 하더라도 6월의 기간이 지나면 아무런 제한 없이 주식거래를 할 수 있고 그 차익도 보유할 수 있으므로 이 사건 법률조항에 의한 재산권의 제한이 이로 인하여 달성할 수 있는 공익에 비하여 결코 크다고 볼 수도 없다.

(4) 소 결 론

따라서 이 사건 법률조항에 의한 제한은 내부자거래를 규제함으로써 일반투자자들의 이익을 보호함과 동시에 증권시장의 공평성·공정성을 확보하려는 입법목적을 달성하기 위하여 불가피한 것이고 공공의 복리를 위하여 헌법상 허용된 필요하고도 합리적인 제한이라 할 것이므로, 과잉금지의 원칙에 위반하여 재산권의 본질적 내용을 침해한 것이라고 볼 수 없다.

4. 결 론

이상의 이유로 이 사건 법률조항과 법 제188조 제8항은 헌법에 위반되지 아니하므로 관여 재판관 전원의 일치된 의견으로 주문과 같이 결정한다.

Ⅱ. 규제대상자: 내부자

1. 의 의

단기매매차익 반환의무자는 "주권상장법인의 임원(상법 제401조의2 제1항의 각 호의 자 포함), 직원(직무상 제174조 제1항의 미공개중요정보를 알 수 있는 자로서 대통령령이 정하는 자) 또는 주요주주"이다(법 제172조 제1항).

주권상장법인이란 증권시장에 상장된 주권이나 주권과 관련된 증권예탁증권을 발행한 법인(법 제9조 제15항 제3호)을 말하고, 증권시장은 증권의 매매를 위하여 거래소가 개설하는 시장으로서, 법 제4조 제2항 각 호의 증권의 매매를 위하여 개설하는 시장(유가증권시장)과 법 제4조 제2항 각 호의 증권 중 대통령령으로 정하는 증권[8]의 매매를 위하여 개설하는 시장(코스닥시장)을 의미한다(법 제9조 제13항). 여기의 주권상장법인에는 내부자거래와 달리 6개월 이내에 상장하는 법인을 포함하지 않는다. 또한 후술하는 내부자거래의 행위주체인 준내부자[9]나 정보수령자는 차익반환의무자가 아니다. 그러나 반환의무자의 계산으로 거래한 경우는 타인명의로 거래하더라도 반환의무자에 해당한다.

관련판례: 대법원 2007. 11. 30. 선고 2007다24459 판결

위와 같은 제도의 취지 및 위 법조항의 규정 내용 등에 비추어 볼 때 위 법조항에 의하여 그 내부자로 하여금 그 단기매매차익을 반환할 의무를 부담하도록 하기 위하여서는 그 내부자가 그러한 주식거래의 직접적인 주체이거나, 그 주체가 아닌 경우에는 그 주체의 행위를 그 내부자의 행위와 동일시할 수 있는 경우에 해당하여야 한다고 봄이 상당하다.

원심은, 그 채택 증거를 종합하여 그 판시와 같은 사실들을 인정한 다음, 그러한 사실들을 종합하여 보면, 피고는 소외 2(피고의 처인 소외 1의 언니) 명의의 이 사건 증권거래위탁계좌("차명계좌")의 실질상 계좌주로서 피고의 처인 소외 1에게 이 사건 차명계좌를 이용한 주식거래를 위임한 것에 불과하고, 따라서 위 소외 1의 이 사건 단기매매행위는 피고의 행위와 동일시할 수 있는 경우에 해당한다고 보아 피고가 원고에 대하여 이 사건 단기매매로 인한 차익을 반환할 의무가 있다는 취지로 판단하였다. 원심판결 이유를 기록에 비추어 살펴보면 원심의 사실인정과 판단은 정당하여 수긍할 수 있고, 거기에 상고이유에서 주장하는 바와 같은 채증법칙 위반으로 인한 사실오인 등의 위법이 있다고 할 수 없다.

---

8) "대통령령으로 정하는 증권"이란 유가증권시장에 상장되지 아니한 증권으로서 사채권, 주권, 신주인수권이 표시된 것, 상장지수집합투자기구의 수익증권, 파생결합증권, 외국법인 등이 발행한 주권과 관련된 증권예탁증권(예탁결제원이 발행한 것에 한한다) 등을 말한다(영 제12조).

9) 다만, 단기매매차익 반환의무규정은 주권상장법인이 모집·사모·매출하는 특정증권등을 인수한 투자매매업자에게 인수계약을 체결한 날부터 3개월 이내에 매수 또는 매도하여 그 날부터 6개월 이내에 매도 또는 매수하는 경우(단, 모집·사모·매출하는 특정증권등의 인수에 따라 취득하거나 인수한 특정증권등을 처분하는 경우는 제외)에 준용한다(법 제172조 제7항, 영 제199조).

임원, 직원 또는 주요주주의 범위는 내부자거래의 행위주체로서의 내부자와 그 범위가 대체로 동일하다. 증권거래법은 주권상장법인의 임원, 직원 또는 주요주주를 반환의무자로하고 있었으나, 자본시장법은 임원의 경우 "집행임원"을 포함하고 직원은 직무상 미공개중요정보를 알 수 있는 자로 제한하였다.

2. 임직원의 의의와 자격의 존재시점

(1) 임 직 원

1) 임원의 의의

임원은 이사 및 감사를 말한다(법 제 9 조 제 2 항). 이사는 사내이사와 사외이사[10)]가 모두 해당하며 등기 여부를 불문한다. 임원에는 상법 제401조의2 제 1 항 업무집행관여자도 포함된다. 즉 회사에 대한 자신의 영향력을 이용하여 이사에게 업무집행을 지시한 자(업무지시자: 1호), 이사의 이름으로 직접 업무를 집행한 자(무권대행자: 2호), 이사가 아니면서 명예회장·회장·사장·부사장·전무·상무·이사·기타 회사의 업무를 집행할 권한이 있는 것으로 인정될 만한 명칭을 사용하여 회사의 업무를 집행한 자(표현이사: 3호)도 단기매매차익 반환의무자이다. 그런데 제 1 호의 업무집행지시자에는 자연인뿐만 아니라 법인인 지배회사도 포함된다.

관련판례: 대법원 2006. 8. 25. 선고 2004다26119 판결
상법 제401조의2 제 1 항 제 1 호 소정의 "회사에 대한 자신의 영향력을 이용하여 이사에게 업무집행을 지시한 자"("업무지시자")에는 자연인뿐만 아니라 법인인 지배회사도 포함되나, 나아가 그에 의하여 부담하는 상법 제401조 소정의 제 3 자에 대한 책임에서 요구되는 "고의 또는 중대한 과실로 인한 임무

---

10) 광주고등법원 2001. 8. 22. 선고 2001나1286 판결은 사외이사가 포함된다고 하고 있다. "사외이사"란 회사의 상시적인 업무에 종사하지 아니하는 자로서 제25조에 따라 선임되는 자를 말한다(영 제 9 조 제 3 항).

해태행위"라 함은 회사의 기관으로서 인정되는 직무상 충실 및 선관의무 위반의 행위로서(예를 들면, 회사의 경영상태로 보아 계약상 채무의 이행기에 이행이 불가능하거나 불가능할 것을 예견할 수 있었음에도 이를 감추고 상대방과 계약을 체결하고 일정한 급부를 미리 받았으나 그 이행불능이 된 경우와 같이) 위법한 사정이 있어야 하고 통상의 거래행위로 인하여 부담하는 회사의 채무를 이행할 능력이 있었음에도 단순히 그 이행을 지체하고 있는 사실로 인하여 상대방에게 손해를 끼치는 사실만으로는 이를 임무를 해태한 위법한 경우라고 할 수는 없다(대법원 1985. 11. 12. 선고 84다카2490 판결, 2002. 3. 29. 선고 2000다47316 판결 등 참조).

임원들은 회사의 업무를 집행하거나 회사 재산 또는 회계에 접하는 자들이므로 내부자 중에서 가장 기업정보에 밝은 자들이다.11) 여기서 임원의 범위는 후술하는 내부자거래규제대상인 임원의 범위와 같다.

2) 직원의 의의

직원은 직무상 제174조 제 1 항의 미공개중요정보를 알 수 있는 자로서 대통령령이 정하는 자에 한한다.12)

여기서 "대통령령으로 정하는 자"란 다음의 어느 하나에 해당하는 자로서 증권선물위원회가 미공개중요정보를 알 수 있는 자로 인정하는 자13)를 말한다(영 제194조).

1. 그 법인에서 주요사항보고서의 제출사유(법 제161조 제 1 항) 중 어느 하

---

11) 이철송, 전게서, 365쪽.

12) 현실에서는 상장법인의 직원들이 단기매매차익 반환제도를 이해하지 못한 이유로 규정을 위반하는 경우가 많이 발생한다.

13) 단기매매차익 반환 등에 관한 규정 제 2 조(단기매매차익 반환대상 직원) 영 제194조 각호 외의 본문에서 "증권선물위원회가 미공개중요정보를 알 수 있는 자로 인정하는 자"란 다음 각 호의 어느 하나에 해당하는 자를 말한다.
1. 그 법인의 재무·회계·기획·연구개발·공시 담당부서에 근무하는 직원
2. 법 제174조 제 1 항의 미공개정보를 이용한 혐의가 있어 수사기관통보 또는 고발되는 직원

나에 해당하는 사항의 수립·변경·추진·공시, 그 밖에 이에 관련된 업무에 종사하고 있는 직원

2. 그 법인의 재무·회계·기획·연구개발에 관련된 업무에 종사하고 있는 직원

위에서 설명한 단기매매차익 반환제도의 취지상 단기매매차익 반환의무자에 직원을 포함시킨 것이 타당한지는 의문이다. 왜냐하면 미공개중요정보를 이용한 내부자거래를 금지하는 자본시장법 제174조의 규정과는 달리 미공개중요정보를 이용하였는지 여부를 불문하고 6월 이내의 단기매매로 얻은 차익을 무조건 회사에 반환하도록 한 제도임을 감안할 때, 그 적용대상은 미공개중요정보의 취득 및 그 정보의 부당이용의 위험성이 상당히 높은 임원으로 한정하는 것이 타당하다.[14] 또한 단기매매차익 반환제도가 소유주식보고제도의 실효성을 확보하기 위한 제도라는 점에서 법 제173조 제1항의 규정에 의한 소유주식보고의무가 없는 직원에 대하여 단기매매차익 반환의무를 부과하는 것은 불합리하다. 그 밖에 비교법적인 관점에서 살펴보아도 일본의 경우[15] 직원은 반환의무자가 아니며, 미국의 경우 반환의무자인 officer는 우리의 직원보다 좁은 개념으로 집행임원이라고 볼 수 있다. 따라서 직원은 본 조의 적용대상에서 제외하는 것이 타당하다.[16]

---

14) 노태악, "내부자거래 등 관련행위의 규제", 증권거래에 관한 제문제(상), 법원도서관(2001), 465쪽; 고창현, "증권거래법상 단기차익반환의무", 인권과 정의, 대한변호사협회(1999), 65쪽. 직원은 증시침체기에 주가가 많이 하락하는 경우 주가관리차원에서 회사의 요구에 의해 매입하는 경우도 있는데, 이는 내부정보를 알아서가 아니라 회사의 장기적인 전망을 보고 투자하는 것으로 볼 수 있기 때문에 직원을 반환의무자에서 제외하는 것이 타당하다는 견해도 있다(김정수, 현대증권법원론, 박영사(2002), 683쪽).

15) 금융상품취인법 제6조 제1항은 "임원 또는 주요주주"에 한정하고 있다.

16) 박임출, "내부자거래규제에 관한 비교법적 연구", 성균관대학교 박사학위논문(2003), 226쪽.

(2) 임직원 자격의 존재시기

자본시장법 제172조 제 6 항은 주요주주의 경우만 매도 또는 매수한 시기 중 어느 한 시기에 주요주주가 아닌 경우에는 단기매매차익 반환규정을 적용하지 아니한다고 규정하고 있다. 따라서 임직원은 매도 또는 매수 시점에 모든 지위를 가질 필요는 없고, 매도 또는 매수의 한 시점에만 임직원의 지위를 보유하면 적용대상이 된다는 것이 통설이고 판례의 입장이다.[17)]

관련판례: 대법원 2008. 3. 13. 선고 2006다73218 판결
대법원은 증권거래법 제188조 제 2 항(자본시장법 제172조 제 1 항에 해당)의 문언상 임원 또는 직원이 매수 또는 매도의 두 시기에 모두 그 직책에 있어야 한다고 해석할 근거는 없고, 오히려 증권거래법 제188조 제 8 항(자본시장법 제172조 제 6 항)이 같은 조 제 2 항의 적용대상자 중 "주요주주"에 대하여만 매수 또는 매도의 어느 한 시기에 있어서 주요주주가 아닌 경우에 제 2 항을 적용하지 않도록 규정하고 있는 취지에 비추어 볼 때 임원 또는 직원에 대하여는 매수 또는 매도의 어느 한 시기에만 그 신분을 가지고 있으면 같은 조 제 2 항의 적용대상에 해당하여 그 단기매매차익을 반환할 의무가 있다고 판결하였다.[18)]

따라서 주권상장법인 임원인 A가 임원재직 당시인 2010년 4월 1일 10,000주를 1억원에 매수하고, 2010년 5월 31일 퇴직한 후 6개월 이내인 2010년 6월 15일 10,000주를 2억원에 매도하였다면 1억원의 단기매매차익을 반환해야 한다.

---

17) 한국증권법학회, 전게 주석서, 824쪽.

18) 이 사건 재판에서 피고는 정직 전에 매수하고 정직 중에 매도하여 얻은 이익에 대하여는 정직 중의 신분은 내부자의 신분이 아니라는 전제하에서 단기매매차익 반환의무규정이 적용되려면 정직 전후로 내부자의 지위가 유지되어야 하는데, 이러한 지위가 달라졌기 때문에 단기매매차익 반환대상이 아니라고 항변하였다.

3. 주요주주

(1) 의 의

주요주주는 누구의 명의로 하든지 자기의 계산으로 법인의 의결권 있는 발행주식총수의 10% 이상의 주식(그 주식과 관련된 증권예탁증권을 포함)을 소유하거나 임원의 임면 등의 방법으로 법인의 중요한 경영사항에 대하여 사실상의 영향력을 행사하는 주주로서 대통령령으로 정하는 자를 말한다(법 제9조 제1항 제2호).

여기서 사실상 영향력을 행사하는 주주로서 대통령령이 정하는 자란 단독으로 또는 다른 주주와의 합의·계약 등에 따라 대표이사 또는 이사의 과반수를 선임한 주주이거나 경영전략·조직변경 등 주요 의사결정이나 업무집행에 지배적인 영향력을 행사한다고 인정되는 자로서 금융위원회가 정하여 고시하는 주주[19]를 말한다(영 제9조).

주주는 자연인이든 법인이든 불문하고, 차명계좌를 이용한 매매도 본인이 매도한 것으로 보며, "자기의 계산"이란 주식의 매매로 인한 경제적인 이익의 귀속주체를 의미한다. 또한 주주명부상의 명의개서 여부도 불문한다.

(2) '10% 이상 지분'의 의미

자본시장법이 주요주주를 정의하는 데 10% 이상의 수치를 사용하는 것은 미국과 일본의 입법례를 계수한 것으로 주식이 널리 분산된 상장법인에서 10% 정도의 주식소유는 회사에 대한 영향력을 행사하여 기업정보를 용이하게 취득할 수 있으리라는 데에 그 타당성을 찾을 수 있다.[20]

10%를 계산함에 있어 전환사채의 장래 전환권의 행사, 신주인수권부사

---

19) 금융투자업규정 제1-6조(주요주주의 범위) 영 제9조 제2호에서 "금융위원회가 정하여 고시하는 주주"란 임원(상법 제401조의2 제1항 각호의 자를 포함)인 주주로서 의결권 있는 발행주식총수의 1% 이상을 소유하는 자를 말한다.

20) 이철송, 전게서, 366쪽.

채의 장래 신주인수권의 행사로 인한 권리를 합산해야 한다는 견해[21]도 있으나, 자본시장법이 명문 규정으로 10% 이상의 주식(그 주식과 관련된 증권예탁증권을 포함)을 소유한 자로 정의하고 있으므로 합산할 수 없다고 보아야 한다.[22]

또한 10%의 소유지분을 계산하는 경우 특수관계인[23]의 지분을 산입할

---

21) 김정수, 전게서, 645쪽; 신영무, 증권거래법, 서울대학교출판부(1989), 453쪽; 한국증권법학회, 전게 주석서, 825쪽.

22) 고창현, 전게논문, 67쪽; 임재연, 자본시장법, 박영사(2010), 682쪽.

23) 법 시행령 제 8 조(특수관계인의 범위) 법 제 9 조 제 1 항 제 1 호에서 "대통령령으로 정하는 특수한 관계가 있는 자"란 다음 각 호의 어느 하나에 해당하는 자(이하 "특수관계인")를 말한다.

1. 본인이 개인인 경우에는 다음 각 목의 어느 하나에 해당하는 자

가. 배우자(사실상의 혼인관계에 있는 자를 포함한다. 이하 같다)

나. 6촌 이내의 부계혈족과 4촌 이내의 부계혈족의 처

다. 3촌 이내의 부계혈족의 남편

라. 3촌 이내의 모계혈족과 그 배우자 및 자녀

마. 배우자의 2촌 이내의 부계혈족과 그 배우자

바. 양자의 생가의 직계존속

사. 양자 및 그 배우자와 양가(養家)의 직계비속

아. 혼인 외의 출생자의 생모

자. 본인의 금전, 그 밖의 재산에 의하여 생계를 유지하는 자 및 본인과 생계를 함께 하는 자

차. 본인이 단독으로 또는 그와 가목부터 자목까지의 관계에 있는 자와 합하여 법인이나 단체에 100분의 30 이상을 출자하거나, 그 밖에 임원의 임면 등 법인이나 단체의 중요한 경영사항에 대하여 사실상의 영향력을 행사하고 있는 경우에는 해당 법인이나 단체와 그 임원(본인이 단독으로 또는 그와 가목부터 자목까지의 관계에 있는 자와 합하여 임원의 임면 등의 방법으로 그 법인 또는 단체의 중요한 경영사항에 대하여 사실상의 영향력을 행사하고 있지 아니함이 본인의 확인서 등을 통하여 확인되는 경우에는 그 임원은 제외)

카. 본인이 단독으로 또는 그와 가목부터 차목까지의 관계에 있는 자와 합하여 법인이나 단체에 100분의 30 이상을 출자하거나, 그 밖에 임원의 임면 등 법인이나 단체의 중요한 경영사항에 대하여 사실상의 영향력을 행사하고 있는 경우에는 해당 법인이나 단체와 그 임원(본인이 단독으로 또는 그와 가목부터 차목까지의 관계에 있는 자와 합하여 임원의 임면 등의 방법으로 그 법인 또는 단체의 중요한 경영사항에 대하여 사실상의 영향력을 행사하고 있지 아니함이 본인의 확인

것인가가 문제된다. 현행 자본시장법은 오직 1인이 자기의 계산으로 10% 이상의 주식을 소유한 경우를 주요주주로 보고 있고 특수관계인의 지분을 합산하도록 하고 있지 않으며, 수인이 합하여 10% 이상을 가지고 있는 경우 각자를 주요주주로 보는 규정도 두고 있지 않다. 특수관계인의 소유지분이 포함됨을 명문으로 규정하는 최대주주(법 제9조 제1항 제1호)와 달리 주요주주의 소유지분을 계산할 때는 포함되지 않는다고 보는 것이 타당하다. 다만, 특수관계인의 지분을 합하여 10% 이상을 소유하는 경우 사실상 영향력을 행사하는 주주에 해당할 가능성이 있다.[24] 따라서 수십 명이 집합적으로 의결권을 행사하면서 임원의 임면 등 당해 법인의 중요한 경영사항에 대하여 사실상의 영향력을 행사하고 있어도, 주요주주에 해당하는지 여부는 개별 주주 1인을 기준으로 판단하여야 한다.

(3) 주요주주 자격의 존재시기

주요주주는 매도·매수한 시기 중 어느 한 시기에 있어서 주요주주가 아닌 경우에는 단기매매차익 반환의무를 부담하지 않는다(법 제172조 제6항). 즉 주요주주는 임직원과 달리 매도와 매수의 양 시점에 모두 주요주주로서

서 등을 통하여 확인되는 경우에는 그 임원은 제외)

2. 본인이 법인이나 단체인 경우에는 다음 각 목의 어느 하나에 해당하는 자

가. 임원

나. 독점규제 및 공정거래에 관한 법률에 따른 계열회사(이하 "계열회사") 및 그 임원

다. 단독으로 또는 제1호 각 목의 관계에 있는 자와 합하여 본인에게 100분의 30 이상을 출자하거나, 그 밖에 임원의 임면 등 본인의 중요한 경영사항에 대하여 사실상의 영향력을 행사하고 있는 개인(그와 제1호 각 목의 관계에 있는 자를 포함) 또는 법인(계열회사는 제외. 이하 이 호에서 같다), 단체와 그 임원

라. 본인이 단독으로 또는 본인과 가목부터 다목까지의 관계에 있는 자와 합하여 법인이나 단체에 100분의 30 이상을 출자하거나, 그 밖에 임원의 임면 등 법인이나 단체의 중요한 경영사항에 대하여 사실상의 영향력을 행사하고 있는 경우에는 해당 법인, 단체와 그 임원(본인이 임원의 임면 등의 방법으로 그 법인 또는 단체의 중요한 경영사항에 대하여 사실상의 영향력을 행사하고 있지 아니함이 본인의 확인서 등을 통하여 확인되는 경우에는 그 임원은 제외)

24) 한국증권법학회, 전게 주석서, 826쪽.

의 지위를 유지하고 있어야 한다.

그런데 매수와 매도 또는 매도와 매수시 모두 사전에 이미 주요주주로서의 지위를 구비해야 하느냐가 문제이다. 단기매매차익 반환제도의 취지가 내부자에 의한 정보이용과 그로 인한 단기매매차익의 실현을 저지하려는 데 있으므로 10% 이상의 주주가 되는 순간부터 정보이용의 기회가 주어지며, 이것이 그 후의 매도에 반영된다고 보아야 하므로 매수와 동시에 주요주주가 되는 경우의 매수도 단기매매차익 반환의무의 대상에 포함된다. 또한 매도의 경우도 6월 내에 행해지는 한, 하나의 처분계획에 의한 단일의 매도행위로 볼 수 있으므로, 처분과정에 있어서의 지위상실은 고려할 필요가 없다. 따라서 먼저 매도하고 나중에 매수하는 경우에, 그 주요주주가 수회에 걸쳐 매도하여 그 중간에 주요주주가 지위를 상실하고 수회에 걸쳐 매수함으로써 그 중간에 주요주주의 지위를 회복하였을 때에는 그 매도·매수가 6월 내에 행해지는 한 모두 단기매매차익 반환의무의 대상이 된다.[25)]

4. 투자매매업자

단기매매차익 반환의무규정은 주권상장법인이 모집[26)]·사모[27)]·매출[28)]하는 특정증권등을 인수한 투자매매업자에게 인수계약을 체결한 날부터 3개월 이내에 매수 또는 매도하여 그 날부터 6개월 이내에 매도 또는 매수하는 경우(단, 모집·사모·매출하는 특정증권등의 인수에 따라 취득하거나 인수한 특정증권등을 처분하는 경우는 제외)에 준용한다(법 제172조 제7항, 영 제199조 본문).

25) 이철송, 전게서, 368쪽.

26) "모집"이란 대통령령으로 정하는 방법에 따라 산출한 50인 이상이 투자자에게 새로 발행되는 증권의 취득의 청약을 권유하는 것을 말한다(법 제9조 제7항).

27) "사모"란 새로 발행되는 증권의 취득의 청약을 권유하는 것으로서 모집에 해당하지 않는 것을 말한다(법 제9조 제8항).

28) "매출"이란 대통령령으로 정하는 방법에 따라 산출한 50인 이상의 투자자에게 이미 발행된 증권의 매도의 청약을 하거나 매수의 청약을 권유하는 것을 말한다(법 제9조 제9항).

다만, 투자매매업자가 안정조작이나 시장조성을 위하여 매매하는 경우에는 해당 안정조작이나 시장조성기간 내에 매수 또는 매도하여 그 날부터 6개월 이내에 매도 또는 매수하는 경우(단, 안정조작이나 시장조성을 위하여 매수·매도 또는 매도·매수하는 경우는 제외)에 준용한다(영 제199조 단서).

이는 투자매매업자가 인수과정에서 기업의 내부정보에 접할 기회가 많기 때문에 그러한 정보의 남용을 방지하기 위한 것이다.

투자매매업이란 누구의 명의로 하든지 자기의 계산으로 금융투자상품의 매도·매수, 증권의 발행·인수 또는 그 청약의 권유, 청약, 청약의 승낙을 영업으로 하는 것을 말하고(법 제6조 제2항), 투자매매업자란 금융투자업자 중 투자매매업을 영위하는 자를 말한다(법 제8조 제2항).

Ⅲ. 규제대상증권

단기매매차익 반환의무의 대상은 다음의 어느 하나에 해당하는 금융투자상품("특정증권등")을 말한다(법 제172조 제1항). 증권거래법은 단기매매차익 반환대상증권을 "주식관련 증권"에 한정하여, 주권, 전환사채, 신주인수권부사채, 신주인수권증서, 이익참가부사채, 주식과 관련된 교환사채, 주권을 기초로 한 옵션거래로 규정하고 있었다(증권거래법 제188조 제1항, 같은 법 시행규칙 제35조). 그러나 자본시장법은 단기매매차익 반환대상증권을 기존의 증권거래법상 상장법인이 발행한 유가증권 이외에 다른 상장법인이 발행한 금융투자상품까지 확대하였다. 이는 내부자거래금지 규제대상증권과 동일하다.

또한 단기매매차익 반환제도의 규제대상이 되는 법인은 상장법인이다. 여기의 상장법인은 주권상장법인과 코스닥상장법인을 말한다. 비상장법인은 규제대상이 아니다.

관련판례: 수원지방법원 2009. 10. 16. 선고 2009가합12224 판결
단기매매차익 반환제도의 주요한 목적 중의 하나는 주권발행회사를 보호하기 위한 것이므로 단기매매차익 반환청구권은 주권상장법인 또는 코스닥상장법인만이 행사할 수 있는 고유한 권리인 점 및 주식의 단기매매로 인한 차익은 주권상장법인의 전 사업부문의 활동으로 인한 결과물이다.

1. 주권상장법인이 발행한 증권(제 1 호)

주권상장법인이 발행한 증권인 이상 반드시 거래소에 상장될 필요는 없다. 다만 채무증권,[29] 수익증권,[30] 파생결합증권[31](다만 법 제172조 제 1 항 제 4 호에 해당하는 파생결합증권은 제외)은 제외된다(영 196조 제 1 호 내지 제 3 호). 다만 채무증권 중 전환사채권, 신주인수권부사채권, 이익참가부사채권, 그 법인이 발행한 지분증권(이와 관련된 증권예탁증권을 포함) 또는 전환사채권·신주인수권부사채권·이익참가부사채권(이와 관련된 증권예탁증권을 포함)과 교환을 청구할 수 있는 교환사채권은 포함된다.

당해 법인이 발행한 주권이면 종류가 달라도 관계없다. 예컨대, 보통주를 매도하였다가 우선주를 매수한 경우에도 반환책임을 부담한다. 그러나 과거에 매도한 증권과 성질이 다른 증권을 반대매매하는 경우는 반환책임을 부담하지 않는다. 예컨대, 주권을 매도하였다가 전환사채권을 매수하는

29) "채무증권"이란 국채증권, 지방채증권, 특수채증권(법률에 의하여 직접 설립된 법인이 발행한 채권을 말한다), 사채권, 기업어음증권(기업이 사업에 필요한 자금을 조달하기 위하여 발행한 약속어음으로서 대통령령으로 정하는 요건을 갖춘 것을 말한다), 그 밖에 이와 유사(類似)한 것으로서 지급청구권이 표시된 것을 말한다(법 제 4 조 제 3 항).

30) "수익증권"이란 제110조의 수익증권(신탁업자가 금전신탁계약에 의하여 수익권을 표시하여 발행하는 증권), 제189조의 수익증권(투자신탁을 설정한 집합투자업자가 발행가액 전액이 납입된 경우 신탁업자의 확인을 받아 예탁결제원을 명의인으로 하여 발행하는 증권), 그 밖에 이와 유사한 것으로서 신탁의 수익권이 표시된 것을 말한다(법 제 4 조 제 5 항).

31) "파생결합증권"이란 기초자산의 가격·이자율·지표·단위 또는 이를 기초로 하는 지수 등의 변동과 연계하여 미리 정하여진 방법에 따라 지급금액 또는 회수금액이 결정되는 권리가 표시된 것을 말한다(법 제 4 조 제 7 항).

경우이다.

2. 증권예탁증권(제 2 호)

증권예탁증권이란 제 2 항 제 1 호부터 제 5 호까지의 증권을 예탁받은 자가 그 증권이 발행된 국가 외의 국가에서 발행한 것으로서 그 예탁받은 증권에 관련된 권리가 표시된 것을 말한다(법 제 4 조 제 8 항). 자본시장법은 증권거래법상 포함되어 있지 않았던 증권예탁증권(DR: Depository Receipts)을 대상증권에 포함시켰다.

해외투자자의 편의를 위하여 기업이 국외에서 발행함으로써 주식의 국제적 유통수단으로 이용되는 대체증권인 증권예탁증서 중 외국법인 등이 발행한 증권 또는 증서를 기초로 하여 증권예탁결제원이 발행한 것뿐만 아니라 증권거래법상 대상이 아닌 국내의 기관들이 국외에서 발행한 증권예탁증서도 그 대상이 됨으로 명시하고 있다.[32)]

3. 교환사채권(제 3 호)

그 법인 외의 자가 발행한 것으로서 제 1 호 또는 제 2 호의 증권과 교환을 청구할 수 있는 교환사채권[33)]을 말한다. 예컨대 타법인 A가 당해법인 B의 주식을 대상으로 발행하는 경우이다.

---

32) 한국증권법학회, 전게 주석서, 829쪽.

33) "교환사채"란 주권상장법인이 이사회의 결의에 의하여 그 법인이 소유하고 있는 상장유가증권(증권거래법 제189조의2 또는 법 제191조의 규정에 의하여 취득한 자기주식을 포함한다)과 교환을 청구할 수 있는 권리가 부여된 사채를 말한다(증권거래법 시행령 제84조의13).

4. 제 1 호부터 제 3 호까지의 증권만을 기초자산으로 하는 금융투자상품(제 4 호)

자본시장법은 거래소 시장에서 거래되는 주식옵션이나 주식선물의 경우도 주권상장법인의 증권을 기초자산으로 하는 파생상품이므로 이를 포함시켰다.

Ⅳ. 단기매매행위

1. 매 매

(1) 해석상 매매에 포함되는 거래

단기매매차익 반환의무의 대상이 되는 매매는 "특정증권등을 매수한 후 6개월 이내에 매도하거나 특정증권등을 매도한 후 6개월 이내에 매수하여 이익을 얻은 경우"의 거래이다(법 제172조 제 1 항). 즉 6개월 이내에 '매도와 매수' 또는 '매수와 매도'가 일어나야 한다.

자본시장법은 매도와 매수의 개념을 정의하고 있지 아니하지만[34] 일정한 대가를 지급하고 주권 등의 소유권이 이전되는 유상거래로 보아야 할 것이다. 따라서 상속, 증여 등에 의한 무상취득, 주식배당에 의한 취득, 전환사채의 전환권행사에 의한 취득, 주식분할이나 주식병합에 의한 취득은 매매에 포함되지 않는다.[35] 그러나 일정한 대가가 지급되고 소유권이 이전되며, 정보이용의 남용가능성이 있는 신주의 인수·교환이나 처분은 포함된다고 보아야 한다.[36] 왜냐하면 단기매매차익 반환제도의 취지상 매매라

34) 미국의 1934년 증권거래법 제3(a)(13) 및 (14)는 매도와 매수의 정의규정을 두고 있다.

35) 고창현, 전게논문, 71쪽.

36) 이철송, 전게서, 368쪽; 김건식·정순섭, 자본시장법, 두성사(2009), 310쪽; 임재연, 전게서, 689쪽.

는 형식적 요건에서 자유로울 필요가 있기 때문이다. 그러나 미국과 같이 명확한 개념규정이 없는 이상 매매의 개념을 확대해석하기는 곤란하며, 현재로서는 법해석의 일반적 방식에 따라 민법의 개념에 의하되 법이 달리 규정하는 특별한 내용에 따라 필요한 범위 내에서 이를 수정하는 것이 제도의 취지를 살리는 해석이 될 것이다.[37]

관련판례: 서울고등법원 2001. 5. 18. 선고 2000나22272 판결
— 증권거래법 제188조 제 2 항의 "매수"의 의미 —

(가) 고유의 의미

우선, 민법상의 개념으로만 파악하면, 증권거래법 제188조 제 2 항의 "매수"란 금전을 대가로 하여 당해 법인의 주권 등을 취득하는 것을 말하고, "매도"란 당해 법인의 주권 등을 타인에게 이전하고 그 대가로서 금전을 수령하는 것이라고 좁게 해석할 수도 있다.

(나) "매수" 또는 "매도" 개념의 확장 필요성

① 그러나 "매수" 또는 "매도"의 개념을 위와 같이 한정적으로 해석하는 것은 위에서 본 단기매매차익 반환제도의 입법취지에 비추어 문제가 없지 아니하다. 왜냐하면, 내부자 정보의 남용이라는 측면에서 똑같은 위험성이 있음에도 불구하고 거래 방식이 매매계약이 아닌 교환계약이나 대물변제 등에 의하였다는 점만으로 이를 "매수"의 범위에서 제외하게 된다면, 내부자거래의 규제를 위하여 모처럼 마련한 단기매매차익 반환규정의 실효성을 크게 해하게 될 것이기 때문이다.

② 참고로, 미국에서는 이러한 문제점에 대비하여 증권거래법(Securities Exchange Act of 1934) 제3(a)(13), (14)에서 "매수"를 매수 또는 기타 취득을 위한 계약을 포함하는 개념으로, "매도"를 매도 또는 기타 처분을 위한 계약을 포함하는 개념으로 각각 정의하는("The terms 'buy' and 'purchase' each include any contract to buy, purchase, or <u>otherwise acquire</u>", "The terms 'sale' and 'sell' each include any contract to sell, or <u>otherwise dispose of</u>"라고 정의규정을 둔 결과, "매수"(purchase)는 사실상 "취득"(acquisition)을, "매도"(sale)는 사실상 "처분"(disposition)을 의미하게 된다) 규정을 둠으로써, 교환이나 대물변제에 의한 취득은 물론, 구체적인 사례에 따라 전환사채 또는 전환우선주

37) 최민용, "단기매매차익의 반환", 상사판례연구 제19집 제 4 권(2006), 170쪽.

의 보통주로의 전환, 합병이나 자본재구성시의 주식의 교환 등도 "매수"에 포함되는 것으로 해석할 수 있는 근거를 마련하고 있다.

③ 우리나라의 경우로 되돌아와서, 우리나라 증권거래법 제188조 제 2 항에서의 "매도" 또는 "매수"도 반드시 거래소나 협회중개시장에서 일어날 것을 요하지는 않고, 장외에서 행해진 매매도 그 적용대상이 된다는 점에 대하여는 이론의 여지가 없고, 한편, 장외에서의 주권 등의 취득은 민법상의 전형적인 매매 이외에도 상법이나 증권거래법이 인정하는 다양한 방식에 의한 유상취득이나 처분행위를 통하여서도 가능할 수 있음은 명백하다. 그리하여, 앞서 살펴본 단기매매차익 반환의 예외를 정한 증권거래법 시행령 및 증권관리위원회의 규정도 이러한 처분행위를 예상하여 "발행인 또는 매출인으로부터의 직접적인 취득, 전환사채권·신주인수권부 사채권·신주인수권을 표시하는 증서의 권리행사에 의한 유상신주의 취득, 유상신주발행시 발행한 실권주 또는 단수주의 취득, 영업을 위한 주권 등의 인수" 등의 경우를 들고 있는바, 이는 결국 증권거래법 제188조 제 2 항의 "매수"가 민법상의 매매와 같은 전형계약에 한정되지 않고, 기타 비전형적인 유상취득행위도 포함된다는 점을 전제로 한 것으로 볼 수 있다.

④ 이상과 같이, 우리나라 증권거래법 제188조 제 2 항에서의 "매수"나 "매도"를 민법상의 매매계약에만 한정시키는 것은 부당한 해석이라 할 것이지만, 나아가 구체적으로 민법상의 매매 이외의 다른 어떤 전형계약 혹은 비전형계약까지 "매수"나 "매도"의 범위에 포함시켜 규제할 것인가 하는 점은, 위에서 본 증권거래법 제188조 제 2 항의 연혁 및 입법 취지, 관련 하위 법규의 규정 내용 등을 고려하여, 당해 거래의 성격이나 비자발성의 정도, 거래의 동기 및 결과 등에 따라, 법원이 합목적적이고도 실용적으로 해석하여야 할 것이다.

(2) 판례상 매매에 포함되는 거래

1) 제 3 자의 신주인수

자본시장법은 매도와 매수의 개념을 정의하고 있지 아니하지만 일정한 대가가 지급되고 소유권이 이전되며, 정보이용의 남용가능성이 있는 신주인수 등은 매매에 포함된다고 보아야 한다. 제 3 자 신주인수는 유상계약에 의한 주식취득 행위로서 금전을 대가로 한 계약이라는 점에서 그 실질이 매매계약에 가깝다.

관련판례: 서울고등법원 2001. 5. 18. 선고 2000나22272 판결

① 제3자 신주인수의 의의

피고의 이 사건 주식인수는 상법 제418조 제1항에 근거한 제3자의 신주인수(소위 '사모유상증자')에 해당하는 것인데, 제3자의 신주인수는 강학상 회사에 대한 입사계약으로 해석되기는 하나, 실제로는 회사가 주주에 한정하지 않고 보다 광범위한 자본시장으로부터 자금을 조달하기 위한 목적으로 행하는 것으로서, 신주인수권자의 입장에서는 회사 주식 취득을 목적으로 한 회사와의 유상계약에 다름 아니라 할 것이다. 특히 신주인수권자는 반드시 주주 아닌 제3자에만 한정되는 것은 아니므로, 이 사건과 같이 기존의 주주가 신주인수권자로 정해지는 경우, 입사계약보다는 오히려 유상계약의 성격이 보다 강하다 할 것이다.

② 증권거래법 시행령 제83조의6 제6호의 규정과 관련하여

이와 같이 제3자 신주인수는 유상계약에 의한 주식취득 행위로서 금전을 대가로 한 계약이라는 점에서 그 실질이 매매계약에 가까울 뿐만 아니라, 위에서 보았듯이 증권거래법 시행령 제83조의6 제6호가 단기매매차익 반환의 예외 사유를 규정함에 있어, "발행인으로부터의 직접적인 취득 등"이라는 표현을 사용하고 있음에 비추어, 이러한 경우의 한 예로서 상법상의 제3자 신주인수도 증권거래법 제188조 제2항의 "매수"에 포함되는 것으로 볼 수 있다. 결국, 증권시장의 건전성의 수호 및 일반투자자들의 피해 방지라는 단기매매차익 반환제도의 입법 취지와 제3자 신주인수의 법적 성격, 단기매매차익 반환에 대한 관련 규정의 내용 등을 종합적으로 고려하면, 제3자 신주인수에 의한 주식의 취득도 증권거래법 제188조 제2항의 "매수"에 해당한다 할 것이다.

2) 경영권 프리미엄

지배주식의 매도시 그 가격 결정에 반영된 소위 경영권 프리미엄은 단기매매차익으로서 반환할 이익에 포함된다.

관련판례: 대법원 2004. 2. 13. 선고 2001다36580 판결

지배주식의 양도와 함께 경영권이 주식양도인으로부터 주식양수인에게 이전

하는 경우 그와 같은 경영권의 이전은 지배주식의 양도에 따르는 부수적인 효과에 불과하고, 그 양도대금은 지배주식 전체에 대하여 지급되는 것으로서 주식 그 자체의 대가임이 분명하므로, 법 제188조 제 2 항에 규정된 법인의 내부자가 주식을 매수한 후 6개월 이내에 그 주식과 함께 경영권을 이전하면서 취득한 경영권 프리미엄 또한 주식의 단기매매로 인하여 얻은 이익에 해당한다.

관련판례: 대법원 2004. 2. 12. 선고 2002다69327 판결
주식의 양도와 함께 경영권의 양도가 이루어지는 경우에 경영권의 양도는 주식의 양도에 따르는 부수적인 효과에 불과하고 그 양도대금은 경영권을 행사할 수 있는 정도의 수에 이르는 주식 자체에 대한 대가이므로, 내부자가 그 회사의 주식의 양도와 함께 경영권을 양도하면서 이른바 경영권 프리미엄을 취득한 후 6월 이내에 주식을 매수하여 이익을 얻은 경우에 그 단기매매차익을 산정함에 있어 경영권 프리미엄을 제외하여야 한다고 볼 수 없다.

3) 담보제공

매수한 주식의 상당부분을 담보로 제공하고 채권자로부터 대출을 받았는데, 채권자가 담보권을 실행하여 주식을 처분한 경우는 채무를 면하는 이익을 얻었기 때문에 담보제공의 형태로 매차차익을 실현한 것이므로 반환할 이익에 포함된다.

관련판례: 서울중앙지방법원 2009. 12. 17. 선고 2008가합28705 판결
살피건대, 을 제 1 호증의 1, 2, 을 제 2 호증의 1 내지 16의 각 기재에 변론 전체의 취지를 종합하면, 피고가 매수한 원고 주식의 상당 부분을 담보로 제공하고 채권자들로부터 대출을 받았는데, 원고 주식의 주가가 하락하여 담보가 부족해지자 채권자들이 해당 주식을 반대매매함으로써 피고 소유 원고 주식이 상당 부분 매도된 사실이 인정되기는 한다.

그러나 을 제 1 호증의 1, 2, 을 제 2 호증의 1 내지 16의 각 기재에 변론 전체의 취지를 종합하여 인정되는 다음과 같은 사정에 비추어 보면, 피고가 원고 주식을 담보로 제공하고, 담보권이 실행되어 원고 주식이 처분되도록 한 것은 증권거래법 제188조 제 2 항이 정한 단기매매에 해당한다고 보아야 할 것이므로, 피고의 주장은 받아들일 수 없다.

(1) 피고는 스스로 주식을 채권자들에게 담보로 제공하였을 뿐만 아니라, 주가

하락으로 담보가 부족해진 경우에는 주식을 처분하여 대출금을 회수할 수 있는 권한까지 채권자들에게 부여하였다.

(2) 피고는 원고 회사의 최대 주주로서 회사의 내부정보를 잘 알 수 있는 지위에 있었고, 2006. 12. 28.부터 2007. 6. 18.까지 코스닥 시장에서 총 6,867회 정도 원고 주식에 관한 매수·매도주문을 내었는데, 그 기간 동안 최저 680원이었던 주가가 최고 14,100원까지 상승하였다. 위와 같은 주가 급등을 고려하면, 피고의 채권자들이 담보로 제공된 주식을 반대매매함으로써 피고가 더 많은 채무를 면하는 이익을 얻었다고 보이므로, 담보 제공의 형태로 매매차익을 실현하였다고 볼 여지가 있다.

(3) 판례상 매매에 해당되지 않는 거래

동일인이 차명계좌를 통하여 보유하고 있던 주식을 공개시장에서 실명계좌로 매도한 경우 동일한 시점에 차명계좌로부터 매도주문과 실명계좌로부터 매수주문이 있었다면, 차명계좌에서의 매도가격과 실명계좌에서의 매수가격이 일치하는 수량 부분은 매매에 해당하지 않는다.[38)]

관련판례: 대법원 2005. 3. 25. 선고 2004다30040 판결

증권거래법 제188조 제2항이 주권상장법인 또는 코스닥상장법인의 임원, 직원 또는 주요주주로 하여금 당해 법인의 주식에 대한 단기매매거래에 의하여 얻은 이익을 당해 법인에 반환하도록 하는 것은 그들이 직무 또는 지위에 의하여 취득한 비밀을 부당하게 이용하는 것을 방지하고자 하는 데에 그 목적이 있는 것이고, 또한 그러한 취지에서 반환의무자로서의 주요주주를 정의함에 있어서 같은 조 제1항은 "누구의 명의로 하든지 자기의 계산으로 의결권 있는 발행주식총수 또는 출자총액의 100분의 10 이상의 주식 또는 출자증권을 소유한 자"를 주요주주에 포함시킴으로써 단기매매차익의 반환에 관한 한 차명계좌를 이용한 매매라 하더라도 이를 모두 본인이 매매한 것으로 본다는 취지를 규정하고 있는바, 이러한 단기매매차익 반환제도의 목적 및 요건 등에 비추어 볼 때, 동일인이 차명계좌를 통하여 보유하고 있던 주식을 공개시장에서 실명계좌로 매도한 경우 비록 공개시장에서의 증권예탁에 혼합임치의 성격이 있어 매도 및 매수되는 주식을 특정할 수 없다 할지라도 실질적으로 동일

---

38) 대법원 2005. 3. 25. 선고 2004다30040 판결.

한 시점에 차명계좌로부터 매도주문과 실명계좌로부터의 매수주문이 존재하였다면 차명계좌에서의 매도가격과 실명계좌에서의 매수가격이 정확히 일치하는 수량에 관한 한 증권거래법 제188조 제 2 항의 적용대상인 매매에 해당하지 아니한다고 보아야 할 것이다.

원심이 인정한 사실에 의하면, 차명계좌에서의 매도가 일어난 바로 그 날 같은 가격으로 위 매도수량 중 일부를 피고 자신의 실명계좌로 다시 매수하였다는 것인바, 만약 그 중에서 매도주문이 있었던 시점과 매수주문이 있었던 시점이 실질적으로 동일하고 차명계좌에서의 매도가격과 실명계좌에서의 매수가격이 정확히 일치하는 부분이 있다면 이는 권리의 이전이 없는 형식적인 거래에 불과하여 단기매매차익 반환조항의 적용대상인 매매에 해당하지 아니한다고 보아야 할 것이다.

또한 이사가 차명계좌를 통하여 공개시장에서 주식을 매도한 후 같은 날 같은 가격으로 매도수량 중 일부를 실명계좌로 다시 매수한 경우, 매도일시 및 가격과 매수일시 및 가격이 일치하는 부분을 제외한 나머지 부분에 대하여만 단기매매차익의 반환을 명해야 한다.

2. 거래명의

매매는 거래소 이외에 장외에서 행해지더라도 상관없다. 법원도 "증권거래법 제188조 제 2 항(자본시장법 제172조 제 1 항)에서의 '매도' 또는 '매수'는 반드시 거래소나 협회중개시장에서 일어날 것을 요하지 않고, 장외에서 행해진 매매도 그 적용대상이 된다는 점에 대하여는 이론이 없다"라고 판시하였고,[39] "내부자가 6개월 이내의 단기매매를 하여 차익을 얻은 경우에는 그것이 장내거래인가 장외거래인가에 상관없이 이를 반환할 의무가 있다"고 판시하였다.[40]

또한 매매행위는 임원·직원 또는 주요주주의 계산으로 이루어지는 한 누구의 명의로 하는지는 문제되지 않는다.[41] 법원은 "단기매매차익을 당해

39) 서울고등법원 2001. 5. 18. 선고 2000나22272 판결.

40) 서울고등법원 2001. 5. 9. 선고 2000나21378 판결.

41) 현실에서는 단기매매차익 반환제도에 대하여 알고는 있지만 차명으로 거래할 경우에는 반환의무가 없는 경우로 오해하여 단기매매하는 경우가 많이 발생하고 있으

법인에 반환하도록 하는 것은 상장법인 등의 임원 등이 그 직무 또는 직위에 의하여 취득한 비밀을 부당하게 이용하는 것을 방지하고자 하는 데 그 목적이 있는 것이고, 그러한 취지에서 반환의무자로서의 주요주주를 정의함에 있어서 증권거래법 제188조 제1항(자본시장법 제9조 제1항 제2호)은 '누구의 명의로 하든지 자기의 계산으로 의결권 있는 발행주식총수 또는 출자총액의 100분의 10 이상의 주식 또는 출자증권을 소유한 자'를 주요주주에 포함시킴으로써 단기매매차익의 반환에 관한 한 차명계좌를 이용한 매매라 하더라도 이를 모두 본인이 매매한 것으로 본다는 취지로 규정하고 있다" 고 판시하였다.[42)]

3. 내부정보의 이용 여부

단기매매차익 반환제도는 제도적 취지상 회사 내부자의 미공개중요정보의 이용 여부와 관계없이 그 요건에 해당하는 경우 자동적으로 그 반환책임이 인정된다. 따라서 내부자에 의한 6개월 이내의 매도와 매수가 있는 것으로 충분하다. 이는 법 제174조의 미공개중요정보 이용행위 금지와 구

며, 또한 불공정거래과정에서 차명계좌를 통해 주식을 매수하여 주요주주가 된 이후 차익을 실현하면서 단기매매차익이 발생하는 경우가 많다.

42) 대법원 2005. 3. 25. 선고 2004다30040 판결. 이 판결은 동일인이 본인명의의 계좌와 타인명의의 계좌로 주식을 보유하고 있다가 타인명의로부터 본인명의로 주식을 취득한 행위가 단기매매차익 반환제도에서의 매매에 해당하는지 여부에 대한 판결이다. 이 사건에서 법원은 "동일인이 차명계좌를 통하여 보유하고 있던 주식을 공개시장에서 실명계좌로 매도한 경우 비록 공개시장에서의 증권예탁에 혼장임치의 성격이 있어 매도 및 매수되는 주식을 특정할 수 없다 할지라도 실질적으로 동일한 시점에 차명계좌로부터 매도주문과 실명계좌로부터의 매수주문이 존재하였다면 차명계좌에서 매도가격과 실명계좌에서의 매수가격이 정확히 일치하는 수량에 관한 한 증권거래법 제188조 제2항의 적용대상인 매매에 해당하지 아니한다고 보아야 한다고 전제한 다음, 피고가 차명계좌를 통하여 공개시장에서 주식을 매도한 후 같은 날 같은 가격으로 매도수량 중 일부를 실명계좌로 다시 매수한 경우, 매도일시 및 가격과 매수일시 및 가격이 일치하는 부분을 제외한 나머지 부분에 대하여만 단기매매차익의 반환을 명하여야 한다"고 판시하였다.

별되는 점이다.

그런데 어떠한 행위가 자본시장법 제172조의 단기매매차익 반환규정을 위반하고 제174의 미공개중요정보 이용행위 금지에도 위반한 내부자거래에 해당되어 법 제175조의 손해배상책임을 지게 되는 경우에 양 책임을 모두 부담하는가가 문제된다. 이 경우 후자의 책임이 우선한다고 보아 내부자거래로 인한 손해배상책임액을 공제하고 남은 이익을 해당 법인에게 반환해야 된다고 보는 견해가 있으나, 양 제도는 별개의 제도이므로 후자의 책임이 우선한다고 볼 근거는 없고 양 책임을 모두 부담한다고 보아야 한다.[43)]

단기매매차익 반환제도는 미공개정보를 이용한 내부자거래에 대한 제재조항이 있음에도 불구하고 신분과 내부자의 정보이용의 추상적 위험만으로 주식거래에 대한 이익을 부당이득으로 규정하고, 이에 대한 반환을 명하는 제도로서 위헌이라는 헌법소원제기가 있었다.

이에 대하여 헌법재판소는 단기매매차익 반환제도는 문언상 내부자가 실제로 미공개 내부정보를 이용하였는지 여부에 관계없이 형식적인 요건에만 해당하면 반환책임이 성립하고, 내부정보를 이용하지 않고 주식거래를 하였다는 등 일체의 반증을 허용하지 않는 내부자에 대한 엄격책임을 부과하고 있더라도 단기매매차익 반환청구권의 신속하고 확실한 행사를 방해하여 입법목적을 잃게 되는 점 및 일반투자자들의 증권시장에 대한 신뢰의 제고라는 입법목적을 고려한 불가피한 입법적 선택이라고 하여 단기매매차익 반환제도는 합헌이라고 결정하였다.[44)]

그 후 대법원도 단기매매차익 반환의 예외와 관련하여 구체적인 예외인정 여부를 판단하면서 단기매매는 내부정보의 내용이나 이용 여부를 불문하고, 내부자에게 정보를 이용하여 이득을 취하려는 의사가 있었는지 여부와 관계없다는 취지의 판시를 한 바 있다.[45)]

43) 임재연, 전게서, 703쪽.

44) 헌법재판소 2002. 12. 18. 선고 99헌바105, 2001헌바48(병합) 결정.

관련판례: 대법원 2004. 12. 18. 선고 2001다36580 판결

단기매매차익 반환제도는 주권상장법인의 내부자가 6월 이내의 단기간에 그 법인의 주식등을 사고파는 경우 미공개 내부정보를 이용하였을 개연성이 크다는 점에서 거래 자체는 허용하되 그 대신 내부자가 실제로 미공개 내부정보를 이용하였는지 여부나 내부자에게 미공개 내부정보를 이용하여 이득을 취하려는 의사가 있었는지 여부를 묻지 않고 내부자로 하여금 그 거래로 얻은 이익을 법인에 반환하도록 하는 엄격한 책임을 인정함으로써 내부자가 미공개 내부정보를 이용하여 법인의 주식등을 거래하는 행위를 간접적으로 규제하려는 제도라 할 것이고, 따라서 같은 법 제188조 제2항이 적용되지 아니하는 경우로서 같은 조 제8항에 의하여 구 증권거래법시행령(1998. 2. 24. 대통령령 제15687호로 개정되기 전의 것) 제83조의6에서 정한 예외 사유는 한정적으로 열거된 것으로서 같은 법 시행령에서 정하지 않는 사유로까지 그 반환책임의 예외 사유를 넓힐 것을 예정한 것은 아니라 할 것이지만, 단기매매차익 반환제도의 입법목적, 같은 법 시행령 제83조의6에 정해진 예외 사유의 성격 그리고 헌법 제23조가 정하는 재산권보장의 취지를 고려하면, 같은 법 시행령 제83조의6에서 정한 예외 사유에 해당하지 않더라도 객관적으로 볼 때, 애당초 내부정보의 이용가능성이 전혀 없는 유형의 거래에 대하여는 같은 법 제188조 제2항이 적용되지 않는다고 해석함이 상당하다.

4. 매도와 매수 대상증권의 동일성 여부

단기매매의 성립을 위해 매도와 매수의 대상증권이 동일물일 필요는 없다. 따라서 주식을 매도하고 전환사채를 매수하는 경우에도 단기매매차익의 반환대상이 되는 단기매매로 보아야 할 것이다.

증권거래법에서는 "같은 종목의 유가증권의 매매"(증권거래법 시행령 제83조의5 제2항)와 "종류는 같으나 종목이 다른 유가증권의 매매"(같은 조 제3항)만을 규정하고 있었기 때문에, "종류가 다른 유가증권의 매매"에 대해서는 단기매매차익의 반환규정이 적용되는가에 의문이 있었다.

---

45) 대법원 2004. 2. 13. 선고 2001다36580 판결; 대법원 2004. 5. 28. 선고 2003다60396 판결; 대법원 2008. 3. 13. 선고 2006다73218 판결.

그러나 자본시장법은 "종류가 다른 증권"의 이익을 계산하는 경우 지분증권 외의 특정증권등의 가격은 증권선물위원회가 정하여 고시하는 방법에 따라 지분증권으로 환산하여 계산한 가격으로 하고(영 제195조 제 2 항 제 2 호), "종류가 다른 증권"의 수량의 계산은 증권선물위원회가 정하여 고시하는 방법에 따라 계산된 수량으로 한다(같은 조 제 3 항)고 규정하고 있다. 따라서 매도와 매수의 대상증권이 동일한 증권일 필요는 없다.[46]

법원은 매도와 매수의 대상증권의 동일성 여부와 관련하여 동일물일 필요는 없다고 판시한 바 있다.[47]

5. 6개월 이내의 매매

단기매매차익 반환의무는 매도와 매수가 6개월 이내에 이루어져야 발생한다. 즉 특정증권등을 매수한 후 6개월 이내에 매도하거나 특정증권등을 매도한 후 6개월 이내에 매수[48]하여야 한다(법 제172조 제 1 항). 그런데 자본시장법 시행령은 6개월을 기산하는 경우 초일을 산입한다고 규정하고 있다(영 제195조 제 1 항 제 1 호). 따라서 6개월 이내라 함은 매도 또는 매수가 이루어진 날을 포함하여 6개월이 되는 날까지를 의미한다.

증권시장에서 거래가 이루어지는 경우 시장에서의 매매일을 기준으로 하여야 하는가 아니면 결제일을 기준으로 하여야 하는가에 관한 논의가 있다. 그러나 문면대로 계약체결일을 기준으로 하는 것이 타당하다.[49] 즉 매도와 매수는 채권계약이므로 약정을 기준으로 기간계산을 하여야 한다. 따

---

46) 김건식·정순섭, 전게서, 311쪽.

47) 광주고등법원 2001. 8. 22. 선고 2001나1286 판결.

48) 예를 들면, 상장법인의 임원 A가 2010년 3월 5일 보유주식 1,000주를 500만원에 매도한 후 2010년 3월 25일 1,000주를 300만원에 매수하였다면 200만원의 단기매매차익이 발생한다. 주식을 매수한 후 6개월 이내에 매도한 경우만을 해당된다고 생각하기 쉬우나, 법은 매도 후 6개월 이내의 매수를 규정하고 있으므로 주의하여야 한다.

49) 한국증권법학회, 전게 주석서, 834쪽.

라서 6개월 이내의 기간의 기산점은 계약체결일을 기준일로 하여야 한다. 즉 6개월의 기간은 매도 또는 매수의 기준일의 다음날부터 기산하여 6월이 되는 날의 24시까지로 보아야 한다.[50] 예컨대, 5월 10일 매매를 하였으면 11월 9일 24시까지 사이에 반대매매하여야 반환책임을 부담하게 된다.

법원도 6개월의 기산점은 매매계약체결일이고 대금수수일이 아니라고 판시하였다.[51] 이와 같이 단기매매는 최초의 매도(또는 매수) 후 6개월 이내에 다시 매수(또는 매도)하는 경우에만 성립하므로 6개월을 단 1일이라도 넘겨 반대매매를 하면 단기매매차익 반환의무를 부담하지 않는다.

관련판례: 대법원 2010. 8. 19. 선고 2007다66002 판결

1. 구 증권거래법(2007. 8. 3. 법률 제8635호 자본시장과 금융투자업에 관한 법률 부칙 제2조로 폐지) 제188조 제2항에서 정한 단기매매차익 반환제도는, 주권상장법인 또는 코스닥상장법인의 내부자가 6월 이내의 단기간에 그 법인의 주식 등을 매매하는 경우 미공개 내부정보를 이용하였을 개연성이 크다는 점에서, 거래 자체는 허용하되 그 대신 내부자가 실제로 미공개 내부정보를 이용하였는지 여부나 내부자에게 미공개 내부정보를 이용하여 이득을 취하려는 의사가 있었는지 여부를 묻지 않고 내부자로 하여금 그 거래로 얻은 이익을 법인에 반환하도록 함으로써 내부자가 미공개 내부정보를 이용하여 법인의 주식 등을 거래하는 행위를 간접적으로 규제하는 제도이다(대법원 2008. 3. 13. 선고 2006다73218 판결 등 참조).

이러한 입법취지에 더하여 ① 단기매매차익 반환의무의 대상이 되는 거래는 내부자가 매매계약의 의사를 대외적으로 표시하는 매매계약체결일을 기준으로 하여야 하는 점, ② 매매거래의 시기를 매매계약체결일로 보는 이상 반환할 매매차익의 범위도 실제 대금의 수령일이 아닌 매매계약체결일을 기준으로 산정하여야 비용공제 등 반환의무의 범위를 정함에 있어서도 통일된 기준이 될 수 있는 점, ③ 매매계약의 당사자는 매매계약에서 정한 매매대금을 기준으로 하여 경제적 손익 내지 매매차익의 실현 여부를 가늠하여 매매계약을 체결하였을 것이라는 점 등을 고려하면, 단기매매차익의 반환범위를 산정함에 있어서도 매매계약체결일을 기준으로 하여야 한다.

50) 노태악, 전게논문, 474쪽.

51) 대법원 2010. 8. 19. 선고 2007다66002 판결.

만일 그렇지 않고 매매계약체결일이 아닌 매매대금지급일이나 매매차익실현일을 매매차익 반환범위의 산정 기준시로 삼게 되면, 단기매매차익 반환의무의 발생시기와 매매차익 산정시기가 다르고 그 시기도 불확실하여 혼선을 초래할 수 있고, 계약체결일 기준으로 산정하면 매매차익이 없는 거래가 이행일까지 여러 사정의 변동으로 차익이 발생하면 단기매매차익을 반환하여야 하고, 반대로 계약체결일 당시에는 매매차익이 있음에도 불구하고 당사자가 임의로 매매차익을 발생시키지 않거나 감소시키기 위하여 이행기를 변경하는 방법으로 단기매매차익 규정의 적용을 회피할 수 있어 단기매매차익의 반환 여부가 매매거래 이외의 요소에 의하여 좌우된다는 점에서 부당한 결과를 초래한다.

구 증권거래법 시행령(2008. 7. 29. 대통령령 제20947호로 폐지) 제83조의5 제2항 제1호에서 단기매매차익의 산정방식을 '매도단가에서 매수단가를 뺀 금액에 매수수량과 매도수량 중 적은 수량을 곱하여 산출한 금액에서 당해 매매일치수량분에 관한 매매거래수수료와 증권거래세액을 공제한 금액'으로 산정하도록 규정하고 있는 것도 단기매매차익의 산정은 매매계약체결일을 기준으로 일률적으로 산정하고 그 밖의 변동요소는 고려하지 않도록 하는 취지라고 보아야 할 것이다.

2. 원심은 피고의 단기매매차익 반환의무 및 범위는 이 사건 매매계약체결일을 기준으로 한 기준환율에 의하여 우리나라의 통화로 환산한 금액으로 확정된 것으로 보아야 한다고 판단하였는바, 원심의 위와 같은 판단은 위 법리에 따른 것으로 정당하고 거기에 피고가 상고이유에서 주장하는 바와 같은 단기매매차익 산정에 관한 법리오해의 잘못이 없다.

관련판례: 서울중앙지방법원 2009. 9. 16. 선고 2009가합8142 판결

주식의 양도는 주권의 교부로서 그 효력이 발생하는 것이나, 주권 등의 매수 또는 매도의 계약을 체결할 때 이미 위 제도가 사전에 예방하고자 하는 미공개 내부정보의 이용행위에 기초하여 계약의 조건들이 결정되는 점에 비추어 위 법조 소정의 '매수' 또는 '매도'는 계약체결일을 기준으로 판단함이 상당하다.

6. 매매차익의 발생

자본시장법이 "매수한 후 6개월 이내에 매도하거나 매도한 후 6개월

이내에 매수하여 이익을 얻은 경우"(법 제172조 제1항)라고 규정하고 있으므로, 단기매매차익 반환의무가 발생하기 위해서는 6개월 이내의 매매로 차익이 발생하여야 한다. 여기서의 차익은 매매의 결과로 발생한 차익을 의미하며, 처분을 전제로 한 개념이다. 따라서 6개월이라는 일정한 기간 내에 최초에 매수한 주식의 가격 보다 높은 가격에 주식을 매도하여 이익을 얻는 경우 또는 최초에 매도한 가격보다 낮은 가격으로 주식을 다시 매수함으로써 얻게 되는 이익을 말한다.

헌법재판소[52]도 "단기매매차익 반환제도는 ① 내부자가 ② 6개월 이내의 기간에 ③ 자기회사의 주식등을 거래하여 ④ 차익이 발생한 경우라는 형식적 요건이 성립하면 반환책임이 성립한다"고 결정하여 매매차익의 발생을 단기매매차익 반환의무의 성립요건으로 하고 있다.

그런데 여기서 유념할 것은 매매의 개념과 달리 이익을 얻었는지 여부에 대한 판단은 경제적 개념에 따를 수밖에 없다는 점이다. 따라서 경제적 이익의 취득은 매수 당시 또는 매도 당시의 각 자산의 취득과 처분에 따른 이익과 손실의 비교를 전제로 한다.[53]

Ⅴ. 단기매매차익 반환의 예외

1. 서 설

단기매매차익 반환제도는 내부자거래를 효율적으로 규제하기 위하여 내부자가 실제로 내부정보를 이용하였는지 여부에 관계없이 형식적 요건만 충족하면 거래의 동기를 불문하고 반환책임이 성립하는 것으로 하고 있다. 이는 내부자가 내부정보를 현실적으로 이용하였는지를 입증하는 것이 쉽지

52) 헌법재판소 2002. 12. 18. 선고 99헌바105, 2001헌바48(병합) 결정.

53) 최민용, 전게논문, 176쪽.

않고, 차익반환이라는 집행의 편의를 고려한 것이다. 그러나 내부정보의 이용가능성이 객관적으로 없는 경우까지 차익반환을 강제하는 것은 내부자에게 지나친 불이익을 발생시키고 헌법상의 재산권침해의 소지가 있다. 따라서 자본시장법은 매도 또는 매수의 성격, 그 밖의 사정 등을 고려하여 미공개중요정보를 이용할 염려가 없다고 판단되는 경우에 한하여 단기매매차익 반환의 예외를 인정하고 있다.

또한 헌법재판소와 대법원은 법령상의 예외 사유를 예시적인 것이 아니라 한정적 열거로 보아 이를 제한적으로 해석하면서 일정한 경우에 단기매매차익 반환규정의 적용 예외를 해석상 인정하고 있다. 이에 관하여는 후술하기로 한다.

2. 법령상 예외 사유

임직원 또는 주요주주로서 행한 매도 또는 매수의 성격, 그 밖의 사정 등을 고려하여 대통령령이 정하는 경우에는 단기매매차익을 반환하지 않는다(법 제172조 제 6 항).

여기서 "대통령령으로 정하는 경우"란 다음의 어느 하나에 해당하는 경우를 말한다(영 제198조).

1. 법령에 따라 불가피하게 매수하거나 매도하는 경우
2. 정부의 허가·인가·승인 등이나 문서에 의한 지도·권고에 따라 매수하거나 매도하는 경우
3. 안정조작이나 시장조성을 위하여 매수·매도 또는 매도·매수하는 경우
4. 모집·사모·매출하는 특정증권등의 인수에 따라 취득하거나 인수한 특정증권등을 처분하는 경우

5. 주식매수선택권의 행사에 따라 주식을 취득하는 경우
6. 이미 소유하고 있는 지분증권, 신주인수권이 표시된 것, 전환사채권 또는 신주인수권부사채권의 권리행사에 따라 주식을 취득하는 경우
7. 증권예탁증권의 예탁계약 해지에 따라 법 제172조 제1항 제1호에 따른 증권을 취득하는 경우
8. 법 제172조 제1항 제1호에 따른 증권 중 제196조 제1호 라목에 따른 교환사채권 또는 법 제172조 제1항 제3호에 따른 교환사채권의 권리행사에 따라 증권을 취득하는 경우
9. 모집·매출하는 특정증권등의 청약에 따라 취득하는 경우
10. 근로자복지기본법 제32조에 따라 우리사주조합원에게 우선 배정된 주식의 청약에 따라 취득하는 경우
11. 주식매수청구권의 행사에 따라 주식을 처분하는 경우
12. 공개매수에 응모함에 따라 주식등을 처분하는 경우
13. 그 밖에 미공개중요정보를 이용할 염려가 없는 경우로서 증권선물위원회가 인정하는 경우[54)]

3. 해석상 예외 사유

(1) 헌법재판소와 대법원의 입장

단기차익 반환의 예외가 법령상 한정되어 있으나 법률의 해석을 통해 인정되고 있다. 헌법재판소는 단기매매차익 반환제도의 위헌법률 헌법소원

---

54) 단기매매차익 반환 등에 관한 규정 제5조(단기매매차익 반환의 예외) 영 제198조 제13호에서 "그 밖에 미공개중요정보를 이용할 염려가 없는 경우로서 증권선물위원회가 인정하는 경우"란 다음의 어느 하나에 해당하는 경우를 말한다.
1. 유상신주발행시 발생한 실권주 또는 단수주의 취득
2. 집합투자규약에 따라 집합투자업자가 행하는 매매
3. 공로금·장려금·퇴직금 등으로 지급받는 주식의 취득
4. 이미 소유하고 있는 특정증권등의 권리행사로 인한 주식의 취득
5. 증권시장에서 허용되는 최소단위 미만의 매매

사건에서 "증권거래법 제188조 제 1 항이 반환책임의 요건을 객관화하여 엄격한 반환책임을 내부자에게 부과하고, 같은 조 제 8 항 및 이에 근거한 시행령 제86조의6 등에서 반환책임의 예외를 한정적으로 열거하여, 이에 해당하지 않는 한 반환책임의 예외를 인정하지 않고 있다고 하더라도, 위 법률조항의 입법목적과 단기매매차익 반환의 예외를 정한 시행령 제86조의6의 성격 및 헌법 제23조가 정하는 재산권 보장의 취지를 고려하면 내부정보를 이용할 가능성조차 없는 유형의 주식거래에 대하여는 이 사건 법률조항이 애당초 적용되지 않는다고 해석하여야 할 것이다"라고 판시하여 단기매매차익 반환의 법령상 예외 사유 이외에 내부정보 이용가능성이 없는 유형의 주식거래에 대하여 법해석으로 예외를 인정하는 근거를 마련하였다.[55)]

그 후 대법원도 원칙적으로 헌법재판소의 결정을 인용하여 증권거래법 제188조 제 2 항 소정의 단기매매차익 반환제도규정의 취지 및 증권거래법 시행령 제83조의6에서 규정한 예외 사유에 해당하지 않더라도 내부정보의 이용가능성이 없는 유형의 거래에 대하여 법원이 해석상 예외 사유로 보아 그 적용을 배제할 수 있다고 판결하고 있다.[56)]

그리고 여기서 내부정보에 대한 부당한 이용의 가능성을 판단함에 있어서는 객관적으로 볼 때 피고가 임의로 거래하였는지 여부 및 그가 내부정보에 접근할 수 있는 가능성이 있었는지 여부를 고려하여야 하고, 만약 비자발적인 유형의 거래가 아니거나 내부정보에의 접근 가능성을 완전히 배제할 수 없는 유형의 거래인 경우에는 내부정보에 대한 부당한 이용의 가능성이 있다고 보아야 할 것이므로 같은 법 제188조 제 2 항의 적용 대상인 매수 또는 매도에 해당하여 단기매매차익의 반환책임을 피할 수 없다고 할 것이다.[57)]

---

55) 헌법재판소 2002. 12. 18. 선고 99헌바105, 2001헌바48(병합) 결정.

56) 대법원 2004. 2. 13. 선고 2001다36580 판결; 대법원 2004. 2. 12. 선고 2002다69327 판결.

57) 대법원 2004. 5. 28. 선고 2003다60396 판결.

(2) 구체적인 판단 사례

1) 임원의 적대적 M&A 방어수단으로 주식매수 후 경영권양도를 위한 주식매도

해석상의 예외 사유를 처음으로 인정한 이 사건은 피고가 회사의 이사로서 주식을 매수한 이후 6개월 이전에 계열회사에게 경영권을 양도할 목적으로 주식을 매도하여 매도차익을 얻었으며, 이에 대해 증권선물위원회가 단기매매차익 반환명령을 내리자 피고는 회사의 주가하락 및 적대적 인수합병에 대한 방어책으로서 주식을 매수하였지만 경제위기 이후 백화점의 경영악화로 인하여 부득이 금강개발에게 원고 회사의 경영권을 양도하기 위한 수단으로 주식을 매도하였다고 항변하였으나 대법원은 단기매매차익 반환책임을 인정하였다.[58] 대법원은 이와 같은 주식매수와 매도이유만으로는 객관적으로 내부정보의 이용가능성이 전혀 없는 유형의 거래에 해당하지 않는다고 보았다.

2) 주요주주의 적대적 인수 시도 좌절 후 주식매도

이 사건[59]에서 피고는 기존 대주주인 경영진의 지분이 낮아 경영권 인수를 목적으로 지분을 10% 이상 인수한 후 기존 대주주와 경영권양도에 관한 협상을 벌였지만 실패하고, 또한 적대적 경영권인수를 위해 이사선임 시도를 하였지만 실패하자 주식 매수 후 6개월 이전에 주식을 모두 매도하였다. 이 사건에서 대법원은 적대적 기업인수를 시도하던 자가 주요주주가 된 후에 대상회사 경영진의 저항에 부딪혀 인수를 단념하고 대량으로 취득한 주식을 공개시장에서 처분한 경우에는 단기매매차익의 반환책임이 있다고 하였다.

대법원은 "피고가 대량 취득하였던 주식을 매도한 것은 비록 계속 보유할 경우의 경제적 손실을 회피하기 위한 동기에서 비롯된 것이었다 할지라도 스스로 경제적 이해득실을 따져본 후 임의로 결정한 다음 공개시장을

58) 대법원 2004. 2. 13. 선고 2001다36580 판결.

59) 대법원 2004. 5. 28. 선고 2003다60396 판결.

통하여 매도한 것으로 보여질 뿐 비자발적인 유형의 거래로 볼 수 없을 뿐만 아니라, 적대적 주식대량매수자와 회사 경영자가 서로 어느 정도 적대적인지는 개별 사안에 따라 다를 수 있고, 또한 같은 사안에서도 시기별로 차이가 있을 수 있으므로 그 적대적 관계성은 결국 개별 사안에서 각 시기별로 구체적 사정을 살펴본 이후에야 판단할 수 있는 사항이어서 피고가 적대적 주식대량매수자의 지위에서 주식을 거래하였다는 그 외형 자체만으로 내부정보에의 접근가능성이 완전히 배제된다고 볼 수 없는 점을 고려하면 결국 내부정보에 대한 부당한 이용의 가능성이 전혀 없는 유형의 거래에는 해당하지 않는다"고 판시하였다.

3) 정직처분 상태 직원의 주식매수

이 사건[60]에 대하여 제 1 심과 제 2 심 재판부는 모두 피고 직원이 정직처분을 받은 기간 동안의 경우에는 직원으로서의 지위를 그대로 가지고 있다고 할지라도 출근이 금지되었을 뿐만 아니라 원고의 내부 전자메일을 전송받지 못하고 원고가 피고에게 지급한 일체의 업무용 도구 등도 사용하지 못하였으므로 객관적으로 내부정보의 이용가능성이 전혀 없는 경우에 해당한다고 판단하여 정직기간 동안 매매차익에 대하여는 회사의 단기매매차익 반환청구를 인정하지 않았다.

그러나 대법원은 피고인 직원에게 단기매매차익 반환책임을 인정하였다. 이 사건에서 피고는 회사로부터 인사상 불이익을 받았다는 이유로 회사와 대립하였으며, 요양신청과 휴직을 이유로 결근이 이어졌고, 회사는 피고에게 무단결근을 이유로 무기정직의 징계처분을 내렸으며, 피고는 내부 전자메일도 전송받지 못하고 일체의 업무용 도구를 사용하지 못하였기 때문에 내부정보 이용가능성이 없다고 항변하였다.

그러나 대법원은 직원이 회사와 불화를 겪고 적대적이 되었으며, 실제로 내부정보에 대한 접근가능성도 인정하기 어려운 사실관계를 인정하면서

60) 대법원 2008. 3. 13. 선고 2006다73218 판결.

도 "피고 스스로 경제적 이해득실을 따져본 후 임의로 결정한 다음 공개시장을 통하여 매수한 것으로 보여질 뿐 비자발적인 유형의 거래로 볼 수 없을 뿐만 아니라, 정직처분을 받은 자와 회사 경영자 등과의 관계가 우호적인지 적대적인지는 개별 사안에 따라 다를 수 있고 또한 같은 사안에 있어서도 시기별로 차이가 있을 수 있으므로 그 적대적 관계성은 결국 개별 사안에서 각 시기별로 구체적 사정을 살펴본 이후에야 판단할 수 있는 사항이어서, 피고가 정직처분을 받은 자의 지위에서 주식을 거래하였다는 그 외형 자체 만으로부터 내부정보에의 접근 가능성이 완전히 배제된다고 볼 수는 없다고 판단하고, 정직처분 중의 거래도 내부정보에 대한 부당한 이용의 가능성이 전혀 없는 유형의 거래에는 해당하지 않는다"고 보아 단기매매차익의 반환책임을 인정하였다.

4) 대법원의 입장

위의 세 판례에서 본 바와 같이 대법원은 내부정보의 이용가능성이 없는 기준을 정보의 실질적인 이용가능성이나 접근가능성이 아닌 자발적 거래 여부로 판단하고 있으며 반환의무자가 주식거래를 함에 있어서 이익 여부에 대한 판단이 가능한 경우에는 내부정보 이용가능성이 없는 비자발적 거래유형으로 단기매매차익 반환책임을 인정하지 않고 있다. 이와 같은 대법원의 입장은 단기매매차익 반환의 예외를 해석으로 인정하는 데 있어 매우 엄격하고 좁게 해석하는 태도이다.

Ⅵ. 단기매매차익의 반환절차

1. 반환청구권자

해당 법인은 임직원 또는 주요주주에게 단기매매차익을 법인에게 반환할 것을 청구할 수 있다(법 제172조 제1항). 청구권의 행사로 반환의무가 발생하므로 이 권리의 법적성질은 형성권이다. 그러나 해당 법인의 주주(주권 외의 지분증권 또는 증권예탁증권을 소유한 자를 포함)는 그 법인으로 하여금 단기매매차익을 얻은 자에게 단기매매차익의 반환청구를 하도록 요구할 수 있으며, 그 법인이 그 요구를 받은 날부터 2개월 이내에 그 청구를 하지 아니하는 경우에는 그 주주는 그 법인을 대위하여 그 청구를 할 수 있다(법 제172조 제 2 항). 이 경우 주주의 자격에는 제한이 없으므로 상법상 주주의 대표소송과는 달리 1주를 보유하였더라도 청구할 수 있고 보유기간의 제한도 없기 때문에 거래 당시에 주주임을 요하지 않으며, 회사가 반환청구를 할 수 있을 시점에 주주이면 충분하고, 단기매매차익이 발생한 기간에 주주였을 것을 요구하지 않는다. 또한 이 반환청구권은 의결권과도 관계가 없으므로 무의결권주식을 소유하고 있는 주주도 대위청구를 할 수 있다.[61]

해당 법인의 반환청구권의 행사는 반드시 소송에 의할 필요는 없으며, 주주의 대위청구도 마찬가지이다. 임직원 또는 주요주주에게 소송 외에서 반환청구를 하고, 임직원 또는 주요주주가 이에 응하지 않으면 소송을 제기할 필요가 있을 것이다.

관련판례: 수원지방법원 2009. 10. 16. 선고 2009가합12224 판결

한편, 증권거래법(현행 자본시장과 금융투자업에 관한 법률)은 증권시장의 건전성을 수호하고 내부자 거래로 인한 일반투자자들의 피해를 방지하며 주권발행회사를 보호하고 중요정보의 조기공시 촉진을 통한 증권시장의 효율성을 제고하기 위하여 여러 가지 제도 중의 하나로 단기매매차익 반환제도를 시행하고 있는바, 위 제도의 주요한 목적 중의 하나는 주권발행회사를 보호하기 위한 것이므로 단기매매차익반환청구권은 주권상장법인 또는 코스닥상장법인만이 행사할 수 있는 고유한 권리인 점 및 주식의 단기매매로 인한 차익은 주권상장법인의 전 사업부문의 활동으로 인한 결과물이어서 단기매매차익반환청구권 또한 회사분할 등으로 인해 귀속사업에 따라 분속되어 행사될 수 있는 성질의 권리가 아닌 점 등에 비추어 볼 때 단기매매차익반환채권은 "특정 사

61) 김건식·정순섭, 전게서, 313쪽; 임재연, 전게서, 695쪽; 고창현, 전게논문, 75쪽; 한국증권법학회, 전게 주석서, 844쪽.

업부문"에 관련하여 발생·확정된 채권이라고 보기 어렵다. 따라서 이 사건 분할에 의하여 비록 사실상 분할 전 C의 전 사업부문이 신설회사인 N의 사업부문으로 승계되었다 하더라도 단기매매차익 반환채권이 N에게 귀속된다고 볼 수는 없고, C와 법인격의 동일성을 유지하게 된 존속회사인 원고 회사로 하여금 C가 취득한 단기매매차익 반환청구권을 승계취득하게 하는 것이 위 증권거래법의 취지와·단기매매차익 반환청구권의 성질, 법인격의 승계에 관한 법리에 부합하는 것이므로 회사의 위 주장은 받아들이지 아니한다.

2. 증권선물위원회의 통보와 공시

증권선물위원회는 단기매매차익의 발생사실을 알게 된 경우에는 해당 법인에 이를 통보하여야 한다. 이 경우 그 법인은 통보받은 내용을 대통령령으로 정하는 방법에 따라 인터넷 홈페이지 등을 이용하여 공시하여야 한다(법 제172조 제3항).

여기서 "대통령령으로 정하는 방법"이란 다음의 사항이 지체 없이 공시되도록 하는 것을 말한다(영 제197조).

1. 단기매매차익을 반환해야 할 자의 지위[임원(상법 제401조의1 제1항 각호의 업무집행관여자를 포함), 직원 또는 주요주주]
2. 단기매매차익 금액(임원별·직원별 또는 주요주주별로 합산한 금액)
3. 증권선물위원회로부터 단기매매차익 발생사실을 통보받은 날
4. 해당 법인의 단기매매차익 반환 청구 계획
5. 해당 법인의 주주(주권 외의 지분증권이나 증권예탁증권을 소유한 자를 포함)는 그 법인으로 하여금 단기매매차익을 얻은 자에게 단기매매차익의 반환청구를 하도록 요구할 수 있으며, 그 법인이 요구를 받은 날부터 2개월 이내에 그 청구를 하지 아니하는 경우에는 그 주주는 그 법인을 대위(代位)하여 청구를 할 수 있다는 뜻

증권거래법은 증권선물위원회가 당해 법인에게 단기매매차익 반환의 청구를 요구할 수 있고(영 제83조의5 제 6 항), 당해 법인을 대위하여 반환청구를 할 수 있다고 규정하고 있었다(법 제188조 제 3 항). 그러나 자본시장법은 증권선물위원회의 반환청구요구권을 통보로 변경하면서 이에 대한 회사의 공시의무를 부과하였고, 증권선물위원회의 대위청구권을 삭제하였다.

3. 주주의 승소와 소송비용청구

법인을 대위하여 소송을 제기한 주주가 승소한 경우에는 그 주주는 회사에 대하여 소송비용, 그 밖에 소송으로 인한 모든 비용의 지급을 청구할 수 있다(법 제172조 제 4 항).

4. 청구권 행사기간

해당 법인 또는 주주의 반환청구권은 이익을 취득한 날부터 2년 이내에 행사하지 아니한 경우에는 소멸한다(법 제172조 제 5 항). 이 기간은 제척기간이다. 따라서 제척기간으로 2년이 경과된 후 제기되었다면 위법하고, 제척기간 진행의 중단도 인정되지 않는다.[62]

관련판례: 서울중앙지방법원 2009. 9. 11. 선고 2009가합49754, 80144 판결

살피건대, 증권거래법 제188조 제 5 항에 규정된 2년은 권리행사에 관한 제척기간이라고 할 것이고, 이 사건 소는 2009. 4. 30. 제기되었으므로 제 1 기 주식거래 및 제 2 기 주식거래 중 일부는 이익취득일로부터 2년이 경과함으로써 그 기간 동안 취득한 이익금에 관한 지급청구는 제척기간이 도과되어 일응 부적법하다고 할 것이나, 한편 앞서 본 기초사실에 의하면 피고가 증권선물위원회로부터 이 사건 단기매매차익금과 관련한 조치에 대하여 이의신청을 하였으나 기각결정을 받고, 2008. 9. 1. 원고에 대하여 위 차익금 중 일부를 지급하면서

62) 서울지방법원 서부지원 2003. 5. 23. 선고 2002가단5500 판결.

나머지 잔액에 관한 구체적인 지급방법을 약정한 다음, 이후 위 약정한 금원 중 일부를 원고에게 지급한 사실이 인정되는바, 위 인정사실에 의하면 피고 스스로 이 사건 단기매매차익금 반환의무를 인정하고, 그 일부를 지급함으로써 채무의 존재를 승인하였고, 원고는 피고의 위 채무승인에 기한 임의이행을 신뢰한 나머지 피고가 이익을 취득한 날로부터 2년이 경과하도록 피고에 대하여 이 사건 단기매매차익금의 반환청구소송을 제기하지 않은 것으로 봄이 상당하므로, 제척기간 내에 채무를 승인한 피고가 이 사건 소송에서 제척기간의 경과를 주장하는 것은 신의칙에 위반되어 받아들일 수 없다고 할 것이다.

관련판례: 서울서부지방법원 2010. 5. 20. 선고 2009가합12429 판결

살피건대, 구 증권거래법 제188조 제2항에서 규정하고 있는 단기매매차익의 반환청구권은 같은 조 제5항에 의하면 이익의 취득이 있은 날로부터 2년 내에 행사하여야 하고, 위 규정에서 '시효'라는 용어를 사용하지 않고 있으며 그 목적이 신속한 권리관계의 확정으로 보이는 이상 이는 제척기간이라 할 것인바, 갑 제1, 16, 17호증(가지번호 포함)의 기재, 이 법원의 금융감독원장에 대한 사실조회결과에 변론 전체의 취지를 종합하면, P는 코스닥상장법인이고 피고는 2004. 3. 9.부터 2007. 3. 15.까지 P의 이사였던 사실, 피고는 2007. 3. 15. P의 주식 3,600,000주를 매도하고, 그로부터 6개월 이내인 2007. 3. 22.부터 2007. 3. 27.까지 사이에 P의 주식 965,458주를 매수하여 1,316,781,035원의 단기매매차익을 취득한 사실을 인정할 수 있으며, 원고가 2009. 9. 22. 이 사건 소를 제기한 사실은 기록상 명백하므로, 위 인정사실에 의하면 피고가 최종적으로 이익을 취득한 날인 2007. 3. 30.(계약체결일로부터 3일째 되는 날 주식인도가 이루어지므로 이날 '이익의 취득'이 있었다고 볼 것이다)로부터 2년이 경과된 후에 제기된 이 사건 소는 제척기간을 도과하여 제기된 것으로서 부적법한바, 피고의 위 항변은 이유 있다(을 제3호증의 기재에 변론 전체의 취지를 보태어 보면, P는 2009. 1. 20. 피고를 상대로 이 사건 소와 동일한 내용의 단기매매차익금반환 청구의 소를 제기하였는데, 위 소는 2009. 9. 19. 2회 쌍불로 인해 취하간주된 사실을 인정할 수 있고 그로부터 6월 내에 이 사건 소가 제기되었으나, 앞서 살펴본 바와 같이 위 권리행사기간이 제척기간인 이상 그 진행의 중단이 인정되지 아니하고, 달리 이 사건에 있어 위 기간이 도과되지 않았다고 해석할 만한 특별한 사정이 있다고 볼 여지도 없다).

여기서 "이익을 취득한 날"이란 매도 또는 매수의 후행행위가 있은 날

을 뜻한다. 그리고 내부자의 단기매매사실이 밝혀져 주주가 당해 법인에 대하여 반환청구하도록 요구한 시점에서 2월이 경과하기 전에 2년의 제소기간이 도래하는 경우가 있을 수 있다. 이 경우도 상법 제403조의 '회복할 수 없는 손해가 생길 염려'가 있는 경우 즉시 회사를 위하여 소를 제기할 수 있다는 규정을 유추적용하여 제소기간이 경과하기 전에 회사에 반환청구를 요구하였던 주주는 소송을 제기할 수 있을 것이다.[63]

5. 반환이익의 귀속

해당 법인의 반환청구 또는 주주의 대위청구로 반환된 이익은 회사에 귀속된다. 회사는 내부자거래로 인한 직접적인 피해자가 아님에도 불구하고 그 이익을 회사에 귀속시키는 것은 내부자가 그 이익을 향유하도록 해서는 안 되고 내부자의 정보취득은 회사의 비용부담하에 이루어진다고 할 수 있으며, 내부자거래로 인한 회사의 대외적 신용의 손상에 대한 보상의 의미도 가질 수 있기 때문이다.[64]

Ⅶ. 단기매매차익의 산정방법

1. 서 설

단기매매차익의 산정방법은 가중평균법, 선입선출법, 최저가·최고가대

---

63) 한국증권법학회, 전게 주석서, 846쪽.

64) 이철송, 전게서, 371쪽. 그러나 이에 대하여 미국법상으로는 내부자가 신인의무를 위반한 행위로 이익을 얻는 경우에는 그 이익을 회사에 반환하는 원칙이 확립되어 있기 때문에 타당하지만, 우리법상으로는 단기매매를 억제하기 위한 정책상의 이유 외에는 회사가 이익을 차지하는 것을 정당화하기 어렵다는 견해가 있다(김건식·정순섭, 전게서, 314쪽).

비법 등이 있다. 우리나라의 경우 1997년 4월 증권거래법 개정 이전에는 법령의 규정이 아닌 증권관리위원회(현 증권선물위원회)에서 규정을 두어 매매차익 산정방법을 적용하고 있었다. 당시 증권관리위원회(현 증권선물위원회)는 처음에는 선입선출법을 사용하다가 후에 최저가·최고가 대비법[65]을 적용하고 있었다. 그 후 단기차익 산정기준을 법령에서 명확히 해야 한다는 지적에 따라 1997년 4월 개정 증권거래법에서 적용이 용이한 가중평균법을 채택하였으나[66] 2000년 9월 8일 증권거래법 개정으로 종래의 가중평균법 대신 선입선출법을 채택하였다. 자본시장법은 선입선출법을 그대로 수용하고 있다.

가중평균법에서는 거래량으로 가중평균한 매수단가와 매도단가의 차액에 매매일치수량(매수수량과 매도수량 중 적은 수량)을 곱한 금액을 매매차익으로 산정한다. 이 방식은 평균매매단가를 산정하는 경우 차손부분이 단가에 반영된다(차익+차손). 따라서 전체적으로 차익발생시에만 반환한다. 그러나 선입선출법에서는 가장 시기가 이른 매수와 매도를 순차적으로 대비하여 그 차액에 매매일치수량을 곱한 금액을 매매차익으로 산정한다. 이 방식은 차손이 발생한 부분을 포함시키지 않고 차익부분만을 포함시킨다. 따라서 매매차익이 가중평균법 보다 크게 나올 가능성이 많다. 선입선출법에서는 전체적으로 차손이 발생한 경우에도 반환하게 된다.

자본시장법은 이익의 산정기준·반환절차 등에 관하여 필요한 사항은 대통령령으로 정한다(법 제172조 제1항)고 규정하고 있고, 이에 따라 시행령 제195조는 단기매매차익의 산정방법을 규정하고 있으며, 특히 단기매매차익 계산의 구체적인 기준과 방법 등 필요한 세부사항은 증권선물위원회가 정하여 고시한다고 규정하고 있다.

---

65) 매수분은 최저가부터 매도분은 최고가부터 순차적으로 대비시켜 차액을 합산하는 방식이다. 이 방식은 미국이 채택하고 있는 방식이다. 일본은 선입선출법을 채택하고 있다.

66) 전홍렬, 전게서, 395쪽.

2. 이익의 계산방법

(1) 1회의 매매

해당 매수(권리 행사의 상대방이 되는 경우로서 매수자의 지위를 가지게 되는 특정증권등의 매도를 포함) 또는 매도(권리를 행사할 수 있는 경우로서 매도자의 지위를 가지게 되는 특정증권등의 매수를 포함) 후 6개월(초일 산입) 이내에 매도 또는 매수한 경우에는 매도단가에서 매수단가를 뺀 금액에 매수수량과 매도수량 중 적은 수량("매매일치수량")을 곱하여 계산한 금액에서 해당 매매일치수량분에 관한 매매거래수수료와 증권거래세액 및 농어촌특별세액을 공제한 금액을 이익으로 계산하는 방법. 이 경우 그 금액이 0원 이하인 경우에는 이익이 없는 것으로 본다(영 제195조 제1항 제1호).

즉 단기매매차익 = (매도단가 − 매수단가) × 매매일치수량 − (매매거래수수료 + 증권거래세액 등)

이익을 산정하기 위해서는 매수와 매도(매도와 매수)의 수량이 일치하는 범위에서 차익을 계산하여야 하기 때문에 매수와 매도 중 적은 수량을 기준으로 차액을 계산하게 된다. 매매차익의 경우 매수 후 6개월 이내에 매도에 의한 이익만을 생각하기 쉬우나 매도 후 6개월 이내에 매수에 의한 이익도 해당함을 유의할 필요가 있다.

관련판례: 대법원 2005. 3. 25. 선고 2004다30040 판결
— 증권거래법시행령 제83조의5 제2항 제1호의 헌법위반 또는 모법위반 여부 —

증권거래법 제188조 제2항 후문(현 자본시장법 제172조 제1항)은 반환할 이익의 산정기준에 관하여 필요한 사항을 대통령령으로 정하도록 위임하고 있고, 이에 따라 제정된 같은 법 시행령(2000. 9. 8. 대통령령 제16966호로 개정된 것) 제83조의5 제2항은 이익의 산정방법에 관하여 제1호에서 "당해 매수 또는 매도 후 6월(초일을 산입한다. 이하 이 조에서 같다) 이내에 매도 또는

매수한 경우에는 매도단가에서 매수단가를 뺀 금액에 매수수량과 매도수량 중 적은 수량(이하 이 조에서 '매매일치수량'이라고 한다)을 곱하여 산출한 금액에서 당해 매매일치수량분에 관한 매매거래수수료와 증권거래세액을 공제한 금액을 이익으로 산정하는 방법. 이 경우 그 금액이 0원 이하인 경우에는 이익이 없는 것으로 본다"라고 규정하고 있고, 이어 같은 항 제2호에서는 "당해 매수 또는 매도 후 6월 이내에 2회 이상 매도 또는 매수한 경우에는 가장 시기가 빠른 매수분과 가장 시기가 빠른 매도분을 대응하여 제1호의 방법으로 계산한 금액을 이익으로 산정하고, 그 다음의 매수분 및 매도분에 대하여는 대응할 매도분 또는 매수분이 없어질 때까지 같은 방법으로 대응하여 제1호의 방법으로 계산한 금액을 이익으로 산정하는 방법. 이 경우 대응된 매수분 또는 매도분 중 매매일치수량을 초과하는 수량은 당해 매수 또는 매도와 별개의 매수 또는 매도로 보아 대응의 대상으로 한다"라고 규정하는바, 위 제1호 중 "이 경우 그 금액이 0원 이하인 경우에는 이익이 없는 것으로 본다"라는 부분은 2000. 9. 8. 개정 이전의 같은 법 시행령 제83조의5가 가중평균법을 채택함으로써 평균가격을 산출하는 단계에서 당해 기간 중 발생한 이익액과 손실액 사이의 상쇄(offsets)를 허용하였던 것과 비교하여 볼 때 개정된 같은 법 시행령이 선입선출법을 채용함에 있어서 그러한 상쇄를 허용하지 않는다는 취지를 확인하는 것으로 볼 수 있다. 단기매매차익의 산정기준에는 가중평균법, 선입선출법, 매수최저가-매도최고가 대비방식 등이 있을 수 있고, 위 시행령이 채용한 방식은 선입선출법을 기본으로 한 것으로서 종전의 가중평균법과 비교하여 볼 때 이익과 손실 사이의 상쇄를 허용하지 않는다는 측면에서 앞서 본 바와 같은 단기매매차익 반환제도의 입법목적에 보다 충실한 것으로 보이며, 또한 전체적으로 볼 때 합리적인 방식의 하나라고 볼 수 있다. 따라서 이러한 법규의 내용이 기본권의 제한에 관한 최소침해의 원칙 또는 과잉금지의 원칙 등에 반하여 헌법 제23조가 보장하는 재산권을 침해하는 것이라고 할 수 없다.

다른 한편, 헌법 제75조는 "대통령은 법률에서 구체적으로 범위를 정하여 위임받은 사항과 법률을 집행하기 위하여 필요한 사항에 관하여 대통령령을 발할 수 있다"고 규정하고 있으므로, 법률의 위임은 반드시 구체적으로 한정된 사항에 대하여 개별적으로 행하여져야 할 것이고, 여기에서 구체적인 위임의 범위는 규제하고자 하는 대상의 종류와 성격에 따라 달라지는 것이어서 일률적 기준을 정할 수는 없지만, 적어도 위임명령에 규정될 내용 및 범위의 기본사항이 구체적으로 규정되어 있어서 누구라도 당해 법률로부터 위임명령에 규정될 내용의 대강을 예측할 수 있어야 하나, 이 경우 그 예측가능성의 유무는 당해 위임조항 하나만을 가지고 판단할 것이 아니라 그 위임조항이 속한 법률의 전반적인 체계와 취지 및 목적, 당해 위임조항의 규정형식과 내용 및 관련 법규를 유기적·체계적으로 종합하여 판단하여야 하며, 나아가 각 규제대상의 성질에 따라 구체적·개별적으로 검토함을 요한다(대법원 2004. 7. 22. 선고 2003두7606 판결 등 참조). 이 사건의 경우, 규율대상인 증권거래의 형태 및 성질이 복잡하고 다양하여 그 이익의 산정문제 역시 고도의 전문적·기술적 능력이 요구되어 행정입법의 필요성이 그만큼 크다는 점, 그리고 앞서 본 바와 같은 증권거래법 제188조 제 2 항의 입법 목적, 규정형식 등에 비추어 볼 때 대통령령에서 정하여질 반환할 이익의 범위에 대하여 대강의 예측이 가능하다는 점에 비추어 볼 때, 증권거래법 제188조 제 2 항 후문이 포괄위임입법금지의 원칙에 반하는 위헌규정이라고 할 수는 없고, 또한 증권거래법 제188조 제 2 항 후문에서 '이익의 산정기준'이라는 구체적인 사항을 특정하여 위임하고 있고 대통령령인 같은 법 시행령 제83조의5는 이러한 위임에 근거하여 이익의 산정방법을 정하고 있으므로, 이를 가리켜 위임의 근거가 되는 법률이 없는 위임명령이라거나 그 위임의 범위를 넘어선 것이라고 할 수는 없다.

따라서 같은 법 시행령 제83조의5 제 2 항 제 1 호 중 "이 경우 그 금액이 0원 이하인 경우에는 이익이 없는 것으로 본다"는 부분이 헌법 제23조, 제75조에 위반되는 무효의 규정이라고 할 수 없고, 따라서 위 시행령 조항을 적용하여 산정한 이익의 반환을 명한 원심판결에 상고이유 제 4 점이 주장하는 헌법 제23조의 재산권보장원칙, 제75조의 포괄위임금지원칙 등에 관한 법리오해의 위법이 있다고 할 수 없다.

(2) 2회 이상의 매매: 선입선출법

해당 매수 또는 매도 후 6개월 이내에 2회 이상 매도 또는 매수한 경우에는 가장 시기가 빠른 매수분과 가장 시기가 빠른 매도분을 대응하여 제 1 호에 따른 방법으로 계산한 금액을 이익으로 산정하고, 그 다음의 매수분과 매도분에 대하여는 대응할 매도분이나 매수분이 없어질 때까지 같은 방법으로 대응하여 제 1 호에 따른 방법으로 계산한 금액을 이익으로 산정하는 방법. 이 경우 대응된 매수분이나 매도분 중 매매일치수량을 초과하는 수량은 해당 매수 또는 매도와 별개의 매수 또는 매도로 보아 대응의 대상으로 한다(영 제195조 제 1 항 제 2 호).

3. 종류나 종목이 다른 경우의 계산방법

위에서 살펴본 시행령 제195조 제1항 제1호 및 제2호에 따라 이익을 계산하는 경우 매수가격·매도가격은 특정증권등의 종류 및 종목에 따라 다음에서 정하는 가격으로 한다(영 제195조 제2항).

(1) 매수 특정증권등과 매도 특정증권등이 종류는 같으나 종목이 다른 경우(제1호)

매수 후 매도하여 이익을 얻은 경우에는 매도한 날의 매수 특정증권등의 최종가격을 매도 특정증권등의 매도가격으로 하고, 매도 후 매수하여 이익을 얻은 경우에는 매수한 날의 매도 특정증권등의 최종가격을 매수 특정증권등의 매수가격으로 한다.

이는 보통주와 우선주, 일반사채와 전환사채·신주인수권부사채·이익참가부사채 등 주식관련사채는 같은 주식 또는 같은 사채로서 그 종류는 같으나 종목이 다른 경우로 보아 단기매매차익을 계산하는 규정이다. 따라서 여기서 종류는 같으나 종목이 다른 경우라 함은 보통주 매수 후 우선주 매도(또는 보통주 매도 후 우선주 매수) 또는 일반사채 매수 후 전환사채 매도(또는 일반사채 매도 후 전환사채 매수) 등을 말한다.

예를 들면, 3월 3일 보통주를 10,000주 매수(이 시점에 보통주의 주가는 1,000원, 우선주의 주가는 700원)한 후 3월 10일 우선주 5,000주를 매도(이 시점에 보통주의 최종가격은 1,100원, 우선주의 주가는 800원)하였다.

이 경우 단기매매차익 = (1,100원 − 1,000원) × 5,000주 = 500,000원이다. 즉 단기매매차익은 매수한 보통주의 환산 매도가격인 1,100원에서 매수한 보통주의 매수가격인 1,000원을 뺀 금액에 매매일치수량인 5,000주를 곱하여 계산하게 된다.

(2) 매수 특정증권등과 매도 특정증권등이 종류가 다른 경우(제 2 호)

지분증권 외의 특정증권등의 가격은 당해 특정증권등의 매매일의 당해 특정증권등의 권리행사의 대상이 되는 지분증권의 종가로 한다(영 제195조 제 2 항 제 2 호, 단기매매차익 반환 등에 관한 규정 제 3 조 제 1 항). 즉 환산가격은 당해 특정증권등의 매매일에 특정증권등의 권리행사의 대상이 되는 기초증권의 종가로 하는 것이다.

이 경우 그 수량의 계산은 당해 특정증권등의 매매일에 당해 특정증권등의 권리행사가 이루어진다면 취득할 수 있는 것으로 환산되는 지분증권의 수량으로 한다. 이 경우 환산되는 지분증권의 수량 중 1주 미만의 수량은 절사한다(영 제195조 제 3 항, 단기매매차익 반환 등에 관한 규정 제 3 조 제 2 항). 즉 환산수량은 당해 특정증권등의 매매일에 당해 특정증권등의 권리행사가 이루어진다면 취득할 수 있는 것으로 환산되는 기초증권의 수량으로 하는 것이다.

즉 종류가 다른 증권간의 매매거래가 있는 경우에는 가격과 수량을 기초증권으로 환산하도록 하고 있다.

4. 권리락·배당락 또는 이자락 등이 있는 경우

시행령 제195조 제 1 항부터 제 3 항까지의 규정에 따라 이익을 계산하는 경우에 매수 또는 매도 후 특정증권등의 권리락·배당락 또는 이자락, 그 밖에 이에 준하는 경우로서 자본의 증감, 합병, 배당, 주식분할, 주식병합의 사유가 있는 경우에는 이를 고려하여 환산한 가격 및 수량을 기준으로 이익을 계산한다(영 제195조 제 4 항, 단기매매차익 반환 등에 관한 규정 제 4 조 제 1 항). 주식의 매수 또는 매도 후 주식의 권리락 또는 배당락이 있은 때에는 별지산식에 따라 환산한 매매단가 및 수량을 기준으로 하여 단기매매차익을 계산한다(단기매매차익 반환 등에 관한 규정 제 4 조 제 2 항).

그리고 단기매매차익을 산정하는 경우에는 무상증자 또는 배당에 대한 세금과 기타 매매와 관련한 미수연체이자, 신용이자 등은 고려하지 아니한다(단기매매차익 반환 등에 관한 규정 제4조 제4항).

5. 다수계좌에 의한 매매거래

동일인이 자기의 계산으로 다수의 계좌를 이용하여 매매한 경우에는 전체를 1개의 계좌로 본다(단기매매차익 반환 등에 관한 규정 제4조 제3항).

Ⅷ. 위반시 제재

1. 행정제재

증권선물위원회는 이 법 또는 이 법에 따른 명령이나 처분을 위반한 사항이 있거나 투자자 보호 또는 건전한 거래질서를 위하여 필요하다고 인정되는 경우에는 관계자에게 참고가 될 보고 또는 자료의 제출을 명하거나 금융감독원장에게 장부·서류, 그 밖의 물건을 조사하게 할 수 있다(법 제426조 제1항).

증권선물위원회는 법 제426조 제1항의 조사 결과 보고의무 위반자에게 시정명령, 경고, 주의, 법을 위반한 경우에는 고발 또는 수사기관에의 통보, 다른 법률을 위반한 경우에는 관련 기관이나 수사기관에의 통보, 그 밖에 금융위원회가 법 및 이 영, 그 밖의 관련 법령에 따라 취할 수 있는 조치를 할 수 있다(법 제426조 제5항, 영 제376조 제1항 제11호).

2. 형사제재

증권선물위원회는 이 법 또는 이 법에 따른 명령이나 처분을 위반한 사항이 있거나 투자자 보호 또는 건전한 거래질서를 위하여 필요하다고 인정되는 경우에는 관계자에게 참고가 될 보고 또는 자료의 제출을 명하거나 금융감독원장에게 장부·서류, 그 밖의 물건을 조사하게 할 수 있다(법 제426조 제1항). 그런데 증권선물위원회는 위의 조사를 위하여 관계자에게 ① 조사사항에 관한 사실과 상황에 대한 진술서의 제출, ② 조사사항에 관한 증언을 위한 출석, ③ 조사에 필요한 장부·서류, 그 밖의 물건의 제출을 요구할 수 있는데(법 제426조 제2항), 증권선물위원회의 위 조사요구에 불응한 자는 3년 이하의 징역 또는 1억원 이하의 벌금에 처한다(법 제445조 제48호).

제3장

임원 등의 특정증권등 소유상황보고의무

Ⅰ. 의　　의

주권상장법인의 임원 또는 주요주주는 임원 또는 주요주주가 된 날부터 5일 이내에 누구의 명의로 하든지 자기의 계산으로 소유하고 있는 특정증권등의 소유상황을 보고하여야 하며, 그 특정증권등의 소유상황에 변동이 있는 경우에는 그 변동이 있는 날부터 5일까지 그 내용을 대통령령으로 정하는 방법에 따라 각각 증권선물위원회와 거래소에 보고하여야 한다(법 제173조 제1항). 증권거래법에서는 “임원·주요주주의 주식 등의 소유상황보고제도”라는 명칭으로 불렸으나, 자본시장법에서는 “임원 등의 특정증권등 소유상황보고제도”로 명칭이 변경되었다.

자본시장법은 상장법인의 임원 또는 주요주주로 하여금 발행회사 주식의 소유상황 및 변동상황을 공시하게 함으로써 내부자거래규제의 실효성을 담보하고 있다. 임원 또는 주요주주는 일반인에게 공개되지 아니한 미공개 정보를 이용하여 발행회사의 특정증권등을 거래함으로써 부당이득을 취할 가능성이 크므로 해당 법인의 특정증권등의 소유상황 및 변동내용을 공시하도록 하고 있다. 이 제도는 단기매매차익 반환제도가 임원 또는 주요주주에 의해 이루어지는 해당 법인의 주식 등의 매매상황이 명백히 알려지지 않으면 제 기능을 발휘할 수 없기 때문에 단기매매차익 반환제도의 실효성을 확보하는 기능도 수행한다. 또한 간접적으로는 공정한 M&A 장치로서의 기능도 수행하고 있다.

Ⅱ. 내　　용

1. 보고대상증권

임원 또는 주요주주의 보고대상증권인 특정증권등은 내부자거래의 규제대상인 특정증권등과 동일하다.

2. 보고의무자

보고의무자는 당해 법인과의 관계에서 내부정보를 이용할 수 있는 지위에 있는 자인 임원 또는 주요주주에 한정된다. 내부자거래의 규제는 직원에게 적용되나, 특정증권등의 소유상황보고에서 직원은 제외된다.

임원은 이사 및 감사, 상법 제401조의2 제1항의 업무집행관여자를 말한다. 계열회사의 임원은 등기 여부를 불문하고 보고의무자가 아니다. 대량보유보고(5%룰)의 경우 보고의무자가 법인 기타 단체인 경우 특수관계인의 범위에 "당해 법인의 계열회사 및 그 임원"이 포함되기 때문에 특정증권등 소유상황 보고의무자에도 계열회사의 임원이 해당된다고 생각하기 쉬우나 보고의무자가 아니다.

자본시장법은 누구의 명의로 하든지 자기의 계산으로 소유하고 있는 경우에 보고의무를 부과하고 있다. 이것은 현실적으로 주식의 보유 또는 거래가 타인 명의(차명계좌)로 이루어지는 경우가 많은 점을 고려한 것이다. 따라서 주식의 명의자에 상관없이 실명계좌와 차명계좌가 있을 경우에는 이를 합산하여 주요주주 여부를 판단한다.

3. 보고내용

임원 또는 주요주주의 보고내용은 누구의 명의로 하든지 자기의 계산으로 소유하고 있는 해당 법인의 특정증권등의 소유상황을, 그 특정증권등의 소유상황에 변동이 있는 경우에는 그 내용을 보고하여야 한다(법 제173조 제1항). 주권상장법인의 임원 또는 주요주주는 특정증권등의 소유상황과 그 변동의 보고를 하는 경우에는 보고서에 ① 보고자, ② 해당 주권상장법인, ③ 특정증권등의 종류별 소유현황 및 그 변동에 관한 사항을 기재하여야 한다(영 제200조 제2항).

대량보유상황보고(5%룰)의 경우와 달리 의결권 유무를 불문하고, 이미 발행한 특정증권등만이 보고의 대상이 된다.

4. 보고시기

(1) 보고기한

1) 신규보고

임원 또는 주요주주는 최초로 임원 또는 주요주주가 되었을 때 특정증권등의 소유상황을 임원 또는 주요주주가 된 날부터 5일(대통령령으로 정하는 날을 산입하지 아니함) 이내에 보고하여야 하는데, 5일에는 공휴일, 근로자의 날, 토요일은 산입되지 않는다(법 제173조 제1항).

예를 들면, 2010년 5월 4일에 임원이 된 경우나 증권시장에서 주식을 취득하여 주요주주가 된 경우에는 보고의무 발생일인 5월 4일, 공휴일인 5월 5일(어린이날) 및 5월 9일(일요일), 토요일인 5월 8일을 제외하고 5일째가 되는 날인 5월 12일까지 보고하여야 한다.

2) 변동보고

특정증권등의 소유상황에 변동이 있는 경우에는 그 변동이 있는 날부터 5일까지 그 내용을 보고하여야 한다. 이 경우에도 5일에는 공휴일, 근로자의 날, 토요일은 산입되지 않는다(법 제173조 제1항).

임원으로 선임될 시점에 주식을 소유하지 않은 경우 신규보고의무가 없으며, 향후 주식을 취득하게 되는 경우에는 취득한 날로부터 5일 이내에 변동보고서를 제출하여야 한다. 또한 임원의 지위에서 퇴임할 시점에 주식수의 변동이 없더라도 보고서상에 세부변동내역에 임원퇴임을 표기하여 별도로 보고하여야 한다. 이 경우 1주라도 변동이 있는 경우에는 변동내용을 변동일로부터 5일 이내에 보고하여야 한다.[67)]

(2) 보고기준일(보고의무 발생일)

1) 신규보고

주권상장법인의 임원 또는 주요주주가 특정증권등의 소유상황을 보고하여야 하는 경우에 그 보고기간의 기준일은 다음과 같다(영 제200조 제3항).

1. 주권상장법인의 임원이 아니었던 자가 해당 주주총회에서 임원으로 선임된 경우: 그 선임일
2. 상법 제401조의2 제1항 각 호의 자인 경우: 해당 지위를 갖게 된 날
3. 주권상장법인이 발행한 주식의 취득 등으로 해당 법인의 주요주주가

67) 금융감독원, 기업공시실무안내(2009), 290쪽.

된 경우: 그 취득 등을 한 날

4. 주권비상장법인이 발행한 주권이 증권시장에 상장된 경우: 그 상장일
5. 주권비상장법인의 임원 또는 주요주주가 합병, 분할합병 또는 주식의 포괄적 교환·이전으로 주권상장법인의 임원이나 주요주주가 된 경우: 그 합병, 분할합병 또는 주식의 포괄적 교환·이전으로 인하여 발행된 주식의 상장일

2) 변동보고

주권상장법인의 임원이나 주요주주가 그 특정증권등의 소유상황의 변동을 보고하여야 하는 경우의 그 변동일은 다음과 같다(영 제200조 제 4 항).

1. 증권시장이나 파생상품시장에서 특정증권등을 매매한 경우에는 그 결제일
2. 증권시장이나 파생상품시장 외에서 특정증권등을 매수한 경우에는 대금을 지급하는 날과 특정증권등을 인도받는 날 중 먼저 도래하는 날
3. 증권시장이나 파생상품시장 외에서 특정증권등을 매도한 경우에는 대금을 수령하는 날과 특정증권등을 인도하는 날 중 먼저 도래하는 날
4. 유상증자로 배정되는 신주를 취득하는 경우에는 주금납입일의 다음날
5. 특정증권등을 차입하는 경우에는 그 특정증권등을 인도받는 날, 상환하는 경우에는 그 특정증권등을 인도하는 날
6. 특정증권등을 증여받는 경우에는 그 특정증권등을 인도받는 날, 증여하는 경우에는 그 특정증권등을 인도하는 날
7. 상속으로 특정증권등을 취득하는 경우로서 상속인이 1인인 경우에는 단순승인이나 한정승인에 따라 상속이 확정되는 날, 상속인이 2인 이상인 경우에는 그 특정증권등과 관계되는 재산분할이 종료되는 날
8. 제 1 호부터 제 7 호까지 외의 경우에는 민법·상법[68] 등 관련 법률에

68) 상법상 주식병합 및 주식분할로 신주를 취득한 경우에는 구주권 제출만료일이고,

따라 해당 법률행위 등의 효력이 발생하는 날

위 제1호의 장내매매거래의 경우에는 결제일이 보고의무 발생일인데, 대량보유상황보고(5% 룰)의 경우는 계약체결일이 기준임을 유의하여야 한다.

5. 보고절차와 첨부서류

시행령 제2항부터 제4항까지에서 규정한 사항 외에 제2항에 따른 보고서의 서식과 작성방법 등에 관하여 필요한 사항은 증권선물위원회가 정하여 고시한다(영 제200조 제5항).

법 제173조의 규정에 따라 특정증권등의 소유상황을 보고하는 경우 매매보고서 그 밖에 취득 또는 처분을 증명할 수 있는 자료를 첨부하여야 한다(단기매매차익 반환 등에 관한 규정 제6조).

6. 보고서의 비치 및 공시

증권선물위원회와 거래소는 특정증권등 소유상황 및 변동에 관한 보고서를 3년간 갖추어 두고, 인터넷 홈페이지 등을 이용하여 공시하여야 한다(법 제173조 제2항).

자본감소로 인하여 주식수가 변동된 경우에는 구주권 제출만료일 또는 채권자 이의절차 종료시이다.

Ⅲ. 위반시 제재

1. 행정제재

증권선물위원회는 법 제426조 제 1 항의 조사 결과 보고의무 위반자에게 시정명령·경고·주의, 법을 위반한 경우에는 고발 또는 수사기관에의 통보, 다른 법률을 위반한 경우에는 관련 기관이나 수사기관에의 통보, 그 밖에 금융위원회가 법 및 이 영, 그 밖의 관련 법령에 따라 취할 수 있는 조치를 할 수 있다(법 제426조 제 5 항, 영 제376조 제 1 항 제11호).

2. 형사제재

증권선물위원회는 이 법 또는 이 법에 따른 명령이나 처분을 위반한 사항이 있거나 투자자 보호 또는 건전한 거래질서를 위하여 필요하다고 인정되는 경우에는 관계자에게 참고가 될 보고 또는 자료의 제출을 명하거나 금융감독원장에게 장부·서류, 그 밖의 물건을 조사하게 할 수 있다(법 제426조 제 1 항). 그런데 증권선물위원회는 위의 조사를 위하여 관계자에게 ① 조사사항에 관한 사실과 상황에 대한 진술서의 제출, ② 조사사항에 관한 증언을 위한 출석, ③ 조사에 필요한 장부·서류, 그 밖의 물건의 제출을 요구할 수 있는데(법 제426조 제 2 항), 증권선물위원회의 위 조사요구에 불응한 자는 3년 이하의 징역 또는 1억원 이하의 벌금에 처한다(법 제445조 제48호).

그리고 특정증권등 소유상황이나 변동내용에 관한 보고를 하지 아니하거나 거짓으로 보고한 자는 1년 이하의 징역 또는 3천만원 이하의 벌금에 처한다(법 제446조 제31호).

Ⅳ. 대량보유상황보고의무와의 관계

법 제147조의 주식 등의 대량보유상황보고의무제도(5%룰)와 법 제173조의 임원 등의 특정증권등 소유상황보고의무제도는 다음과 같은 차이가 있다. 실무상 착오가 일어나는 경우가 가끔 있으므로 주의를 요한다.

첫째, 전자는 기업지배권시장에서 지배권경쟁에 상황정보를 알려주는 것을 주된 목적으로 하며, 투자자를 보호하는 기능을 수행하고, 그 외에도 유통시장의 투명성을 높여 불공정거래를 방지하는 기능을 수행하지만, 후자는 내부자거래규제의 실효성을 확보하기 위한 간접적인 제도로서 기능한다(기능 및 목적의 차이). 둘째, 보고의무의 주체의 경우 전자는 주식 등을 5% 이상 보유하게 된 자이고, 후자는 임원 또는 주요주주이다(보고의무자의 차이). 셋째, 보고대상은 전자의 경우는 본인, 특별관계자, 공동보유자가 보유하는 주식 등이고, 후자의 경우는 누구의 명의로 하든지 자기의 계산으로 소유하고 있는 특정증권등이다(보고대상증권의 차이). 넷째, 보고사유는 전자의 경우 주식 등을 5% 이상 보유하게 된 경우(신규보고), 보유주식등이 1% 이상 변동한 경우(변동보고), 보유목적 등이 변경된 경우(변경보고)이고, 후자는 임원 또는 주요주주가 된 경우(신규보고), 소유 특정증권등이 1주라도 변동된 경우(변동보고)이다(보고사유의 차이). 다섯째, 보고기한으로 전자는 신규보고, 변동보고 및 변경보고는 모두 보고의무 발생일(보고기준일)로부터 5일 이내에 하여야 하고, 후자는 신규보고와 변동보고 모두 5일 이내이다(보고기한의 차이). 여섯째, 보고할 기관으로 전자는 금융위원회이고, 후자는 증권선물위원회(보고기관의 차이)이다.

법 제147조는 시장투명성과 정보효율성의 제고를 위하여 국가, 지방자치단체, 정부기금 등을 불문하고 금융위원회와 거래소에 보고하는 이외에 해당 법인에 대하여도 5% 이상 보유사실을 통보하도록 하고 있다. 주식등의 대량보유 및 변동보고는 금융위원회에 하도록 하고 있으나, 임원 및 주요주주의 주식소유상황보고는 증권선물위원회에 하도록 하고 있다. 그 이유는 내부자거래와 관계된 감독은 증권선물위원회의 소관이기 때문이다.[69]

관련판례: 대법원 2007. 4. 12. 선고 2007도1149 판결

주식을 대량보유하게 된 자가 보유상황 등의 보고의무를 위반함으로 인한 증권거래법 제210조 제5호의2, 제200조의2 제1항 위반죄와 주요주주 등이 주식소유상황 등의 보고의무를 위반함으로 인한 같은 법 제210조 제5호, 제188조 제6항 위반죄는 보고의 주체, 요건, 시기 및 내용 등을 달리하여 법률상 1개의 행위로 평가될 수 없으므로, 양 죄를 상상적 경합관계로 볼 것이 아니라 실체적 경합관계로 보아야 할 것이다.

69) 한국증권법학회, 전게 주석서, 850쪽.

제4장

장내파생상품의 대량보유보고

Ⅰ. 서　　설

돈육선물이 상장된 2008년 7월 21일 이전까지 양돈농가 등 축산물시장 참여자에 대한 가격위험을 관리할 수 있는 수단이 없다는 점과 양돈산업이 선진화되어 있다는 점을 들어 선물업계를 중심으로 지속적으로 돈육선물 도입의 요구가 있었다. 또한 양돈 관련기관 및 업계를 중심으로 돈육선물의 도입필요성이 증가하고 있었다.[70] 이에 많은 논의를 거쳐 돈육선물은 2008년 3월 14일 선물거래법 개정[71]과 2008년 4월 30일 선물거래법시행령 개정

70) 현재 축산물 선물거래의 중심지라고 할 수 있는 미국의 시카고상품거래소는 주로 베이컨의 재료로 사용되는 냉동삼겹살을 1961년에 상장하였고, 1997년부터 생돈이 돈육으로 대체 상장되어 거래되고 있다.

71) 폐지 전의 선물거래법 제32조 제2항은 "일반상품 또는 일반상품의 지수를 대상으로 하는 선물거래의 종목별 미결제약정(최종거래일까지 소멸되지 아니한 선물거래약정)을 대통령령으로 정하는 수량 이상 보유하게 된 선물업자 또는 위탁자는 대

을 통해 2008년 7월 21일 상장되기에 이르렀다.

국내 양돈산업은 가격위험에 노출된 상태이었기 때문에, 돈육선물 상장은 농축산물 가격안정과 농축산물 현물시장의 가격결정과정의 투명성을 제공하는 의미가 있었다. 돈육선물은 전국 11개 축산물 도매시장에서 거래되는 돼지고기의 전국평균가격(kg당)인 돈육대표가격을 기초로 한다.

그런데 돈육의 경우 현물시장에서의 흐름을 파악하기가 어렵고, 대부분의 선물상품이 주식등 금융상품을 기초자산으로 하고 있는 데 반하여, 돈육선물은 실물이 기초자산이 되는 선물상품이기 때문에, 선물시장에 모습을 드러내기 전 과정인 현물시장에서의 가격결정과정에서 중간 상인의 농간에 따라 불공정거래가 발생할 가능성이 크다. 또한 국내 돈육생산 규모가 매우 큰 점과 전체 축산업 생산액의 30% 내외를 차지하는 점을 고려하면 불공정거래가 발생하는 경우 농가의 피해가 클 수 있다.

따라서 불공정거래를 방지하기 위하여 일반상품선물에 한하여 대량보유보고제도와 중요정보의 이용금지제도를 2008년 선물거래법에 도입하였는데, 이를 자본시장법에 반영한 것이다.

통령령으로 정하는 바에 따라 미결제약정의 보유상황 등을 금융위원회와 거래소에 보고하여야 한다. 다만, 위탁자의 경우에는 선물업자로 하여금 대리하여 보고하게 할 수 있다"고 규정하고 있었다. 또한 같은 법 제33조는 "다음 각호의 1에 해당하는 자로서 선물시장에서의 가격결정에 영향을 미칠 수 있는 정보를 업무와 관련하여 알게 된 자와 그 자로부터 당해 정보를 전달받은 자는 그 정보를 누설하여서는 아니되며, 그 정보를 이용하여 이익을 얻거나 제3자로 하여금 이익을 얻게 하여서는 아니 된다.

1. 제81조 제1항의 규정에 의한 선물관련기관에 대하여 이 법에 의한 허가·인가·승인 또는 감독 업무에 종사하는 자
2. 거래소의 임직원
3. 선물거래 대상품목의 시세에 영향을 미칠 수 있는 정책을 입안·수립 또는 집행하는 자
4. 선물거래 대상품목의 시세에 영향을 미칠 수 있는 정보의 생성·관리 또는 대상품목의 중개·유통·검사와 관련한 업무에 종사하는 자"라고 규정하고 있었다.

Ⅱ. 대량보유상황보고의무

1. 보고의무자

동일 품목의 장내파생상품(일반상품을 기초자산으로 하는 것으로서 파생상품시장에서 거래되는 것만 해당)을 금융위원회가 정하여 고시하는 수량 이상 보유(누구의 명의로든지 자기의 계산으로 소유하는 경우)하게 된 자이다(법 제173조의2 제1항). 보고의무자가 위탁자인 경우에는 금융투자업자로 하여금 대신하여 보고하게 할 수 있다(영 제200조의2 제3항 전단). 따라서 보고의무자는 금융투자업자 또는 위탁자이며, 위탁자는 금융투자업자에게 대신하여 보고하게 할 수 있다.

2. 보고대상

동일 품목의 장내파생상품(일반상품을 기초자산으로 하는 것으로서 파생상품시장에서 거래되는 것만 해당)을 금융위원회가 정하여 고시하는 수량[72] 이상 보유(누구의 명의로든지 자기의 계산으로 소유하는 경우)하게 된 경우의 그 보유상황과 그 밖에 대통령령으로 정하는 사항이며, 그 보유 수량이 금융위원회가 정하여 고시하는 수량[73] 이상으로 변동된 경우에는 그 변동 내용이다(법 제173조의2 제1항).

---

72) 금융투자업규정 제6-29조(장내파생상품의 대량보유 보고) ① 법 제173조의2 제1항 전단에서 "금융위원회가 정하여 고시하는 수량"이란 다음의 종목별 미결제약정(장 종료시점을 기준으로 최종거래일까지 소멸하지 아니한 장내파생상품거래약정) 수량을 말한다.
1. 금을 대상으로 하는 장내파생상품거래의 경우: 10건
2. 돈육을 대상으로 하는 장내파생상품거래의 경우: 300건

73) 금융투자업규정 제6-29조(장내파생상품의 대량보유 보고) ② 법 제173조의2 제1항 후단에서 "금융위원회가 정하여 고시하는 수량"이란 다음의 종목별 미결제약정 수량을 말한다.
1. 금을 대상으로 하는 장내파생상품 거래의 경우: 2건
2. 돈육을 대상으로 하는 장내파생상품 거래의 경우: 60건

여기서 "대통령령으로 정하는 사항"이란 다음의 사항을 말한다(영 제200조의2 제2항).

1. 대량보유자 및 그 위탁을 받은 금융투자업자에 관한 사항
2. 해당 장내파생상품거래의 유형 및 종목
3. 해당 장내파생상품을 보유하게 된 시점, 가격 및 수량
4. 제1호부터 제3호까지의 사항과 관련된 사항으로서 금융위원회가 정하여 고시하는 사항[74]

장내파생상품의 대량보유 상황이나 그 변동 내용을 보고하는 날의 전날까지 새로 변동 내용을 보고하여야 할 사유가 발생한 경우에는 새로 보고하여야 하는 변동 내용은 당초의 대량보유 상황이나 그 변동 내용을 보고할 때 함께 보고하여야 한다(영 제200조의2 제3항 후단).

---

74) 금융투자업규정 제6-29조(장내파생상품의 대량보유 보고) ③ 영 제200조의2 제2항 제4호에 따라 해당 장내파생상품거래의 종목별 미결제약정을 대량보유하게 된 금융투자업자 또는 위탁자는 다음 각 호의 사항을 기재한 보고서를 금융위원회와 거래소에 제출하여야 한다.
1. 대량보유자에 관한 사항
가. 성명 또는 명칭, 국적, 주소, 전화번호, 계좌번호, 주민등록번호 또는 사업자등록번호 및 투자자 구분
나. 위탁자의 경우에는 위탁을 받은 금융투자업자의 상호, 주소 및 사업자등록번호
2. 해당 장내파생상품거래의 유형(해당 장내파생상품거래를 기초자산별로 구분)
3. 해당 장내파생상품거래의 종목(해당 장내파생상품 거래를 결제월별로 구분)
4. 해당 장내파생상품거래의 미결제약정을 보유하게 된 시점(체결일 기준), 가격(체결일의 종가 기준) 및 수량
④ 영 제200조의2 제2항 제4호에 따라 그 미결제약정의 수량이 제2항에서 정하는 수량 이상으로 변동된 경우에는 다음의 사항을 기재한 보고서를 금융위원회와 거래소에 제출하여야 한다.
1. 해당 장내파생상품거래의 미결제약정이 변동된 시점(체결일 기준), 가격(체결일 종가 기준), 변동된 수량 및 변동 후 보유수량
2. 제3항 제1호부터 제3호까지의 사항

3. 보고시기

신규보고는 보유한 날로부터 5일 이내이고, 변동보고는 변동된 날로부터 5일 이내이며, 공휴일, 근로자의 날, 토요일은 제외한다(법 제173조의2 제1항).

4. 보고절차

보고의 방법 및 절차 등에 관하여 필요한 사항은 금융위원회가 정하여 고시한다(영 제200조의2 제4항).

5. 보고의무위반에 대한 제재

대량보유상황보고를 하지 아니하거나 거짓으로 보고한 자에 대하여는 1천만원 이하의 과태료를 부과한다(법 제449조 제2항 제8의2호).

Ⅲ. 중요정보의 이용금지

1. 규제대상자와 규제대상행위

다음의 어느 하나에 해당하는 자로서 파생상품시장에서의 시세에 영향을 미칠 수 있는 정보를 업무와 관련하여 알게 된 자와 그 자로부터 그 정보를 전달받은 자는 그 정보를 누설하거나, 장내파생상품 및 그 기초자산의 매매나 그 밖의 거래에 이용하거나, 타인으로 하여금 이용하게 하여서는 아니 된다(법 제173조의2 제2항).

1. 장내파생상품의 시세에 영향을 미칠 수 있는 정책을 입안·수립 또는

집행하는 자

2. 장내파생상품의 시세에 영향을 미칠 수 있는 정보를 생성·관리하는 자
3. 장내파생상품의 기초자산의 중개·유통 또는 검사와 관련된 업무에 종사하는 자

2. 형사제재

중요정보 이용금지에 위반하여 파생상품시장에서의 시세에 영향을 미칠 수 있는 정보를 누설하거나, 장내파생상품 및 그 기초자산의 매매나 그 밖의 거래에 이용하거나, 타인으로 하여금 이용하게 한 자는 3년 이하의 징역 또는 1억원 이하의 벌금에 처한다(법 제445조 제22의2호).

제5장

내부자거래

Ⅰ. 서　　설

1. 의　　의

(1) 의　　의

내부자거래에는 두 가지 유형이 있다. 하나는 합법적인 내부자거래이고, 다른 하나는 불법적인 내부자거래이다. 여기서 문제되는 것은 후자의 경우이다. 불법적인 내부자거래는 상장법인의 임원·직원 또는 주요주주 등의 내부자가 자신의 지위 또는 담당하는 업무상 취득한 미공개중요정보를 이용하여 자기 회사의 주식을 거래하는 것을 말한다.

주식의 가격은 여러 가지 변수에 의해 움직이지만 기본적으로 기업의 미래에 대한 전망에 의해 결정된다고 할 수 있다. 따라서 장차 기업의 자산·수익에 영향을 미칠 사정이 생기고, 그것이 자본시장에 알려진다면 주가는 예민하게 반응한다. 내부자는 이러한 정보가 시장에 공시되기 이전에 주식을 매매함으로써 정보의 공개 이후에 전개될 주가의 상승 또는 하락으로 인한 이익을 취할 수 있다.

(2) 입법취지

내부자거래를 규제하는 규정을 둔 취지는 기업 내부의 정보에 접근하기 쉬운 내부자와 이로부터 정보를 전달받은 자가 당해 정보가 중요한 미공개정보인 점을 이용하여 이를 알지 못한 자와 불평등한 상태에서 거래를 하게 되면 이러한 거래는 정당한 거래가 아니고, 이러한 거래를 제한하지 않으면 증권시장 전체를 불건전하게 할 수 있으므로 증권거래에 참가하는 투자자의 이익을 보호하고 일반투자자의 증권시장에 대한 신뢰를 보호하여 증권시장이 국민경제의 발전에 기여하게 하기 위한 것이다.

관련판례: 대법원 1994 4. 26. 선고 93도695 판결

증권시장은 기업의 자금조달과 국민의 주식투자를 통한 자산운용이라는 요구를 서로 연결시키는 장으로서 자금을 효율적으로 분배하는 국민경제상 중요한 기능을 적절히 수행하기 위하여는 일반투자자들이 증권거래가 공정하게 이루어지는 것으로 신뢰하고 증권시장의 거래에 참여할 수 있게 하는 것이 요구된다. 그런데 상장법인의 내부자가 당해 법인의 업무 등과 관련하여 접근이 허용되었던 법인의 공개되지 아니한 내부정보 중 증권의 투자판단에 영향을 미칠 수 있는 중요한 정보를 이용하여 증권의 거래에 관여할 경우에는, 그 내부자에게 부당한 이익을 용이하게 취득하게 하고, 그로 인하여 증권시장에서의 건전성에 대한 일반투자자들의 신뢰를 손상시킴으로써 증권시장이 국민자금을 효율적으로 분배하는 기능을 저해하는 결과를 초래하게 되는 것이므로, 증권시장이 그 기능을 다하여 국민경제의 발전에 적절하게 기여하도록 하기 위하여는 내부자거래에 대한 엄격한 규제가 필요하다.

(3) 내부자거래규제의 목적

자본시장은 효율적이어야 하며 증권의 가격이 기업의 가치를 정확하게 반영하는 것을 보장할 필요가 있다. 또 모든 투자자들은 시장에서 정보에 접근할 수 있는 동등한 자격을 가지고 증권거래를 할 수 있어야 한다. 즉 모든 사람은 시장에서 중요한 정보에 대한 동등한 접근가능성을 가져야 한다. 이와 관련하여 내부자거래를 규제하는 몇 가지 목적이 있다.[75]

첫째, 누군가가 내부자거래의 결과로 손해를 본다면, 관련 법률은 손해를 입은 사람에게 구제받을 수 있는 수단을 제공할 필요가 있다. 따라서 손해를 본 사람에 대한 보상은 내부자거래규제 체계를 만드는 데 있어 중요한 목적이 될 수 있다.

둘째, 얼굴을 마주하지 않는 비대면적 증권거래에서 발생하는 내부자거래를 규제하는 목적은 내부자거래가 투자자로 하여금 증권시장 시스템의 정직성에 대한 신뢰를 상실하게 함으로써 시장에 상처를 준다는 가정으로부터 나온다.

셋째, 내부자거래가 부정행위로 생각되는 한, 내부자거래를 한 자에 대한 형벌과 그들의 부당이득에 대한 반환은 규제시스템의 중요한 목적이 된다.

넷째, 미공개중요정보를 신속하게 공시하도록 하는 것은 내부자거래를 규제하는 시스템의 목적이다.

관련판례: 헌법재판소 1997. 3. 27. 선고 97헌바24 결정

내부자의 경우 자기 회사의 주가에 영향을 미칠만한 회사의 기밀, 예컨대 유·무상증자, 자산재평가계획, 합병, 신상품개발, 부도발생 등 중요한 정보를 미리 알게 될 기회가 많으므로 주식거래에 있어 일반투자자보다 훨씬 유리한 입장에 있는 반면, 일반투자자로서는 손해를 보게 될 가능성이 크기 때문이다. 일반적으로 주식투자에 수반되는 위험은 주로 회사의 영업실적, 시장이나 경

75) Dennis S. Karjala, "Statutory Regulation of Insider Trading in Impersonal Market", Duke Law Journal, Vol. 1982, No. 4(1982), pp. 629-630.

제동향 등에 대한 투자자의 판단이 불완전한 것에 기인하는 것이므로, 투자자가 타인이 갖고 있는 정보를 이용하지 못했거나 그릇된 분석으로 인하여 손실을 입었더라도, 이는 증권거래 자체의 고유한 특성일 뿐 법적으로 고려할 일은 아니다. 그러나 내부자거래로 인한 상대방의 손실은 능력의 부족이나 부주의로 정보를 몰랐기 때문에 발생하게 되는 것이 아니라, 내부자가 자신의 이득을 위하여 회사의 미공개 내부정보를 이용하였기 때문에 발생한다고 볼 수 있으므로 이러한 행위는 쉽게 용납될 수 있는 것은 아니다. 만일 이를 방치한다면, 일반투자자로서는 그러한 증권시장에 불신감을 갖게 되어 투자를 주저하게 될 것이므로 증권시장을 통한 회사의 자금조달이 어렵게 될 것이고, 이로 인하여 증권시장의 건전한 발전이 저해될 것임은 물론 국민의 효율적 자산운영을 막는 결과를 초래할 것이다. 요컨대, 내부자거래에 대한 규제의 목적은 증권매매에 있어 정보면에서의 평등성, 즉, 공정한 입장에서 자유로운 경쟁에 의하여 증권거래를 하게 함으로써 증권시장의 거래에 참여하는 자로 하여금 가능한 동등한 입장과 동일한 가능성 위에서 증권거래를 할 수 있도록 투자자를 보호하고 증권시장의 공정성을 확립하여 투자자에게 그 신뢰감을 갖게 하려는 데에 있는 것이다.

2. 연　혁

(1) 서　설

내부자거래는 시세조종과 더불어 불공정한 증권거래의 대표적인 유형으로 증권시장을 개설하고 있는 모든 국가에서 공통적으로 발생하는 불법행위이다. 따라서 내부자거래를 규제해야 한다는 명제는 각국의 공통과제이다. 그러나 국가마다 내부자거래규제의 체계를 국내사정에 따라 조금씩 달리 정하고 있다. 이는 내부자거래규제의 근거에 관한 입장이 서로 다르기 때문이다.

내부자거래규제의 문제는 모든 나라에서 법률가, 경제학자, 증권거래소, 정부당국, 언론 및 방송의 지속적인 관심의 대상이 되어 왔다. 일부 학자들은 내부자거래의 경제적 유용성에 대한 주장을 하고 있지만, 대부분의 국가의 경우 국민, 의회, 그리고 정부당국간에 일치된 생각은 내부자거래가 불공정한 게임으로 증권시장에 대한 투자자의 신뢰를 손상시킨다는 것이다. 이에 따라 시장에서의 투자자를 보호하고 기업의 내부자들과 일반주주들 사이의 공평한 게임의 장을 유지할 목적으로 내부자거래를 규제하는 법률을 제정하게 되었으며, 각국의 감독당국은 불공정하게 주식을 거래함으로써 투자자의 신뢰와 증권시장의 정직성을 침해하는 자들에게 매우 엄격하게 규제를 하고 있다.

(2) 입 법 례[76)]

1) 미 국

미국은 내부자거래규제에 관한 가장 오랜 전통을 가지고 있다. 1934년 증권거래법 제정 당시 제16조에서 주요주주 및 임원에 대하여 소유주식보고의무((a)항), 단기매매차익 반환의무((b)항), 공매도금지((c)항) 등의 규정을 통해 내부자거래를 규제하였다. 그러나 위 조항이나 보통법상의 사기행위로 준내부자나 정보수령자 등의 내부자거래를 규제할 수 없게 되자 1942년 증권거래위원회(SEC: Securities and Exchange Commission)는 1934년 증권거래법 제10조 (b)항을 근거로 Rule 10b-5를 제정하여 미공개정보를 이용한 내부자거래에 대한 형사제재의 근거로 삼았다. 1970년대 후반 공개매수 사례가 증가하면서 공개매수 관련 정보를 이용한 내부자거래의 효과적인 규제를 위하여 1980년 SEC는 Rule 14e-3을 제정하였다.

그 후 1980년대[77)] 들어 M&A 등 증권시장이 발달하면서 내부자거래가

76) 박임출, 전게논문, 36쪽 이하 참조.

77) 1980년대 미국에서는 적대적 M&A 열풍이 불었다. 이 기업인수 대전쟁의 시기 동안 몇몇의 내부자거래 사건은 미국 사회에 큰 충격을 주었다. 내부자거래는 1980년대의 대표적인 화이트칼라 범죄로 자리매김되었다. 이반 보에스키(Ivan Boesky)와 데니스 리바인(Dennis Levine), 마이클 밀켄(Michael Milken) 및 마틴 지겔(Martin Siegel) 사건은 내부자거래의 규모면에서 경이적인 사건으로 기록되었다. 그러나 내부자거래는 1980년대에 끝나지 않았고, 1990년대에도 큰 이슈로 남아 있었다. 1993년에는 골드만삭스의 전 임원이 내부자거래로 얻은 이익 중 110만 달러를 부당이득으로 반환하는 사건이 일어났으며, 1997년 6월 미국 대법원은 오헤이건(O'Hagan) 사

빈발하자 SEC는 내부자거래에 대한 효과적인 제재수단이 필요하다고 판단하여 의회에 입법요청을 하였고, 의회는 1984년 "내부자거래제재법"(The Insider Trading Sanctions Act of 1984: ITSA)을 제정하였다. 이 법률은 SEC가 내부자거래로 얻은 이익 또는 회피한 손실액의 3배 이내의 민사벌(civil penalty)의 부과를 연방법원에 청구할 수 있도록 하는 규정을 1934년 증권거래법 제21조(d)(2)(A)로 편입하였다. 그러나 위 ITSA 제정 이후에도 내부자거래가 근절되지 않고 지속적으로 증가함에 따라 의회는 1988년 "내부자거래 및 증권사기집행법"(The Insider Trading and Securities Fraud Enforcement Act of 1988: ITSFEA)을 제정하였다. 이 법은 내부자거래를 한 자 및 감독자에 대하여 SEC가 민사벌을 부과하기 위한 소송을 연방법원에 제기할 수 있도록 하였고(제21A조(a)(1)), 동시기 거래자(contemporaneous trader)에 대하여 명시적인 손해배상청구권을 인정하고(제20A조), 형사벌칙을 강화하는 한편(제32조(a)), 내부자거래 제보에 대한 포상제도(제21A조(e)) 등을 신설하였다.

SEC Rule 10b-5는 증권의 매수 또는 매도에 관한 시세조종적 또는 사기적 행위를 금지하는 포괄규정이기 때문에 내부자거래의 정의를 여기서 찾아 볼 수 없다. 1980년대 대규모 내부자거래 사건이 이어져 규제를 강화한 시기에 내부자거래를 정의하는 입법제안이 수회 이루어졌으나, 현재까지 정의규정은 마련되지 않았다. 다만, 미국의 1934년 증권거래법 제21A조에서 민사벌 부과대상행위를 "누구든지 중요한 미공개정보를 보유하면서 증권을 매수 또는 매도하거나 그러한 정보를 전달하는 행위"로 규정함으로써 간접적으로 내부자거래를 정의하고 있다. 그러나 1934년 증권거래법은 내부자나 내부정보에 대한 어떤 규정도 두고 있지 않기 때문에 이러한 개념은 모두 판례를 통해 형성되고 있다.

건을 판결하면서 부정유용이론의 타당성을 인정하였다. 대법원은 내부자거래를 통해 이득을 본 오헤이건 변호사에게 책임을 인정하지 않았던 항소심 판결을 뒤집었던 것이다.

2) EU

1989년 11월 13일 EC 내부자거래지침(이하, "EC지침"이라 한다)[78]이 채택되기 이전에 EC 회원국의 내부자거래규제상황은 매우 상이하였다. 영국이나 프랑스와 같이 내부자거래에 형사제재를 가하는 국가도 있었고, 독일이나 네덜란드와 같이 자율규제(voluntary codes of conduct)에 의존하거나, 이탈리아, 아일랜드 등과 같이 내부자거래에 대한 규제가 전혀 없는 국가도 있었다.

이에 따라 EC는 단일시장 창설을 위하여 회원국 사이의 상이한 법규정을 조화시켜야 한다는 EC 설립조약 제100a조에 의거하여 회원국 상호간의 오랜 협상을 통하여 1989년 내부자거래에 관한 지침을 채택하였다.[79]

내부자거래규제법제를 EC 차원에서 효과적으로 조정하는 문제에 대하여 회원국들은 시세에 영향을 주는 내부정보를 이용하는 거래를 규제하여야 한다는 원칙에는 동의하였으나, 내부자거래를 구체적으로 어떻게 규제할 것인가에 관해서는 견해의 대립이 있었다. 그러나 미국과 비교하여 증권시장의 규모가 작은 EC 회원국들은 내부자거래의 규제를 확대함에 따라 나타날 수 있는 증권시장 기능의 위축을 우려하여 각 회원국의 입장을 적절하게 조화시키는 방식으로 EC지침을 완성하였다.

이 EC지침은 전문과 15개 조문으로 구성되어 있으며, 각 회원국은 이 지침을 최소기준으로 하여(제 6 조) 1992년 6월 1일 이전에 국내법으로 수용할 것을 의무화하고 있다(제14조).

그 후 유럽의 증권시장이 통합되고 국경간 거래증가로 인해 시세조종의 기회가 증가함에 따라 시세조종의 금지까지 포괄하는 새로운 규제법제

78) 내부자거래지침의 명칭은 Council Directive of 13 November 1989 coordinating regulation on insider trading(89/592/EEC)이다.

79) EC는 1977년 내부자거래규제에 관한 권고서를 채택하였고, 그 후 영국(1980년), 노르웨이(1985년), 스웨덴(1985년), 덴마크(1986년) 등이 내부자거래를 형사처벌하기 위한 법을 제정함에 따라 내부자거래규제의 조화를 위하여 이와 같은 지침을 제정하게 되었다.

를 마련하자는 주장이 제기되었다. 이에 따라 EC지침은 시세조종을 포함한 모든 시장남용행위를 규제하는 2003년의 EU 시장남용지침(이하 "EU 지침"이라 한다)[80]으로 대체되었다.

3) 영 국

영국은 오래전부터 내부자거래규제의 필요성을 인정하였으나, 1980년에 이르러서야 제정법에 의한 규제를 시작하였다. 즉 1980년 회사법(Companies Act) 제68조와 제69조에서 내부자거래에 대하여 형사제재를 부과하는 방식을 도입하였다. 이는 불법행위로부터 투자자를 보호한다는 의지를 보임으로써 일반투자자의 신뢰를 증진시키고자 한 것이다.

그 후 내부자거래규제에 관하여 1985년 회사증권(내부자거래)법[Company Securities (Insider Trading) Act]이 제정되었다. 이 법은 1986년 금융서비스법(Financial Services Act)에 의해 개정되었으며 1989년 회사법(Companies Act)을 개정하여 내부자거래 금지규정을 위반한 자에 대한 형사제재를 2년 이하의 징역에서 7년 이하의 징역으로 대폭 강화하였다. 또한 EC지침을 수용하여 현재는 형사사법법(Criminal Justice Act of 1993) 제 5 장(내부자거래) 제52조 내지 제60조에서 내부자거래규제에 관한 내용을 정하고 있다.

그러나 영국의 증권규제 또는 보다 광범위한 금융서비스 부문의 규제는 2000년 금융서비스시장법(Financial Service and Market Act of 2000)에 의해 이루어지고 있다. 이 법은 내부자거래를 시장남용(market abuse) 행위로 간주하여 규제하는 새로운 방식을 도입하였다. 시장남용은 내부자거래나 시세조종을 포함하는 새로운 규제개념으로 이를 위반한 경우에는 과징금 부과나 피해를 위한 원상회복명령 등 형사제재 이외의 규제조치가 가능하다. 시장남용행위는 미국의 SEC Rule 10b-5에 필적하는 시장에서의 광범위한 불공정한 거래를 규제하기 위한 것으로서 정보의 부당이용행위가 대표적인 예이다.

80) 지침의 명칭은 Directive 2003/6 EC of EUROPEAN PARLIAMENT AND OF THE COUNCIL of 28 January 2003 on insider trading and market manipulation(market abuse)이다.

영국의 금융감독청(Financial Supervisory Authority: FSA)은 시장남용의 구체적인 가이드라인을 정한 시장행위규칙(The Code of Market Conduct)을 제정하여 시행하고 있다.

4) 독 일

독일에서는 1994년 EC지침을 국내법으로 수용할 때까지 내부자거래를 제정법으로 규제하지 않았다. 즉 1970년 이후 자율규제에 의한 내부자거래 규제가 이루어지고 있었으나, 이를 위반하더라도 형사제재는 없었고, 위반자에 대하여 내부자거래로 얻은 재산적 이익을 회사에 반환하도록 하였을 뿐이다.

EC지침 제12조에 따라 1992년 6월 1일 이전까지 EC지침을 국내법으로 수용하였어야 하나 독일은 그 기한을 준수하지 못하였고, 1994년에 이르러 제 2 차 자본시장진흥법(Zweites Finanzmarktforderungsgesetz)에 의거 Wertpapierhandelsgesetz(이하 "WpHG"라 한다)을 제정하였는데, 이 법 제 3 장(내부자의 감시) 제12조 내지 제20조에서 내부자거래규제에 관한 규정을 마련하였다. WpHG는 그 이외에 증권거래감독청을 설치하고 적시공시제도를 도입하여 증권거래감독청에 의한 감시하에 내부자거래 금지와 기업내용공시제도를 통해 내부정보의 부정이용을 방지하는 체계를 마련하였다.

5) 일 본

일본의 내부자거래규제의 역사는 다른 나라에 비하여 상대적으로 일천하다. 1987년 다데호 화학공업(주) 사건을 계기로 내부자거래에 대한 규제를 강화해야 한다는 요청의 결과로 1988년 5월 31일 증권취인법의 일부를 개정하는 법률이 공포되어 제정법에 의한 금지 근거를 마련하였다.

그 후 일본도 금융환경의 변화에 대응하기 위하여 우리나라의 자본시장법과 비슷한 금융상품취인법을 제정하고 증권취인법을 폐지하였다. 금융상품취인법은 제 6 장에서 시세조종행위 등과 더불어 내부자거래를 규정하고 있다.

(3) 자본시장법의 연혁

내부자거래규제근거는 1962년 증권거래법 제정 당시에는 존재하지 않았다. 1976년 증권거래법 개정으로 내부자거래의 개연성이 높은 임직원 및 주요주주에 대하여 공매도를 금지하고(증권거래법 제188조 제1항) 단기매매차익 반환의무를 제도화하였다(같은 법 제188조 제2항).

1980년대 접어들어 내부자거래의 규제 필요성이 증대함에 따라 1982년 증권거래법 개정으로 상장법인의 임직원 및 주요주주에 대하여 소유주식상황 보고의무를 부과하였으나, 내부자거래를 직접규제하는 제도는 아니었다. 진정한 의미의 내부자거래규제제도는 1987년 증권거래법 개정에서 시세조종 등 불공정거래 금지규정인 제105조에 미국식의 미공개정보 이용금지 조항을 신설하여 미공개정보를 이용한 내부자거래를 직접 금지하는 제도를 최초로 도입한 것이다.

1990년대 들어 내부자거래에 대한 본격적인 단속의 필요성과 규제를 강화하는 것이 세계적인 흐름이었다. 이에 따라 우리나라도 1991년 12월 증권거래법의 전면적인 개정으로 현재와 같은 내부자거래규제체계를 마련하였다. 그 주요골자는 내부자거래규제조문의 통합, 내부자의 범위와 내부정보의 범위 등의 구체화, 그리고 처벌의 강화 등 통일적인 규제체계의 완성이었다.

그 후 1997년 1월 증권거래법 개정에서는 내부자거래에 대한 형사제재 규정을 강화하여 징역형의 상한을 3년에서 10년으로 상향조정하고, 내부자거래규제 위반으로 얻은 이익 또는 회피한 손실액의 3배 이내의 벌금에 처할 수 있는 근거를 신설하였다. 1999년 2월 개정 증권거래법에서는 자기주식의 매수 또는 매도과정에서 미공개정보를 이용할 가능성이 있어 내부자의 범위에 당해 법인을 포함시켰다.

나아가 사회적 물의를 일으킨 대형사건들이 발생하자 2002년 1월 증권거래법 개정으로 증권선물위원회에 강제조사권을 부여하고, 2002년 2월 개정으로 얻은 이익이나 회피한 손실이 5억원 이상 50억원 미만인 때에는 3년 이상의 유기징역을, 그 이익 또는 회피한 손실액이 50억원 이상인 때에는 무기징역 또는 5년 이상의 유기징역에 처하고, 10년 이하의 자격정지도 병과할 수 있도록 형사벌칙을 대폭 강화하였다.

자본시장법은 증권거래법상의 내부자거래규제체계를 유지하면서 계열회사의 임직원 및 주요주주 등과 당해 법인과 계약체결을 교섭 중인 자도 내부자에 포함시키는 등 내부자의 범위를 확대하고 내부정보의 규제범위를 대량취득·처분정보까지 확대하는 등의 증권거래법의 문제점을 보완하였다.

3. 감시와 조사

(1) 감시와 조사체계

자본시장법에 의하면 내부자거래에 대한 감시와 조사는 자율규제기관(Self-Regulatory Organization)과 정부규제기관의 이중체계로 이루어진다. 자율규제기관은 시장을 개설하고 운영하는 자로서 시장참가자의 내부자거래를 1차적으로 감시하고, 정부규제기관은 자율규제기관의 권한을 벗어나는 사안에 대하여 법적 권한과 수단으로 조사를 하고 필요한 조치를 취한다. 이에 따라 내부자거래에 대한 자율규제기관의 감시는 한국거래소(이하 "거래소")가 담당하고 있고, 제정법에 의한 조사 및 조치는 금융위원회, 증권선물위원회, 금융감독원이 담당하고 있다. 이와 같은 자율규제와 정부규제의 역할분담이라는 이중체계의 경우에도 구체적으로 어느 정도의 기능을 자율규제기관이 담당하느냐의 문제는 각국의 금융환경에 따라 차이가 있다.[81]

거래소는 자율규제기관으로서 시장감시, 이상거래의 심리 및 회원에 대

81) 김정수, 전게서, 784-785쪽.

한 감리를 통하여 내부자거래로 의심되는 자의 매매거래상황을 감시하고 추적하여 내부자거래 혐의가 있는 사안에 대해서는 증권선물위원회의 조사를 의뢰한다(법 제426조 제6항).

증권선물위원회는 거래소의 통보사항 또는 자체 인지를 통하여 내부자거래의 단서를 확보하고 내부자거래 위반혐의가 있는 사안의 경우 관계자에게 참고가 될 보고 또는 자료의 제출을 명하거나 금융감독원장에게 장부·서류, 그 밖의 물건을 조사하게 할 수 있다(법 제426조 제1항). 이에 따라 금융감독원은 조사업무의 집행에 관한 사항[82]을 증권선물위원회로부터 위탁받아 내부자거래에 대한 실질적인 조사를 수행하고 있다(법 제438조 제4항, 영 제387조 제3항).

증권선물위원회는 조사 결과 내부자거래규제 위반에 해당하는 경우에는 검찰에 고발 또는 통보하고(법 제426조 제5항, 영 제376조 제1항 제11호), 검찰은 고발 또는 통보 등의 인지를 통하여 내부자거래에 대한 수사와 기소를 수행한다.

(2) 자율규제기관의 역할

1) 시장감시위원회

거래소는 이상거래의 심리 및 회원의 감리에 관한 업무를 행하고(법 제377조 제8호), 법 제402조 제1항에 따라 거래소에 시장감시, 이상거래의 심리 및 회원에 대한 감리(제1호), 유가증권시장·코스닥시장 및 파생상품시장 간의 연계감시(제2호), 이상거래의 심리, 회원에 대한 감리, 유가증권시장·코스닥시장 및 파생상품시장 간의 연계감시[83]의 결과에 따른 회원에 대한

82) 법 시행령 제387조 제3항은 증권선물위원회는 법 제438조 제4항에 따라 별표 20 각 호에 따른 권한을 금융감독원장에게 위탁한다고 규정하고 있는데, 조사업무의 집행은 별표 20 제103호에서 정하고 있다.

83) "연계감시"란 연계거래와 관련된 시장감시, 심리 및 감리를 말하고(시장감시규정 제2조 제5항), "연계거래"란 가격 연동성이 있는 2개 이상으로서 증권의 종목간, 장내파생상품의 종목간 또는 증권의 종목과 장내파생상품의 종목간을 연계하는 거

징계 또는 관련 임직원에 대한 징계요구의 결정(제 3 호)의 업무를 수행하기 위하여 시장감시위원회(이하 "위원회")를 둔다. 위원회는 법 제403조 제 1 항의 사항이 포함된 시장감시규정(이하 "규정"이라 한다)을 제정하고, 이에 따라 업무를 수행한다(법 제403조).

2) 시장감시

내부자거래에 대한 단서는 증권시장에서의 모든 거래에 대하여 이상거래의 혐의가 있는가의 여부를 실시간으로 감시하는 시장감시로부터 개시된다. "시장감시"란 시장에서의 증권 또는 장내파생상품의 매매("거래")나 그 주문·호가의 상황 또는 이와 관련된 제보·공시·풍문·보도 등("풍문등")을 감시 및 분석하는 것을 말한다(규정 제 2 조 제 2 항).

위원회는 심리의 수행을 위하여 이상거래혐의종목을 선정하고, 감리의 수행을 위하여 거래소의 업무관련규정을 위반할 우려가 있는 거래를 선정하는 등 시장감시를 하고, 이에 따른 이상거래혐의종목은 증권 또는 장내파생상품의 종목의 거래양태, 가격변동, 거래량규모, 시세·거래관여도 및 풍문 등의 내용 등을 고려하여 위원회가 정하는 기준에 따라 선정한다(규정 제11조 제 1 항 및 제 2 항). 위원회는 시장감시의 과정에서 거래상황의 급변 또는 풍문 등과 관련하여 투자자보호를 위하여 필요하다고 인정하는 경우에는 해당 시장에 대하여 거래상황 급변과 관련한 공시사항의 유무 또는 풍문 등의 사실 여부에 대한 조회, 증권의 매매거래정지 또는 장내파생상품의 거래정지에 해당하는 조치를 요구할 수 있다(규정 제12조).

시장감시와 관련하여 거래소는 시장감시업무처리지침을 제정하여 운영하고 있다. 이에 따르면 시장감시는 현물, 파생상품 및 연계감시별로 구분하여 그 방법 및 절차를 규정하고, 시장감시절차는 [시장감시 → 이상거래 적출 → 주시 → 심리(또는 감리) → 통보(회원조치) → 사후관리]로 이루어진다.

래를 말한다(시장감시규정 제 2 조 제 9 항).

시장감시의 종류는 일별시장감시, 기간시장감시 및 기타시장감시로 구분되고(지침 제8조), 현물(유가증권시장과 코스닥시장)시장의 일별시장감시와 기간시장감시를 위한 이상거래는 각각 별표 2와 별표 3의 기준에 따라 적출하며(지침 제9조 제1항), 연계시장감시와 파생상품시장감시를 위한 이상거래는 각각 별표 4와 5의 기준에 따라 적출한다. 이상거래로 적출된 경우 주시를 의무화하고 있으며, 시가기준가 종목, 불공정거래행위관련 풍문종목, 관리종목 등에 대하여는 이상거래적출 여부와 관계없이 주시를 실시한다(시장감시업무처리지침 제10조).

3) 이상거래의 심리

현물시장감시, 연계시장감시 및 파생상품시장감시의 결과별로 각각 별표 11, 별표 12 및 별표 13의 기준에 따라 이상거래의 심리대상을 선정한다(시장감시업무처리지침 제14조).

"이상거래"는 증권 또는 장내파생상품 매매 품목의 가격이나 거래량이 비정상적으로 변동하는 거래 등 대통령령으로 정하는 이상거래를 말한다(법 제377조 제8호).

여기서 "대통령령으로 정하는 이상거래"란 증권시장(법 제78조에 따라 상장주권 및 주권과 관련된 증권예탁증권으로서 증권시장에 상장된 것의 매매가 중개되는 경우를 포함)이나 파생상품시장에서 법 제174조·제176조·제178조 또는 제180조를 위반할 염려가 있는 거래 또는 행위로서 다음의 어느 하나에 해당하는 경우를 말한다. 이 경우 법 제404조에 따른 이상거래의 심리 또는 감리 중 발견된 법 제147조·제172조·제173조 또는 제173조의2 제2항을 위반할 염려가 있는 거래 또는 행위는 이상거래로 본다(영 제355조).

1. 증권 또는 장내파생상품 매매품목의 가격이나 거래량에 뚜렷한 변동이 있는 경우
2. 증권 또는 장내파생상품 매매품목의 가격 등에 영향을 미칠 수 있는

공시·풍문 또는 보도 등이 있는 경우

3. 그 밖에 증권시장 또는 파생상품시장에서의 공정한 거래질서를 해칠 염려가 있는 경우

"심리"란 이상거래의 혐의가 있다고 인정되는 종목("이상거래혐의종목")의 거래나 그 주문 또는 호가 등이 법 제147조·제172조부터 제174조까지·제176조·제178조 및 제180조를 위반하는 등 불공정거래 행위에 해당하는지 여부를 확인하는 것을 말한다(규정 제 2 조 제 3 항).

거래소는 증권시장 또는 파생상품시장을 대상으로 주가와 거래량의 변동을 상시적으로 감시하고, 그 결과 이상거래의 의심이 있는 매매거래에 대하여 내부자거래의 혐의가 있는지의 여부를 가리기 위하여 구체적인 매매내역을 조사할 수 있다. 이를 위하여 거래소는 다음의 어느 하나에 해당하는 경우에는 금융투자업자(증권 또는 장내파생상품을 대상으로 금융투자업을 영위하는 투자매매업자 또는 투자중개업자에 한한다)에게 그 사유를 밝힌 서면으로 관련 자료의 제출을 요청할 수 있다(법 제404조 제 1 항).

1. 증권시장(제78조에 따라 상장주권의 매매가 중개되는 경우를 포함) 또는 파생상품시장에서 이상거래의 혐의가 있다고 인정되는 해당 증권의 종목 또는 장내파생상품 매매 품목의 거래상황을 파악하기 위한 경우
2. 거래소의 업무관련규정을 준수하는지를 확인하기 위한 경우

거래소는 심리를 위하여 필요한 경우에는 회원에 대하여 이상거래 또는 업무관련규정 위반혐의와 관련된 보고, 자료의 제출 또는 관계자의 출석·진술을 요청할 수 있다(법 제404조 제 2 항). 위원회가 회원에게 자료제출 등을 요청하는 경우에는 그 사유, 자료의 종류·제출기한 및 출석일시 등을 기재한 서면으로 하여야 한다. 다만, 신속한 자료의 징구 등을 위하여 필요하다고 인정하는 경우에는 시장감시요원(심리를 담당하는 직원에 한함)이 회원의

본점·지점 그 밖의 영업소를 직접 방문("현지출장")하여 요청할 수 있다(규정 제14조 제2항). 위원회는 법 제404조에 따라 심리를 위하여 필요한 경우에는 회원이 아닌 금융투자업자(증권 또는 장내파생상품을 대상으로 금융투자업을 영위하는 투자매매업자 또는 투자중개업자에 한함)에게 그 사유, 자료의 종류 또는 제출기한 등을 기재한 서면으로 관련자료의 제출을 요청할 수 있다.

4) 회원에 대한 감리

"감리"란 거래소의 업무관련규정을 준수하는지를 확인하기 위하여 그와 관련된 회원의 업무·재산상황·장부·서류, 그 밖의 물건을 조사하는 것을 말한다(규정 제2조 제4항).

거래소는 다음의 어느 하나에 해당하는 경우에는 회원에 대하여 그와 관련된 업무·재산상황·장부·서류, 그 밖의 물건을 감리할 수 있다(법 제404조 제1항).

1. 증권시장(제78조에 따라 상장주권의 매매가 중개되는 경우를 포함한다) 또는 파생상품시장에서 이상거래의 혐의가 있다고 인정되는 해당 증권의 종목 또는 장내파생상품 매매 품목의 거래상황을 파악하기 위한 경우
2. 거래소의 업무관련규정을 준수하는지를 확인하기 위한 경우

거래소는 감리를 위하여 필요한 경우에는 회원에 대하여 이상거래 또는 업무관련규정 위반혐의와 관련된 보고, 자료의 제출 또는 관계자의 출석·진술을 요청할 수 있다(법 제404조 제2항). 감리는 시장감시요원(감리를 담당하는 직원에 한함)이 현지출장하여 조사하는 실지감리 또는 서면 그 밖의 수단으로 조사하는 서면감리의 방법으로 실시한다. 이 경우 위원회는 사전에 회원에게 서면으로 통지하여야 한다(규정 제17조 제1항). 위원회는 감리를 위하여 필요하다고 인정하는 경우에는 회원에게 자료제출 등을 요청하거나 회원이 자체적으로 조사를 실시하고 그 결과를 위원회에 통보하도록 요청할

수 있다(규정 제17조 제 2 항).

5) 심리 또는 감리 결과의 조치

거래소는 이상거래의 심리 및 회원에 대한 감리결과 자본시장법 또는 자본시장법에 따른 명령이나 처분을 위반한 혐의를 알게 된 경우에는 증권선물위원회에 통보하여야 한다(법 제426조 제 6 항). 즉 이상거래의 심리 및 회원에 대한 감리결과 내부자거래 혐의를 인지하게 된 경우에는 그 내용을 증권선물위원회에 통보하여야 한다. 이 경우 증권선물위원회에의 통보는 시장감시위원회의 회원에 대한 징계 등에 영향을 미치지 아니한다(규정 제20조 제 2 항).

거래소는 이상거래의 심리 또는 회원의 감리에 따른 자료제출요구 또는 출석·진술요청을 거부하거나 감리에 협조하지 아니하는 경우 시장감시규정이 정하는 바에 따라 회원의 자격을 정지하거나 증권 및 장내파생상품의 매매거래를 제한할 수 있다(법 제404조 제 3 항).

(3) 정부규제기관의 역할

1) 증권선물위원회의 설치

증권시장에서의 내부자거래에 대한 조사 및 조치의 권한은 증권시장에 대한 전문적인 관리·감독기관으로 설치된 증권선물위원회의 고유권한이다(법 제426조 및 제427조). 자본시장법과 다른 법령이 규정하는 바에 따라 다음의 업무를 수행하기 위하여 금융위원회에 증권선물위원회를 둔다(금융위원회의 설치등에 관한 법률 제19조).

1. 자본시장의 불공정거래 조사
2. 기업회계의 기준 및 회계감리에 관한 업무
3. 금융위원회 소관사무 중 자본시장의 관리·감독 및 감시등과 관련된 주요사항에 대한 사전심의

4. 자본시장의 관리·감독 및 감시등을 위하여 금융위원회로부터 위임 받은 업무
5. 기타 다른 법령에서 증권선물위원회에 부여된 업무

증권선물위원회의 조사는 증권시장의 공정성을 저해하는 불공정행위를 단속하기 위한 행정조사의 일종으로 미공개정보 이용금지 규정을 위반한 자와 그 위반사실을 적발하여 형사상 또는 행정상 조치를 취하는 일련의 절차이다.[84]

2) 조 사 권

증권선물위원회는 내부자거래를 조사하기 위하여 임의조사권과 강제조사권을 갖는다. 자본시장법 제426조는 임의조사권에 관하여 다음과 같이 규정하고 있다.

가. 임의조사권

증권선물위원회는 내부자거래 해당 여부를 조사하기 위하여 관계자에게 참고가 될 보고 또는 자료의 제출을 명하거나 금융감독원장에게 장부·서류, 그 밖의 물건을 조사하게 할 수 있고(법 제426조 제1항), 조사를 위하여 관계자에게 다음의 사항을 요구할 수 있다(법 제426조 제2항).

1. 조사사항에 관한 사실과 상황에 대한 진술서의 제출
2. 조사사항에 관한 증언을 위한 출석
3. 조사에 필요한 장부·서류, 그 밖의 물건의 제출

증권선물위원회는 조사를 함에 있어서 미공개중요정보 이용행위 금지를 위반한 사항의 조사에 필요하다고 인정되는 경우에는 다음의 조치를 할 수 있다(법 제426조 제3항).

84) 박임출, 전게논문, 33쪽. 금융위원회는 내부자거래, 시세조종 이외의 자본시장법 위반사항에 대한 조사를 전담하고 있다.

1. 제출된 장부·서류, 그 밖의 물건의 영치
2. 관계자의 사무소 또는 사업장에 대한 출입을 통한 업무·장부·서류, 그 밖의 물건의 조사

증권선물위원회는 조사를 함에 있어서 필요하다고 인정되는 경우에는 금융투자업자, 금융투자업관계기관 또는 거래소에 대통령령으로 정하는 방법에 따라 조사에 필요한 자료의 제출을 요구할 수 있다(법 제426조 제4항).

이와 같은 임의조사의 실효성을 담보하기 위하여 증권선물위원회의 조사요구에 불응한 자는 3년 이하의 징역 또는 1억원 이하의 벌금에 처할 수 있도록 하고 있다(법 제445조 제48호).

나. 강제조사권

자본시장법 제427조는 강제조사에 관하여는 다음과 같이 규정하고 있다. 증권선물위원회는 미공개중요정보 이용행위 금지를 위반한 행위를 조사하기 위하여 필요하다고 인정되는 경우에는 금융위원회 소속공무원 중 대통령령으로 정하는 자[85]("조사공무원")에게 위반행위의 혐의가 있는 자를 심문하거나 물건을 압수 또는 사업장 등을 수색하게 할 수 있다(법 제427조 제1항).

조사공무원이 위반행위를 조사하기 위하여 압수 또는 수색을 하는 경우에는 검사의 청구에 의하여 법관이 발부한 압수·수색영장이 있어야 하고(법 제427조 제2항), 심문·압수·수색을 하는 경우에는 그 권한을 표시하는 증표를 지니고 이를 관계자에게 내보여야 하며(법 제427조 제3항), 형사소송법 중 압수·수색과 압수·수색영장의 집행 및 압수물 환부(還付) 등에 관한 규정은 이 법에 규정된 압수·수색과 압수·수색영장에 관하여 준용한다(법 제427조 제4항).

85) "대통령령으로 정하는 자"란 금융위원회 소속 공무원 중에서 증권선물위원회 위원장의 제청에 의하여 검찰총장이 지명하는 자를 말한다(영 제378조).

조사공무원이 영치·심문·압수 또는 수색을 한 경우에는 그 전 과정을 기재하여 입회인 또는 심문을 받은 자에게 확인시킨 후 그와 함께 기명날인 또는 서명하여야 한다. 이 경우 입회인 또는 심문을 받은 자가 기명날인 또는 서명을 하지 아니하거나 할 수 없는 때에는 그 사유를 덧붙여 적어야 하며(법 제427조 제5항), 조사공무원이 위반행위의 조사를 완료한 경우에는 그 결과를 증권선물위원회에 보고하여야 한다(법 제427조 제6항).

3) 조사의 단서 및 조사실시 여부

증권선물위원회는 조사 결과 별표 15 각 호의 어느 하나에 해당하는 경우에는 시정명령, 그 밖에 대통령령으로 정하는 조치를 할 수 있으며, 조사 및 조치를 함에 있어서 필요한 절차·조치기준, 그 밖에 필요한 사항을 정하여 고시[86]할 수 있다(법 제426조 제5항). 또한 강제조사권을 규정한 자본시장법 제427조의 조사를 위하여 증권선물위원회는 "증권범죄조사 사무처리 규정"[87]을 제정하여 운영하고 있다.

증권선물위원회는 다음의 어느 하나에 해당하는 경우에는 조사를 실시할 수 있다(자본시장조사 업무규정 제6조 제1항).

1. 금융위 및 금융감독원("감독원")의 업무와 관련하여 위법행위의 혐의사실을 발견한 경우
2. 한국거래소("거래소")로부터 위법행위의 혐의사실을 이첩받은 경우

---

86) 자본시장조사 업무규정 제1조(목적) 이 규정은 자본시장과 금융투자업에 관한 법률 제426조 제5항·제8항, 제429조 및 제430조와 같은 법 시행령 제376조, 제377조 및 제379조의 규정에 따라 금융위원회("금융위") 또는 증권선물위원회("증선위")가 법, 법에 의한 명령, 금융위·증선위의 규정 또는 명령에 위반되는 위법행위("위법행위")를 조사 및 조치함에 있어 필요한 사항을 정함으로써 조사업무의 원활과 공정을 기함을 목적으로 한다.

87) 증권범죄조사 사무처리 규정 제1조(목적) 이 규정은 자본시장과 금융투자업에 관한 법률 제427조 및 같은 법 시행령 제378조에 따라 증권선물위원회("증선위")가 증권범죄조사를 함에 있어서 필요한 사항을 정함으로써 증선위 조사업무의 원활과 공정을 기함을 목적으로 한다.

3. 위법행위에 관한 제보를 받거나 조사를 의뢰하는 민원을 접수한 경우
4. 기타 공익 또는 투자자보호를 위하여 조사의 필요성이 있다고 인정하는 경우

그러나 다음에 해당하는 경우에는 조사를 실시하지 아니할 수 있다(자본시장조사 업무규정 제 6 조 제 2 항).

1. 당해 위법행위에 대한 충분한 증거가 확보되어 있고 다른 위법행위의 혐의가 발견되지 않는 경우
2. 당해 위법행위와 함께 다른 위법행위의 혐의가 있으나 그 혐의내용이 경미하여 조사의 실익이 없다고 판단되는 경우
3. 공시자료, 언론보도 등에 의하여 널리 알려진 사실이나 풍문만을 근거로 조사를 의뢰하는 경우
4. 공익 또는 투자자보호와 직접적인 관련성이 적고 경영권분쟁 등 민원인의 사적인 이해관계에서 당해 민원이 제기된 것으로 판단되는 경우
5. 당해 위법행위에 대한 제보가 익명 또는 가공인 명의의 진정·탄원·투서 등에 의해 이루어지거나 그 내용이 조사단서로서의 가치가 없다고 판단되는 경우

내부자거래 조사를 위한 단서는 거래소로부터 내부자거래 혐의가 있다고 통보된 사항이 대부분이지만, 금융위원회 또는 금융감독원에 제출된 각종 신고·보고서류의 검토과정, 피검사기관에 대한 검사과정, 조사업무 수행과정 등에서 인지된 사항, 제보·민원사항 및 검찰 등 행정기관으로부터 이첩받은 사항 등이다.[88]

증권범죄조사의 대상은 업무상 인지정보, 한국거래소의 심리결과 통보

88) 박임출, 전게논문, 34쪽.

사항 기타 제보사항에 대한 사전내사결과, 증권범죄의 혐의가 구체적이고 명백한 종목으로서 다음에 해당하는 사유가 있는 경우에 선정할 수 있다(증권범죄조사 사무처리 규정 제 6 조).

1. 조사규정에 따른 불공정거래조사·심리기관협의회의 결정이 있는 때
2. 증권·파생상품시장에 미치는 영향이 크거나 공정한 거래질서를 현저히 저해할 우려가 있는 때

조사규정에 의한 조사("일반조사")의 진행 중에 다음에 해당하는 사유가 있는 경우에는 이 규정에 의한 증권범죄조사로 전환할 수 있다(증권범죄조사 사무처리 규정 제 7 조 제 1 항).

1. 일반조사 중 증권범죄혐의가 있는 장부·서류·물건("증빙물건")을 발견하였으나, 혐의자가 증빙물건의 임의제출에 동의하지 아니하는 경우
2. 일반조사 중 사업장·사무소 등에 증빙물건이 은닉된 혐의가 뚜렷하여 압수·수색이 불가피한 경우
3. 혐의사실을 은폐할 목적으로 허위자료를 제출하는 등 일반조사를 방해함으로써 정상적인 조사가 불가능하다고 판단되는 경우

4) 조사결과 조치

증권선물위원회는 조사결과 별표 15 각 호의 어느 하나에 해당하는 경우에는 시정명령, 그 밖에 대통령령이 정하는 조치[89]를 할 수 있다(법 제426

---

89) "대통령령으로 정하는 조치"란 다음의 조치를 말한다(영 제376조 제 1 항).
1. 금융투자업자의 경우: 법 제420조 제 1 항·제 3 항 또는 법 제422조 제 1 항·제 2 항에 따른 조치
2. 거래소의 경우: 법 제411조 제 1 항부터 제 3 항까지의 규정에 따른 조치
3. 협회의 경우: 법 제293조 제 1 항부터 제 3 항까지의 규정에 따른 조치
4. 예탁결제원의 경우: 법 제307조 제 1 항부터 제 3 항까지의 규정에 따른 조치
5. 증권금융회사의 경우: 법 제335조 제 1 항부터 제 4 항까지의 규정에 따른 조치

조 제 5 항).[90]

증권범죄사건을 고발, 검찰통보, 수사의뢰("고발등")하는 경우에 압수물건이 있는 때에는 압수목록을 첨부하여 담당검사에게 인계하여야 한다(증권범죄조사 사무처리 규정 제23조 제 1 항).

즉 조사결과 내부자거래 혐의가 있거나 확인된 경우에는 그 위반자를 고발, 통보 및 수사의뢰의 형식으로 검찰에 이첩한다. 특히 검찰이첩 사건의 경우 담당 조사원은 고발인진술, 증거자료보완 등을 통하여 검찰의 공소유지를 보조하며, 공판정에서의 증언을 통하여 유죄의 입증에 조력하고 있다.[91]

---

6. 종합금융회사의 경우: 법 제354조 제 1 항부터 제 4 항까지의 규정에 따른 조치
7. 자금중개회사의 경우: 법 제359조 제 1 항부터 제 4 항까지의 규정에 따른 조치
8. 단기금융회사의 경우: 법 제364조 제 1 항부터 제 4 항까지의 규정에 따른 조치
9. 명의개서대행회사(법 제365조 제 1 항에 따라 등록을 한 자를 말한다)의 경우: 법 제369조 제 1 항부터 제 4 항까지의 규정에 따른 조치
10. 금융투자 관계 단체의 경우: 법 제372조 제 1 항에 따른 조치
11. 제 1 호부터 제10호까지의 규정이 적용되지 아니하는 자의 경우: 다음 각 목의 어느 하나에 해당하는 조치

가. 경고

나. 주의

다. 법을 위반한 경우에는 고발 또는 수사기관에의 통보

라. 다른 법률을 위반한 경우에는 관련 기관이나 수사기관에의 통보

마. 그 밖에 금융위원회가 법 및 이 영, 그 밖의 관련 법령에 따라 취할 수 있는 조치

90) 자본시장조사 업무규정 제24조(고발 등) 증선위는 조사결과 발견된 위법행위로서 형사벌칙의 대상이 되는 행위에 대해서는 제34조의 규정에 따라 관계자를 고발 또는 수사기관에 통보하여야 한다.

91) 박임출, 전게논문, 35쪽.

Ⅱ. 규제의 근거

1. 내부자거래규제 논쟁

(1) 서　　설

내부자거래규제와 관련하여 내부자거래를 자본주의에서 절대 용납할 수 없는 것으로 보는 견해가 있으며, 이와 반대로 내부자거래는 아무 문제가 없으므로 장려되어야 한다는 견해도 있다. 다만 후자의 견해는 미국의 경우 많은 내부자거래 사건에 대한 투자자의 저항으로 현재 거의 찾아 볼 수 없게 되었다. 그러나 일부 경제학자들은 1966년 Manne 교수의 “Insider Trading and the Stock Market”이 출간된 이후 경제적인 의미에서 내부자거래의 관행은 이익을 가져다주기 때문에 규제되어서는 안 된다고 주장하였다. 그 후 내부자거래규제 논쟁은 Manne 교수의 입장 내지는 이것의 변형된 견해를 주장하는 사람들, 경제적인 효율성 차원에서 내부자거래의 허용을 주장하는 사람들, 그리고 공정성 이론에 입각하여 시장통합과 시장에서의 도덕성은 내부자거래 금지에 의해 달성될 수 있다고 주장하는 사람들 사이에 격렬하게 진행되었다.

(2) 기업에 대한 영향과 찬반론

내부자거래규제에 대한 반대론자들의 주장은 다음과 같다. 첫째, 내부자거래는 경영자들에게 최선의 이익을 낼 수 있게 하는 인센티브를 제공하고, 또 경영진의 노력을 보상하기 위한 가장 효율적인 방법이라고 주장한다. 즉 내부자거래가 기업가정신을 장려한다는 것이다. 내부자거래만이 소유와 경영의 분리로 발생하게 되는 기업의 관료주의를 극복할 수 있고, 기술혁신적인 행위를 촉진하며, 자유로이 내부자거래를 할 수 있도록 허용하는 것이 기업시스템의 생존을 위한 요소임을 강조하였다(인센티브 제공수

단).[92]

둘째, 규제반대론자들은 내부자거래를 규제하지 않는 것이 대리인 비용을 감소시킨다고 주장한다. 대리인 비용은 소유와 경영의 분리로 인해 대리인의 자기이익과 본인의 이익추구가 일치하지 않기 때문에 발생하게 된다. 또한 대리인 비용은 경영자의 보수 협상으로부터 발생한다. 이 견해는 만일 내부자거래가 없다면, 경영자의 보수에 관해 영원한 재협상이 요구된다고 믿는다. 따라서 내부자거래는 다른 어떠한 형식의 보수보다 가장 확실한 형태의 보수인 것이고, 경영자에게 더 많은 인센티브를 제공하는 것이라 한다(대리인 비용의 감소).[93]

셋째, 규제반대론자들은 경제학 이론인 코오스 정리를 들어 내부자거래 규제를 반대한다. 코오스 정리는 거래비용과 불확실성이 없는 세상에서 당사자들은 개인간의 합의된 계약이 자신들의 최고의 가치있는 효용에 자원을 배분한다는 이론이다. 이 이론에 의하면 당사자들은 가장 최고의 가치를 가지는 이용자에게 자원을 재배분할 것이기 때문에, 법률이 처음으로 재산권을 배분하는 점은 문제가 되지 않는다고 한다. 또한 정부의 간섭이 없는 개인간의 협상은 사적인 권리의 최선의 배분을 달성할 것이라고 한다(코오스 정리).[94]

그러나 내부자거래규제 찬성론자들은 다음의 이유를 들어 규제반대론자를 비판하고 있으며, 찬성론이 널리 수용되는 것이 세계적인 추세이다.

첫째, 내부자거래가 보수에 대한 가장 효율적이고 가장 정확한 보상수단임을 지적하는 경험적인 증거는 존재하지 않는다고 주장한다. 또한 주식을 매수하기 위한 경제적인 능력은 경영자의 보수를 제한한다고 주장한다. 따라서 보수는 기본적으로 정보의 가치 또는 정보에 대한 공헌의 가치에

92) Henry G. Manne, “Insider Trading and the Stock Market”(1966).

93) Dennis W. Carlton & Daniel Fischel, “The Regulation of Insider Trading”, 35 Stan. L. Rev. 857(1983).

94) Frank H. Easterbrook & Daniel R. Fischel, “The Economic Structure of Corporate Law”, Harvard University Press(1991), pp. 254-255.

달려 있는 것이 아니라, 오히려 재산에 달려 있는 것이므로 자신들의 보수 패키지를 결정할 수 있는 경영자의 능력은 제한된다고 한다.[95] 나아가 보수는 자본시장의 구조, 기업에 특유한 위험수당 및 매 기간당 평균 판매금액과 같은 외부요인들에 달려 있는 것이라고 한다.

둘째, 규제찬성론자들은 내부자거래를 허용하는 것이 오히려 기회비용과 대리인 비용을 증가시킬 것이라고 주장한다. 이 견해에 의하면 이익충돌의 문제로 인하여 대리인 비용은 증가한다. 또한 경영자들은 내부자거래로 이익을 내기 위하여 노력하면서 시간을 보낼 것이기 때문에, 기회비용은 증가할 것이다. 경영자들은 소유와 경영의 분리로 인하여 더 기회주의적으로 행동할 수 있게 되었고 따라서 이익충돌은 경영자들이 주주의 이익이 아니라 자신들의 이익을 위하여 활동할 때 일어나게 된다고 한다.[96]

셋째, 규제찬성론자들은 코오스 정리가 이 상황에 적용될 수 없다고 말한다. 즉 경영자들과 주주들 사이의 협상은 거래비용을 발생시키고, 정보는 외부자와 내부자에게 모두 동일한 가치를 가진다고 한다. 또한 규제찬성론자들은 기업과 주주들 사이의 협상 결과는 다른 기업과 주주가 아닌 자들에게 영향을 미칠 수 있다는 점을 지적하고 있다. 따라서 코오스 정리는 정보의 영향을 받는 당사자들이 형식상 당사자들이라는 것을 가정하기 때문에, 내부자거래규제에 코오스 정리를 적용하는 것은 문제가 있다고 한다.[97]

(3) 정보의 효율성과 찬반론

1) 개　　요

자본시장은 일반적으로 두 가지 기능을 수행한다고 알려져 있다. 첫째,

---

95) Stephen Bainbridge, "The Insider Trading Prohibition: A Legal and Economic Enigma", 38 Fla. L. Rev. 35(1986).

96) Marleen A. O'Connor, "Toward a More Efficient Deterrence of Insider Trading: The Repeal of Section 16(b)", 58 Fordham L. Rev. 309, 318(1989).

97) Harold Demsetz, "Corporate Control, Insider Trading, and Rate of Return", 76 Am. Econ. Rev. 313(1986).

자본시장은 기업에게 자본을 제공하고 투자자에게는 주식을 제공한다. 둘째, 자본시장은 이익을 가장 많이 내는 방향으로 자본을 이동하게 한다는 것이다. 여기서는 내부자거래가 자본시장에 미치는 영향과 관련하여 정보의 효율성과 내부자거래규제의 찬반론을 살펴보기로 한다.

정보의 효율성은 "증권과 증권가격을 평가하기 위하여 사용할 수 있는 정보의 이용"이라고 설명될 수 있다. 시장의 효율성에 관한 내부자거래의 영향을 이해하기 위하여 효율적 자본시장 가설(Efficient Capital Market Hypothesis: ECMH)로 불리는 기초적인 시장가설을 간단히 살펴보는 것이 필요하다. 효율적 자본시장 가설은 세 가지 범주로 분류된다. 이 세 개의 다른 범주들은 약형, 강형 및 준강형가설이다.

2) 약형가설(Weak Form ECMH)

약형가설은 "가격은 시장가격의 역사적 패턴에 포함되어 있는 모든 정보를 완전히 반영하고 있다"고 가정한다. 따라서 어느 투자자도 가격에 대한 과거의 진행과정을 보고 장래가격을 예측할 수 없다. 약형가설에 따르면 가격은 랜덤 워크(random walk: 주가예측에 관한 랜덤워크설)를 따르게 된다. 따라서 과거의 가격을 연구하는 것으로부터는 어떤 이익도 발생하지 않게 된다. 내부자들은 과거의 패턴에 기초하지 않고 미공개중요정보에 기초하여 투자결정을 하기 때문에, 약형가설은 내부자거래 상황과는 관계가 없다.[98]

3) 강형가설(Strong Form ECMH)

강형가설은 "증권가격은 미공개정보와 공개정보를 모두 반영하고 있다"고 말한다. 미공개정보는 내부자들에게만 이용될 수 있는 데 반하여, 공개된 정보는 공식적인 또는 비공식적인 공시를 통하여 투자자들이 일반적으로 이용할 수 있는 모든 정보이다. 강형가설이 적용된다고 가정하면, 정보는 이미 주가에 반영되어 있기 때문에, 투자자는 내부자거래로부터 어떤

98) Lewis D. Solomon et al., "Corporations, law and policy, materials and problems", 901-915(3d ed., 1994).

이익도 얻지 못한다. 증권가격이 공개적으로 이용할 수 있는 정보와 비공개적으로 이용할 수 있는 정보를 반영하고 있다는 것이 증명된다면, 내부자거래로부터 이익을 내는 것은 불가능할 것이다.

그러나 강형가설 테스트의 결과에 따르면, 일반적으로 기업 내부자들은 정보상의 이점 때문에 이익을 내게 된다는 것을 보여주고 있다. 정보상의 이점은 뒤에서 설명할 것이다.

4) 준강형가설(Semistrong Form ECMH)

준강형가설은 "증권가격은 오로지 공개적으로 이용할 수 있는 정보만을 반영한다"고 주장한다. 공개적으로 이용할 수 있는 정보는 이미 가격에 반영되어 있기 때문에, 공개적으로 이용할 수 있는 정보에 기초한 분석은 평균이상의 수익을 끌어 낼 수 없다. 투자자들은 미공개정보에 기초하여 거래를 할 때만 평균이상의 수익을 얻을 수 있다. 준강형가설은 미공개정보를 가지고 있는 투자자들은 증권의 사실적 가치를 더 잘 평가할 수 있다는 것을 함축하고 있다. 따라서 그들은 미공개정보에 기초하여 거래를 할 때 과도한 수익을 얻게 된다. 준강형가설은 현대의 자본시장에 적용될 수 있는 것으로서 가장 널리 받아들여지고 있다.[99)]

효율적인 자본시장에서는 중요한 정보의 공개적인 발표 또는 공시는 언제나 주가에 즉시 영향을 미칠 것이다. 준강형가설에 의하면 주가는 발행회사에 관한 내부정보 또는 특정한 기업인수가 장래에 있을 것이라는 예상하지 못한 가능성과 같은 공개적으로 이용할 수 없는 정보를 반영하지 않는다. 따라서 내부자들은 자신들의 정보에 기초한 투자로부터 이익을 낼 수 있다.

5) 정보의 효율성과 내부자거래규제 찬반론

내부자거래규제 반대론자의 주장에 의하면 내부자거래의 금지는 자본시장에서 정보의 생산과 전달에 부정적인 영향을 미친다. 이 주장은 내부자

99) Robert M. Daines & Jon D. Hanson, "The Corporate Law Paradox: The Case for Restructuring Corporate Law", 102 Yale L. J. 577, 610(1992).

거래를 "정보를 교환하는 메커니즘"으로 설명한다. 내부자거래의 허용은 내부자들이 정보로부터 이익을 내는 첫 번째 사람이 되기 위하여 적극적인 정보를 생산하는 인센티브를 제공한다. 규제반대론자들에 의하면 내부자거래는 주가를 올바른 방향으로 조정하기 때문에 주가를 올바른 방향으로 움직이게 한다. 즉, 시장의 효율성을 증대시키는 것이다.[100)]

내부자거래규제 찬성론자의 주장에 의하면 정보의 전달에 대한 내부자거래의 직접적인 영향은 처음에는 그럴 듯하게 보인다. 그러나 내부자들은 자신의 주문을 숨기는데, 이에 의하여 새로운 정보를 감춘다. 내부자들은 자신들이 소유한 정보로부터 이익을 내기 위하여 은밀하게 주문을 낸다. 내부자거래는 주가에 대한 어떤 신호결과를 가져오지 않는다. 또한 규제찬성론자들은 내부자거래는 정보의 효율성을 달성할 수 있다는 것에 의문을 제기한다. 이는 "파생적으로 정보에 근거한 거래 메커니즘"에 근거를 두고 있다. 즉 이 메커니즘은 시장가격은 2단계의 절차로 영향을 받는다는 사실을 설명한다. 첫째, 내부자들은 시장가격에 최소한으로 영향을 주는 미공개정보에 기초하여 거래를 시작한다. 둘째, 외부자들은 정보제공, 누설 또는 시장관찰을 통하여 정보에 대하여 알게 된다. 이에 따라 시장은 반응한다. 그러나 중요한 문제는 파생적으로 정보에 근거한 거래는 느리고 산발적으로 일어난다. 따라서 내부자거래는 증권시장의 효율성에 영향을 주지 않는다.[101)]

2. 이론적 근거

(1) 서 설

내부자거래를 허용하여야 한다는 일부의 견해에도 불구하고 내부자거

100) Daniel R. Fischel, "Insider Trading and Investment Analysts: An Economic Analysis of Dirks v. Securities and Exchange Commission", 13 Hofstra L. Rev. 127, 133(1984).

101) William J. Carney, "Signalling and Causation in Insider Trading", 36 Cath. U. L. Rev. 863, 885-891(1987).

래를 규제하여야 한다는 점에 대하여는 대체로 의견의 일치가 이루어지고 있고,[102] 세계 각국에서도 내부자거래에 대한 규제를 강화하는 추세에 있다.

내부자거래를 규제해야 하는 근거에 대하여는 크게 두 가지 입장이 있다. 하나는 미시적인 관점에서 관계개념에 입각하여 회사 또는 주주에 대한 신인의무위반으로 보는 견해, 다른 하나는 거시적인 관점에서 시장개념에 입각하여 증권거래의 공정성에 대한 투자자의 신뢰훼손으로 보는 입장이다. 전자는 미국의 이론이고, 후자는 EU 회원국, 일본, 우리나라의 자본시장법이 취하고 있는 입장이다. 그런데 내부자거래의 규제에 대한 역사가 일천한 대부분의 국가에서는 미국의 내부자거래규제에 자극을 받거나 미국의 영향을 받아 증권관계법에 내부자거래를 금지하는 명시적인 규정을 두고 있을 뿐이고, 내부자거래규제에 대한 찬반론 내지 규제근거에 대한 논의가 활발하게 이루어지지 않고 있다. 따라서 내부자거래규제의 이론적 근거를 이해하기 위해서는 이에 관한 논의가 활발한 미국에서의 논의를 살펴볼 필요가 있다.[103]

(2) 내부자거래규제의 법리

1) 1934년 증권거래법 제10조 (b)항 및 Rule 10b-5

연방 차원의 증권법 제정을 위하여 의회는 청문회를 통하여 내부자거래가 불법임을 인식하고 내부자거래를 금지하는 연방법의 채택문제를 논의하였으나, 내부자거래 금지와 관련한 입법적 조치를 취하지는 않았다. 다만 1934년 증권거래법은 제13조에서 발행인의 계속보고의무를 규정하고, 제16조에서는 주요주주 및 임원에 대하여 소유주식보고의무, 단기매매차익 반환의무 및 공매도금지를 규정함으로써 정보의 완전공시를 통한 미공개정보 이용의 기회를 방지하고자 하였다. 그러나 의회는 1934년 증권거래법의 규

102) 김건식, “내부자거래규제의 이론적 기초”, 증권학회지 제28집(2001), 158쪽.

103) 박임출, 전게논문, 14-15쪽.

정만으로는 내부자거래를 효율적으로 규제할 수 없음을 인식하고 1942년 증권거래법에 제10조 (b)항을 신설하였고, 이에 근거하여 SEC는 Rule 10b-5를 제정하였다.

미국은 내부자거래를 금지하는 명시적인 규정도 없고, 1934년 증권거래법이나 SEC Rule도 내부자거래에 관한 정의규정을 두고 있지 않다. 그러나 1934년 증권거래법 제10조 (b)항과 이에 따른 SEC Rule 10b-5는 미공개중요정보에 근거한 증권거래를 금지하고 있는 것으로 해석되어 왔으며, 법원의 판례를 통하여 발달하여 왔다. 이 규정들의 포괄적인 의미로 인하여 법원과 SEC는 이 조항의 적용에 중요한 역할을 해오고 있으며, 이 규정은 내부자거래에 대한 포괄적인 조항으로 기능을 하고 있다. 제10조 (b)항 및 Rule 10b-5는 일반적으로 ① 중요한 사실에 대한 어떤 허위설명 또는 ② 증권의 매수 또는 매도와 관련된 조작 또는 다른 사기 행위나 속임수를 금지하고 있다. 또한 제10조 (b)항은 피고가 "사기적 의도"(scienter)를 가지고 행위할 것을 요구한다.[104)]

2) Rule 10b5-1과 Rule 10b5-2

Rule 10b5-1은 정보에 관한 비밀을 지킬 의무를 위반하여 "증권 또는 발행회사에 관한 중요한 미공개정보에 기초하여" 증권을 거래하는 것은 불법임을 규정하고 있다. Rule 10b5-1은 내부자거래를 하는 시기에 내부자의 단순한 정보소유의 인식보다는 미공개중요정보에 대한 인식에 근거한 일반원칙을 따르고 있다. 즉 미공개중요정보에 대한 인식은 정보이용을 가져오고, 따라서 이는 내부자거래 성립의 근거가 된다고 본 것이다. 그러나 일반적인 원칙에 의한 내부자거래가 성립한다고 추정되더라도 내부자는 거래가 내부정보에 기초하여 거래를 하였다는 추정을 번복할 수 있는 세 가지 안전항(safe harbor)의 입증을 통해 내부자거래의 책임을 면할 수 있다. 이 세 가지 예외는 거래자의 다음과 같은 상황을 포함한다. ① 거래자가 정해진 증

104) Ernst & Ernst v. Hochfelder, 425 U.S. 185(1976).

권의 양을 매수 또는 매도하기 위한 구속력이 있는 계약을 체결하면서 그때 중요한 미공개정보를 알게 된 상황, ② 자신의 브로커에게 특정한 거래를 실행하기 위한 지시를 하면서 그때 중요한 미공개정보를 알게 된 상황, 또는 ③ 회사의 증권을 매수하거나 또는 매도하기 위한 문서화된 플랜을 준수하는 상황이다.

부정유용이론에 의하여 내부자의 범위를 확정하기 위하여는 어떠한 관계가 있어야 신인의무가 발생하는가를 명확히 할 필요가 있다. 따라서 SEC는 Rule 10b5-2를 제정하여 신인의무가 발생하는 상황을 예시하였다. 즉 SEC는 Rule 10b5-2의 제정을 통해 부정유용이론을 확대하여 가족 및 개인관계에 신인의무를 부과하였다.[105] Rule 10b5-2는 신인의무가 존재하는 세 가지 상황을 확인하고 있다. ① 당사자가 비밀을 유지하기로 합의한 때에는 언제나 신인의무가 발생하고, ② 정보수령자는 미공개중요정보에 대한 비밀을 유지하리라는 것을 정보제공자가 기대하고 있음을 알고 있거나 합리적으로 알 수 있는 정보공유의 역사, 친족관계의 유형 또는 관행이 존재하는 경우에는 신인의무를 인식하여야 하고, ③ 배우자 사이, 부모와 자식 사이 및 형제자매 사이에 미공개중요정보를 수령한 자는 신인의무를 부담한다. 다만 정보의 비밀유지에 대한 정보제공자의 합리적인 기대가능성이 없음을 입증한 경우에는 그러하지 아니하다. 이 Rule 10b5-2는 Rule 10b-5를 집행하는 경우에만 적용된다. 이에 따라 부정유용이론에 의한 내부자의 범위가 명확해졌다.

(3) 미국 연방법원의 규제이론

1) 정보소유이론

가. 의 의

정보소유이론(possession theory)은 거래당사자 사이의 정보의 평등을 강조하기 때문에 정보평등이론(equal access or parity of information theory)이라고도 불

105) SEC Release No. 34-43154.

린다. 이는 증권거래에 영향을 미치는 중요한 회사정보에 대하여 모든 투자자가 공평하게 접근하고 평등하게 알 수 있어야 한다는 점을 전제로 한다. 정보소유이론은 누구든지 중요한 미공개정보를 보유하면 이를 거래상대방에게 공시하여야 하며, 공시하지 않거나 공시할 수 없는 경우에는 그 정보를 알지 못하는 상대방과 당해 증권을 거래해서는 안 된다는 이론이다. 만일 내부정보를 보유한 자가 내부정보를 공시하지 않고 거래하면 사기행위에 해당되어 SEC Rule 10b-5 위반이 된다. 따라서 중요한 미공개정보를 소유한 자는 이를 공시하거나 공시할 수 없으면 그 정보를 이용한 증권의 거래를 단념해야 한다는 소위 '공시 또는 거래단념의 원칙'(disclosure or abstain rule)이 적용된다.[106)]

정보소유이론은 1961년 SEC의 Cady, Roberts 사건의 심결에서 채택되어 연방 제 2 항소법원의 Texas Gulf Sulphur 사건의 판결을 통하여 그 법리가 확립되었다. 그러나 규제의 범위가 너무 광범위하여 증권거래의 자유를 제한한다는 비판을 받았고, 1980년 Chiarella 사건에서 연방대법원이 내부자거래 책임근거로서의 정보소유이론을 배척한 이후 사실상 폐기되었다.

나. 주요 판례

① Cady, Roberts & Co.

1934년 증권거래법 제10조 (b)항의 의미를 발전시킨 중요한 조치는 공개시장에서의 내부자거래에 대한 SEC의 최초 결정인 In re Cady, Roberts & Co. 사건에서 발견될 수 있다. SEC에 의하면 기업의 내부자들은 자신들에게 알려진 모든 중요한 정보를 공시하거나 또는 거래를 단념하여야 한다. SEC는 중요한 내부정보를 공시할 적극적인 의무가 있는 사람들에게 Rule 10b-5의 적용범위를 확대하였다.

이 사건에서 SEC는 내부자의 범위를 회사 외부자로 확대하면서 내부자거래의 책임을 부과하기 위한 두 가지 기준을 제시하였다. 첫째, 개인의 이

---

106) 박임출, 전게논문, 16쪽.

익이 아니라 회사의 목적을 위하여 이용되어야 할 정보에 직·간접적으로 접근할 수 있는 관계가 존재하고, 둘째, 거래의 일방당사자는 상대방이 그 정보를 알지 못하는 사실을 알면서 그 정보를 이용하는 데에서 비롯되는 내재적인 불공정성을 기준으로 이에 해당하는 자가 내부자가 된다. 즉 내부자는 회사와 특별한 관계를 가지고 타인이 이용할 수 없는 회사정보에 직·간접적으로 접근할 수 있는 자이다.[107)]

② SEC v. Texas Gulf Sulphur Co.

이 사건에서 법원은 위의 Cady, Roberts & Co. 사건의 내용을 인용하였지만, 이 판결에서 정보에의 접근가능성을 보여주는 관계요건과 본질적인 불공정성이 거래에서 나타나야 한다는 요건은 필요하지 않다고 하였다. 법원은 Rule 10b-5는 내부자 또는 엄격하게 내부자가 아니지만 내부정보를 소유하고 있는 사람들은 거래를 해서는 안 된다고 판결하였다. 이 사건에서의 접근방식의 특징은 불공정한 거래상의 이익을 준다고 널리 인식되는 거의 모든 정보상의 불균형을 이용하는 것에 대한 단순한 원칙을 지지하고 있다는 것이다. 따라서 Rule 10b-5는 정보수령자, 금융인쇄업자(financial printers) 및 발행회사의 임원들에게 적용되었다. 또한 부정행위의 본질은 다른 거래자들 이상의 정보상의 유리한 지위를 이용하는 것에 있기 때문에, 그들은 정보가 기업의 외부로부터 나온다면 책임이 있다고 보았다.[108)]

---

107) In re Cady, Roberts & Co. 40 SEC. 907(1961). 이 사건은 전형적인 내부자인 회사의 이사가 관련된 사건이다. Curtiss-Wright사의 이사회는 이익배당 삭감을 결의하였다. 이 결의에 참석하여 이익배당 삭감 결정이라는 내부정보를 알게 된 이사 Cowdin(다른 증권회사의 임원을 겸직하고 있었음)은 이사회 중 몰래 자신이 겸직 근무를 하고 있는 증권회사의 파트너인 Gintel에게 전화로 이 정보를 알렸다. 그 후 Gintel은 수령한 정보가 공시되기 이전에 주식을 매도하였다. 이익배당 삭감이라는 정보 공시 후 주가는 40달러에서 36달러로 하락하였다.

108) SEC v. Texas Gulf Sulphur Co., 401 F.2d. 833, 859(2d Cir. 1968). 이 사건은 전형적인 내부자인 Texas Gulf Sulphur(이하 "TGS")사의 임직원들과 이들로부터 정보를 수령한 정보수령자에게 책임을 물은 사건이다. TGS사는 광물채굴업을 목적으로 하는 회사로서 구리 등이 저장된 광맥을 발견하였다. 그러나 그 사실을 공시하지 않은 채 임직원들은 회사의 주식을 매수하고, 그 정보를 타인에게 전달하여 정보수령자로 하

이 사건에서 제 2 항소법원은 내부자와 공모한 사실이 없는 정보수령자도 SEC Rule 10b-5의 적용을 받는 내부자에 해당한다고 판시하였다. 즉 중요한 미공개정보를 소유한 자는 누구든지 그 정보를 이용하여 이익을 얻은 때에는 내부자에 해당한다고 보았다.

2) 신인의무이론

가. 의 의

내부정보를 공시할 의무의 근거를 거래상대방에 대한 신인의무(fiduciary duty)에서 찾는 견해이다. 연방대법원은 Chiarella 사건에서 이 이론을 적용하였으며, Dirks 사건 등에서 이를 재확인하였다. 신인의무이론(fiduciary duty theory)은 단순히 상대방이 소유하지 못한 정보를 소유하고 있다는 점에서가 아니라 정보를 소유하지 못한 상대방과 사이에 신인관계가 존재한다는 점에서 공시의무의 근거를 찾는다. 즉 정보의 소유자가 거래상대방과 신인관계에 있는 경우에만 공시의무를 부담한다는 입장을 견지함으로써 내부자거래의 책임범위를 제한하였다.[109]

신인의무이론에 의하면 첫째, 회사내부자라고 할 수 있는 이사·임원과 지배주주는 주주와 신인관계가 있으므로 전통적인 내부자에 속한다. 이러한 회사내부자는 내부정보에 접근이 용이한 수임자이므로 정보가 공시되지 않는 동안 이를 이용해서는 안 되는 신인의무를 부담한다. 둘째, 준내부자인 증권회사, 변호사, 회계사와 같은 외부자도 신인의무가 있다. 이들은 단순히 공개되지 아니한 내부정보를 알게 되었기 때문에 신인의무를 부담하

여금 동사의 주식을 매수하게 하였다. 그 후 광물을 채굴하기 시작한 후 상당한 기간이 경과한 후에 광맥발견 사실을 공시하였다. 광맥발견 후 공시시점 사이의 기간 동안 주가는 17달러에서 44달러로 상승하였고, 임직원 등은 이득을 보았다. 이 사건은 미공개중요정보를 이용한 내부자거래가 1934년 증권거래법 제10조 (b)항과 이에 근거한 SEC Rule 10b-5 위반이라는 사실을 인정한 대표적인 판결임과 동시에 정보소유이론을 확립한 사건으로 알려져 있다. 또한 SEC가 내부자거래를 통해 얻은 이익을 주주 및 회사에 반환할 것을 강제하여 주식거래에 관한 손해배상청구소송이 가능하게 한 최초의 주요 사건으로 알려져 있다.

109) 박임출, 전게논문, 18쪽.

는 것이 아니라 회사 업무와 관련하여 특수한 신뢰관계를 갖고 있으며, 회사의 목적을 위해서만 내부정보에 접근이 허용되기 때문에 신인의무를 부담한다.

따라서 신인의무이론에 의하면 미공개정보를 소유하고 있더라도 부정한 방법이 아닌 자기 자신의 노력으로 얻은 정보나 우연히 알게 된 정보를 기초로 증권거래를 하였다면 SEC Rule 10b-5 위반에 해당하지 않는다. 또한 거래당사자 사이에 신인관계를 전제하고 있기 때문에 주주와 신인관계가 없는 회사외부자는 설사 내부정보를 알고 거래하더라도 책임이 없게 된다.

나. 주요 판례

① Chiarella v. United States

대법원이 다룬 첫 번째 내부자거래 사건인 이 판결은 위의 두 사건의 접근이론인 정보소유이론을 배척하였다. 진행 중인 기업인수에 관한 정보에 기초하여 거래를 한 인쇄회사의 직원인 Chiarella에 대한 제 1 심[110]과 제 2 심[111]의 유죄판결을 파기하였다. 비록 법원이 Cady, Roberts & Co. 사건에서 설명된 의무를 인정하였지만, 그것은 이 사건과는 달리 기업의 내부자 이외의 외부자에게 이 의무를 확대하는 것을 배척하였다. 이 사건에서 법원의 다수의견은 내부자거래를 규제하기 위한 근거로서 신인의무를 소개하였다. 신인의무 아래서 Rule 10b-5는 내부자가 거래에 관한 당사자들 사이의 관계에 기초하여 공시의무를 가질 때 미공개정보에 기초한 거래를 금지한다는 것이다. 신인의무이론은 신인관계가 있는 경우에만 공시할 의무를 요구하는 보통법상의 사기의 요건에 내부자거래법을 따르게 한 결과의 산물이다.[112]

---

110) 연방지방법원: 미공개중요정보를 소유한 피고인은 주식거래를 하기 이전에 모든 사람에게 그 정보를 공시할 의무가 있다고 하여 정보평등이론을 적용하여 유죄판결을 선고하였다.

111) 연방고등법원: 미공개중요정보를 알게 된 자가 그 정보를 공시하지 않고 정보를 이용한다면, 그 자는 불공정한 이익을 얻게 되므로 그 정보를 공시하기 전에는 주식거래를 할 수 없다고 하여 정보평등이론을 적용하여 유죄판결을 선고하였다.

112) Chiarella v. United States, 445 U.S. 222(1980). Chiarella는 금융 관련서류를 인쇄하

이 판결은 대리인, 수임자 기타 회사와 신뢰관계를 맺은 사람들을 내부자에 포함시키고 있다. 그리고 변호사, 회계사, 증권회사 등과 같이 회사를 위하여 업무를 수행하는 자들도 내부정보에 적법하게 접근할 수 있는 경우에는 내부자로 취급한다.

② Dirks v. United States

이 사건에서 대법원은 Chiarella 사건에서의 이론을 반복하였다. 또한 정보수령자에게까지 책임을 확대하였다. 따라서 1934년 증권거래법 제10조 (b)항 및 Rule 10b-5상의 책임이 기업 외부에 있는 외부자에게까지 적용되게 되었다. 그러나 일시적 내부자인 외부자가 책임을 지기 위해서는 기업의 영업행위의 면에서 특별한 신뢰관계를 맺어야 하고, 오직 기업의 목적을 위하여서만 정보에 접근할 수 있어야 한다고 판시하였다. 이 책임은 기업의 외부자인 고문, 변호사 및 기타 관계자들에게 적용되며, 이들은 주주들에 대한 신뢰관계를 위반한 경우에만 책임을 지게 되는 것이다.[113)]

는 회사인 Pandick사에서 직원으로 근무하는 자였다. 그가 맡은 인쇄원고 중에는 5건의 공개매수 관련서류가 포함되어 있었다. 그가 이 서류를 받았을 때 공개매수 대상회사의 명칭은 공란 또는 가명으로 되어 있었다. 그러나 그는 여러 정보를 고려하여 대상회사의 이름을 알게 되었다. 그 후 그는 공개매수 사실이 공시되기 전에 대상회사의 주식을 매수하였고 공개매수 공시 후에 그 주식을 매각하여 14개월 사이에 약 3만 달러의 이익을 남겼다.

이 사건에서의 주요 쟁점은 1934년 증권거래법 제10조 (b)항과 SEC Rule 10b-5가 미공개중요정보에 대한 외부자의 단순한 소유에 대하여 「공시 또는 거래단념의 원칙」을 적용할 수 있는가였다. 그런데 공시의무를 인정하려면 거래 당사자 사이에 신인관계가 있어야 한다. 이에 의하면 Chiarella는 대상회사의 내부자이거나 또는 대상회사와의 사이에 신인관계를 갖고 있지 않으며, 또한 대상회사 주주들과의 사이에서도 신인관계를 갖지 않는다. 따라서 그는 대상회사와 그 회사 주주에 대하여 신인관계를 갖지 않는 외부자에 불과하기 때문에 「공시 또는 거래단념의 원칙」이 적용되지 않으므로 1934년 증권거래법 제10조 (b)항 및 Rule 10b-5를 위반한 것이 아니라고 판시하였다. 이 판결은 신인의무를 갖는 내부자에게만 공시의무를 인정함으로써 내부자거래의 규제법리를 확립하였다는 점에 의미가 있다.

113) Dirks v. United States, 463 U.S. 646(1983). 이 사건은 Chiarella사건이 확립한 신인의무이론을 분명히 한 데 의미가 있다. Dirks는 뉴욕소재 증권회사의 임원으로서 보험회사 주식에 대한 증권분석가였다. 그는 생명보험사인 Equity Funding of America

3) 부정유용이론

가. 의 의

위 Chiarella 사건과 Dirks 사건에 대한 연방대법원의 판결은 내부자거래를 규제하기 위한 전제로 발행회사나 그 주주에 대한 신인관계의 존재를 요구하고 있다. 그러나 이러한 신인관계의 요구는 회사의 내부자나 준내부자 이외의 자에 의한 거래를 규제하는 데 있어서 장애가 된다. 신인의무이론의 이러한 난점을 해결하기 위하여 대안으로 제시된 이론이 부정유용이론(misappropriation theory)이다.

부정유용이론은 주로 회사의 외부자에 의한 거래에 적용하기 위한 것

(이하 "EFA")의 전직 임원인 Secrist로부터 EFA의 사기행위를 밝혀 일반에 알려달라는 부탁을 받았다. 그는 개인적으로 EFA의 직원들로부터 사기행위를 확인하였고, 자신은 EFA의 주식을 취급하지는 않았지만 다른 고객 등과 이 정보에 관한 정보를 교환하게 되었다. 그 중 EFA의 주식을 거래하던 일부 투자자 등이 EFA의 주식을 매각하였다. 그 후 Dirks가 조사를 하고 사기혐의 사실이 널리 퍼진 2주간 사이에 EFA의 주가는 26달러에서 15달러로 하락하였고, 뉴욕증권거래소는 EFA의 주식을 거래정지하고, 보험감독당국은 EFA의 사기에 관한 증거를 찾아냈다. SEC는 EFA를 상대로 소송을 제기하고 Dirks에게는 행정제재를 가하였다. 그는 연방항소법원에 이의신청을 하였으나 연방항소법원은 Dirks의 주장을 기각하였고, 이에 Dirks는 연방대법원에 상고하였다.

연방대법원은 내부자의 증권분석가에 대한 정보제공과 그 증권분석가(정보수령자)의 고객에 대한 정보제공의 문제에 대하여 판단하였다. 이 사건에서의 쟁점은 회사의 내부자인 정보제공자가 자신의 이익을 위하여 회사의 내부정보를 제공하지 않은 경우, 그 내부정보를 입수한 정보수령자가 그 정보를 이용하여 주식거래를 하였다면 정보수령자는 Rule 10b-5를 위반하였는가 여부였다. ① 회사 내부의 정보제공자가 정보를 제공함으로써 주주에게 부담하는 신인의무를 위반하였고, ② 정보수령자도 정보제공자의 신인의무위반 사실을 알거나 알았어야 하는 경우에만 정보수령자의 정보공시가 내부자거래에 해당하는 것이고, ③ 회사 내부자로부터 미공개중요정보를 수령한 모든 자의 정보를 이용한 주식거래가 금지되는 것은 아니며, 내부자가 신인의무를 위반하였는가도 정보를 제공함으로써 금전적인 이익을 획득하였는가라는 객관적인 기준에 따라 결정되어야 한다. ④ 이 사건에서 정보제공자인 EFA의 전직 임원인 Secrist와 다른 직원들은 이익을 획득한 바 없기 때문에 주주에 대한 신인의무를 위반한 바 없고, 정보제공자의 의무로부터 파생되는 의무를 부담하는 정보수령자 Dirks는 신인의무를 위반하지 않았으므로 책임이 없다.

으로 SEC Rule 10b-5를 적용하는 근거를 거래상대방에 대한 사기에서 찾는 것이 아니라 미공개정보에 대한 권리를 갖는 자, 즉 정보원(the source of information)에 대한 사기에서 찾는 것이다. 다시 말하면 거래당사자 사이에 신인의무관계가 없더라도 정보원의 동의 없이 정보 자체를 부정하게 유용한 경우에는 내부자거래가 성립할 수 있다. 따라서 기망을 당하는 자가 증권시장과 관계가 전혀 없는 경우에도 내부자거래가 성립할 수 있다. 그러나 이 이론은 신인의무이론을 배제하는 것이 아니라 신인의무이론의 한계를 보완하기 위한 이론이다.114)

나. 주요 판례

① Chiarella v. United States

부정유용이론은 Chiarella 사건에서 소수의견으로 최초로 제시되었다. Burger 대법관은 다수의견에 대한 반대의견에서 Rule 10b-5는 "미공개정보를 유용한 사람은 정보에 대한 절대적인 공시의무 또는 거래를 단념해야 하는 절대적인 의무를 갖는다"고 제시하였다. Burger 대법관의 이와 같은 의견은 부정유용이론의 기초가 되었다. 그의 부정유용이론에 의하면 주식을 거래한 자가 다음의 요건을 구비하는 경우에 Rule 10b-5를 위반하게 된다. 첫째, 미공개중요정보를 부정하게 유용하는 경우, 둘째, 신뢰관계로부터 발생하는 신인의무를 위반하는 경우, 셋째, 증권거래를 하는 경우 정보를 이용하여 자신이 거래하는 주식을 발행한 회사의 주주들에 대하여 어떤 의무를 부담하는가에 관계없이 Rule 10b-5의 위반이 된다.115)

---

114) 박임출, 전게논문, 20쪽.

115) Chiarella v. United States, 445 U.S. 222(1980). Chiarella는 의뢰인이 인쇄회사를 신뢰하고 맡긴 서류에 부분적으로 포함되어 있던 미공개정보를 부정유용하여 공개매수 대상회사를 알아내고 이를 자신의 주식거래에 이용한 것은 인쇄회사와의 고용관계에서 인정되는 것이 아니기 때문에 회사와의 사이에 존재하는 의무를 위반한 것이라는 검사의 주장이 있었다. 그러나 연방대법원은 검사의 주장이 항소심에서 배심원들의 평결로 취급되지 않은 이상 판단대상이 아니라는 이유로 판단하지 않았다.

② United States v. Newman

부정유용이론이 처음으로 제기되었던 판결은 Chiarella 사건이지만, 이 이론을 최초로 수용하여 부정하게 얻은 공개매수에 관한 정보를 이용하여 주식을 거래한 자에 대하여 형사책임을 인정한 Newman 사건이다.116)

③ SEC v. Materia

이 사건에서 법원은 인쇄회사의 직원이 공개매수에 관한 정보를 부정하게 유용하여 주식거래를 하는 것은 Rule 10b-5 위반이라고 판시하였다. 법원은 피고가 비밀유지의무를 위반하여 인쇄회사의 명성을 훼손하였고, 이는 고용주인 인쇄회사에 대한 신인의무를 위반한 것이라고 하였다.117)

④ United States v. Carpenter

이 사건에서 연방항소법원은 부정유용이론을 채택하여 피고인들에게 형사책임을 인정하였다. 그러나 연방대법원은 부정유용이론을 채택할 것인가에 대한 의견이 4:4로 나뉘어져 부정유용이론에 대한 유보적인 태도를 취하였다. 이 사건은 부정유용이론이 아직 확립되지 않아 내부자거래가 아닌 우편전신사기법(Mail and Wire Fraud Statue) 위반으로 형사책임을 인정하였다.118)

---

116) United States v. Newman, 664 F.2d 12(2d Cir. 1981), cert. denied, 471 U.S. 863 (1983). Morgan Stanley에서 직원으로 근무하고 있던 Courtois는 Deseret Pharmaceutial사에 대한 공개매수를 계획하고 있는 Warner-Lambert사를 위하여 업무를 수행하던 중 알게 된 공개매수정보를 Antoniu에게 전달하였고, Antoniu는 증권회사인 Newman사를 통해 자신과 Courtois의 계산으로 대상회사인 Deseret Pharmaceutial사의 주식을 매수하였고 Newman사도 주식을 매수하여 이익을 얻었다.

117) SEC v. Materia, 745 F. 2d 197(2d Cir. 1984). 이는 인쇄회사의 직원인 Martia가 공개매수에 관한 서류를 교정하면서 추정한 대상회사의 정보를 이용하여 주식을 매수한 사건이다.

118) Carpenter v. United States, 484 U.S. 19(1987). 이는 경제전문지인 월스트리트저널의 주식전문 칼럼리스트인 Winnans가 칼럼 집필과 관련하여 회사 경영진과 면담하면서 알게 된 정보를 게재한 칼럼이 출간되기 이전에 뉴스 담당자인 Carpenter에게 전달하였고, Carpenter는 이 정보를 증권브로커인 Felis에게 전달하여 주식을 매매한 사건이다. 연방지방법원은 Rule 10b-5 위반으로 형사책임을 인정하였고, 피고인들은

⑤ **United States v. O'Hagan**

연방대법원은 그동안 논의되었던 부정유용이론을 1997년 O'Hagan 사건에서 공식적으로 채택하였다. 정보의 부정유용은 자신을 신뢰하여 미공개중요정보를 제공한 정보제공자를 기망한 것으로서 정보제공자에 대한 신인의무위반이며, 신인의무위반은 미공개중요정보를 이용하여 주식을 거래하는 경우에 발생한다는 것이다.[119]

다. 부정유용이론의 문제점과 보완

부정유용이론은 정보수령자가 미공개중요정보를 증권거래에 이용한 경우뿐만 아니라 증권거래가 있는 경우에 미공개중요정보를 단순히 소유하고 있음을 알고 있는 때에도 Rule 10b-5 위반의 책임을 묻는다는 문제가 있고, 업무와 관련하여 신인의무가 존재한다고 보기 어려운 가족이나 친지간에 발생한 정보제공이나 정보수령에 대하여도 신인의무위반으로 판단해야 하

항소하였으나 연방항소법원은 부정유용이론을 채택(Rule 10b-5는 내부자 이외의 외부자가 미공개정보를 유용하는 경우에도 적용된다)하여 월스트리트저널 소유의 미공개중요정보를 유용하였기 때문에 Rule 10b-5 위반이라고 판시하였다. 그러나 대법원은 Rule 10b-5 위반이 아닌 우편전신사기법(Mail and Wire Fraud Statue) 위반으로 형사책임을 인정하였다.

119) United States v. O'Hagan, 521 U.S. 642(1997). Grand Metropolitan PLC("Grand Met")는 Pillsbury Company의 보통주를 위한 공개매수에서 자신을 대리하기 위하여 Dorsey & Whitney라는 로펌을 공개매수대리인으로 선임하였다. 이 공개매수 업무에 참여하지 않았던 위 로펌의 파트너인 피고 O'Hagan은 공개매수 사실이 공고되기 이전에 공개매수 대상회사인 Pillsbury 주식에 관한 콜 옵션과 주식을 매수하였다. 그 후 곧바로 Grand Met는 자신의 공개매수를 발표하였고 Pillsbury사의 주식 가격은 폭등하였다. O'Hagan은 430만 달러 이상의 이익을 내면서 자신의 콜 옵션과 주식을 매도하였다.

그 후 O'Hagan은 증권사기, 우편사기, 돈세탁 등의 혐의로 기소되어 연방지방법원에서 41개월의 징역형을 선고받았다. O'Hagan은 이에 대하여 연방제 8 항소법원에 항소하였고, 항소법원은 Rule 10b-5 위반을 부정하였으나, 대법원은 부정유용이론을 내부자거래에 대한 효과적인 규제법리로 수용하고 내부자거래에 관한 연방제 8 항소법원의 판결을 파기하였다.

O'Hagan은 공개매수에 관한 중요한 미공개정보를 부정하게 유용함으로써 자신이 소속한 로펌과 로펌의 의뢰인인 Grand Met에 대한 신인의무를 위반했던 것이다.

는 문제도 있다. 또한 발행회사가 내부정보를 공시하기 전에 기관투자자 등에게 관행적으로 제공한 선택적 공시의 경우에도 정보제공자와 정보수령자간의 신인의무를 인정해야 하는 문제가 있다. SEC는 이러한 문제점을 보완하기 위하여 Rule 10b5-1과 Rule 10b5-2 및 Regulation FD를 제정하게 되었다.

3. 현행 자본시장법상의 규제근거

자본시장법은 내부자거래를 금지하고 있고 이를 위반한 경우에는 형사책임과 민사책임을 묻는 규정을 두고 있다. 따라서 내부자거래의 규제필요성에 대한 논의는 실익도 없을 뿐만 아니라 내부자거래를 허용하자는 주장이 제기되지도 않았다. 다만 내부자거래의 규제근거로서 투자자의 신뢰를 보호하기 위한 자본시장의 공정성은 형사제재의 측면에서 내부자거래규제의 보호법익 또는 가벌성의 근거가 된다.[120]

그리고 우리나라는 미국과 달리 자본시장법에 내부자거래를 금지하는 규정을 두고 있기 때문에 내부자거래를 규제하는 이론적 근거에 대한 논의의 현실적인 필요성이 크지 않다고 볼 수 있다. 다만, 내부자거래는 자본시장의 공정성을 저해하는 불공정거래이기 때문에 규제되어야 한다는 것이 일반적인 견해이며, 내부자거래를 투자자의 정보평등접근권을 침해하는 위법행위로 보는 견해도 있고 법경제학적인 측면에서 배분적 정의와 시장질서를 유지하기 위하여 내부자거래를 규제하여야 한다는 견해 등도 있다.[121] 그러나 내부자거래규제의 취지는 증권거래에 있어서 정보의 평등성, 즉 대등한 처지에서 자유로운 경쟁원리에 의하여 공정한 거래를 하게 함으로써, 자본시장의 거래에 참여하는 자로 하여금 가능한 동등한 입장과 동일한 가능성 위에서 증권거래를 할 수 있도록 투자자를 보호하고 증권시장의 공정

120) 박임출, 전게논문, 25쪽.

121) 박임출, 상게논문, 25쪽.

성을 확립하여 투자자에게 신뢰감을 갖게 하려는 데 있는 것이다.[122] 따라서 내부자거래는 증권거래의 공정성과 건전성을 해치고 투자자를 시장에서 축출함으로써 자본시장의 존속을 위협할 수 있으므로 규제할 필요가 있는 것이다.[123]

그런데 내부자거래규제의 이론적 근거가 되는 자본시장의 공정성을 확보하는 방안으로는 두 가지를 생각해 볼 수 있다. 하나는 정보원에 의해서 정보의 비대칭이 발생하지 않도록 수시공시를 의무화하는 것이다. 그러나 수시공시를 강화하더라도 자본시장에 존재하는 정보의 비대칭을 완전히 제거할 수 없다. 따라서 아울러 요구되는 것이 내부자거래의 규제이다. 즉 자본시장에서 다소의 정보의 격차는 피할 수 없다고 하더라도 이를 이용한 거래를 방지할 수 있다면 자본시장에 대한 투자자의 신뢰는 유지될 수 있을 것이다.[124]

Ⅲ. 행위주체로서의 내부자

1. 개　　요

(1) 내부자의 범위와 열거주의

일반적으로 내부자거래의 행위주체가 되는 내부자는 회사의 내부정보에 접근할 수 있는 지위에 있는 자를 의미한다. 원래 내부자라는 용어는 미국 판례법상의 회사내부자(corporate insider)의 개념에서 나온 것으로서 처음에는 당해 법인의 임원, 직원과 지배주주를 의미하였다. 그러나 회사의 비밀

---

122) 헌법재판소 1997. 3. 27. 선고 94헌바24 결정.

123) 김용진, “내부자거래에 있어서 중요한 정보”, 월간상장, 한국상장회사협의회(1993년 2월호), 9쪽.

124) 김건식·정순섭, 전게서, 279-280쪽.

정보를 불공정하게 이용할 수 있는 자가 회사내부자에 해당하지 않는 경우가 발생하여, 통상 회사와의 계약관계 및 기타 업무관계로 인하여 회사내부의 비밀정보에 합법적으로 접근이 가능한 모든 회사외부자를 의미하는 준내부자(quasi insider)와, 회사내부자 또는 준내부자로부터 내부정보를 전달받은 자를 의미하는 정보수령자(tippee)라는 개념이 등장하였다. 따라서 오늘날에는 내부자라는 용어는 회사내부자 이외에 준내부자와 정보수령자를 포함하는 의미로 사용되고 있다. 한편 공개매수정보와 같은 시장정보를 이용하는 경우에는 매매대상증권의 발행회사가 아닌 공개매수자 측에 소속한 시장내부자까지도 내부자에 포함하는 경향이 있다.[125)]

그런데 이러한 내부자를 어느 범위까지 규제할 것인가의 여부는 입법정책적인 문제이다. 전술한 바와 같이 미국[126)]은 포괄적 사기금지조항에 의하여 내부자거래를 규제하고 있기 때문에 내부자의 범위를 법원의 사법적 판단에 맡기고 있으며, 우리나라 자본시장법은 EU 회원국, 일본 등과 같이 내부자의 범위를 열거하는 입법형식을 취하고 있다. 이에 따라 일정한 지위를 가진 자만이 규제대상이 되는 신분범 형식으로 규정하고 있으며, 그와 같은 신분이 없는 자는 내부자거래의 단독정범이 될 수 없다.[127)] 자본시장법 제174조 제1항은 내부자를 구체적으로 열거하는 방식을 취하고 있다. 이는 소송문화가 발달하지 않은 우리나라의 현실을 고려하여 내부자에 해당되는 자로 하여금 내부자거래 금지조항 위반 여부를 사전에 명확하게 판단할 수 있도록 함으로써 예방적 효과를 제고하고, 적발을 위한 감시활동도 용이하게 하기 위한 것이다.[128)]

---

125) 곽민섭, "증권거래법상의 내부자거래에 대한 민사책임", 증권법연구 제1권 제1호, 한국증권법학회(2000), 148쪽.

126) 미국의 SEC Rule 10b-5는 "누구든지"(anyone)라고 규정하여 포괄주의 입법형식을 취하고 있으며, 1934년 증권거래법 제21A조는 "누구든지 중요한 미공개정보를 소유하고 증권을 거래함으로써 이 규정을 위반한 자"라는 표현을 사용하고 있다. 따라서 구체적인 내부자의 범위는 판례의 축적을 통해 그 내용과 의미를 발전시켜왔다.

127) 박임출, 전게논문, 115쪽.

128) 전홍렬, 전게서, 387쪽.

(2) 자본시장법상 내부자

내부자는 다음의 어느 하나에 해당하는 자(제 1 호부터 제 5 호까지의 어느 하나의 자에 해당하지 아니하게 된 날부터 1년이 경과하지 아니한 자를 포함)이다(법 제174조 제 1 항).

1. 그 법인(그 계열회사를 포함) 및 그 법인의 임직원·대리인으로서 그 직무와 관련하여 미공개중요정보를 알게 된 자
2. 그 법인의 주요주주로서 그 권리를 행사하는 과정에서 미공개중요정보를 알게 된 자
3. 그 법인에 대하여 법령에 따른 허가·인가·지도·감독, 그 밖의 권한을 가지는 자로서 그 권한을 행사하는 과정에서 미공개중요정보를 알게 된 자
4. 그 법인과 계약을 체결하고 있거나 체결을 교섭하고 있는 자로서 그 계약을 체결·교섭 또는 이행하는 과정에서 미공개중요정보를 알게 된 자
5. 제 2 호부터 제 4 호까지의 어느 하나에 해당하는 자의 대리인(이에 해당하는 자가 법인인 경우에는 그 임직원 및 대리인을 포함)·사용인, 그 밖의 종업원(제 2 호부터 제 4 호까지의 어느 하나에 해당하는 자가 법인인 경우에는 그 임직원 및 대리인)으로서 그 직무와 관련하여 미공개중요정보를 알게 된 자
6. 제 1 호부터 제 5 호까지의 어느 하나에 해당하는 자(제 1 호부터 제 5 호까지의 어느 하나의 자에 해당하지 아니하게 된 날부터 1년이 경과하지 아니한 자를 포함)로부터 미공개중요정보를 받은 자

자본시장법은 내부자의 범위를 회사내부자, 준내부자와 정보수령자로 구분하여 구체적으로 열거하고 있다. 위에서 열거된 자들은 상장법인 등이 발행한 증권의 투자판단에 영향을 미칠 수 있는 특별한 정보에 스스로 관여하거나 접근할 수 있는 지위로 인하여 그러한 정보를 취득함에 있어서

일반투자자보다 유리한 입장에 있기 때문이다. 따라서 그들이 미공개정보를 증권거래에 이용함으로써 초래될 수 있는 자본시장의 건전성 침해를 방지하고자 내부자로 규율하고 있는 것이다. 또한 내부자는 상장법인과 직접적인 관계를 맺고 있는 자들로 열거되어 있다. 이와 같이 최초의 정보접근자 내지 정보생산자라고 할 수 있는 내부자가 개별 상장법인 등을 위주로 규율된 것은 후술하는 바와 같이 미공개중요정보가 개별 상장법인 등의 업무수행 또는 경영에 관한 사항을 중심으로 구성된 것과 궤를 같이 하는 것이다.[129)]

또한 내부자거래의 행위주체로서 내부자의 개념은 중요한 의미를 갖는다. 즉 내부자의 미공개정보 이용행위를 규제할 뿐이고, 내부자가 아닌 자의 미공개정보 이용행위를 규제하는 것이 아니기 때문이다. 따라서 내부자와 내부자가 아닌 자의 구별은 내부자거래에 대한 민사상·형사상 책임을 부담해야 할 자의 인적범위를 제한하는 의미가 있다.

2. 제1차 내부자

(1) 회사내부자

1) 당해 법인

당해 법인은 증권의 발행인을 말하며, 1999년 증권거래법 개정시 내부자에 포함되었다. 따라서 법인이 자기주식을 취득하거나 처분하는 과정에서 미공개중요정보를 이용하는 경우에 규제대상이 된다.

당해 법인을 내부자의 범위에 포함한 이유는 자본시장법이 상법상 자기주식취득에 대한 규제를 완화하고 있기 때문이다. 즉 당해 법인은 이익배당을 할 수 있는 한도 이내에서 이사회결의로 자기주식을 취득할 수 있어 (법 제165조의2 제1항 및 제2항, 영 제176조의2 제1항) 법인을 통한 내부자거래의

129) 김병태, "관계회사와 관련된 내부자거래규정 적용상의 문제점", 증권법연구 제3권 제2호, 한국증권법학회(2003), 226-227쪽.

가능성이 크기 때문이다.[130]

당해 법인의 임직원 또는 대리인이 미공개중요정보를 이용하여 법인의 업무에 관하여 자사의 주식을 매각하는 경우에도 그 법인의 임직원 또는 대리인은 형사처벌된다. 즉 임직원 또는 대리인이 자신을 위한 매매가 아닌 법인을 위한 매매를 하더라도 형사처벌된다. 당해 법인이 내부자거래의 주체에 포함되었다고 해서 실제로 내부자거래를 행한 임직원 또는 대리인이 면책되는 것은 아니라는 점을 주의할 필요가 있다.

관련판례: 대법원 2002. 4. 12. 선고 2000도3350 판결

구법 제188조의2 제 1 항 제 1 호(자본시장법 제 1 항 제 1 호)에서 말하는 임직원의 미공개정보 이용행위는 그것이 자신의 이익을 추구할 목적으로 자기의 계산으로 하는 것이든 또는 당해 법인에게 이익이 귀속된 자사주식의 처분처럼 타인의 이익을 위하여 타인의 계산으로 하는 것이든 아무런 제한을 두고 있지 아니하였던 데다가 구법 제215조(자본시장법 제448조)가 법인의 대표자, 대리인, 사용인 기타 종업원이 그 법인의 업무에 관하여 제207조의2(자본시장법 제443조)의 위반행위를 한 때에 행위자를 벌하도록 규정한 것을 보면 당해 법인의 임직원 또는 대리인이 미공개정보를 이용하여 법인의 업무에 관하여 자사의 주식을 매각하는 경우에도 그 법인의 임직원 또는 대리인은 당연히 형사처벌되는 것이라 할 것이므로, 개정된 법률(1999년 개정 증권거래법을 말한다)에서 미공개정보 이용행위금지의 주체로 법인을 추가하고 당해 법인의 금지위반행위를 처벌의 대상으로 삼게 되었다고 하여 구법(1999년 개정 전의 증권거래법을 말한다)의 규정을 달리 볼 수는 없다 할 것이다.

2) 계열회사

"계열회사"라 함은 2 이상의 회사가 동일한 기업집단에 속하는 경우에

130) 그러나 자본시장법 제448조의 양벌규정에 의하여 법인에 대한 처벌이 가능한 상황에서 법인을 내부자거래의 행위주체로 추가할 필요가 있는지에 대하여 의문을 제기하는 견해가 있으며(김건식·정순섭, 전게서, 281쪽), 또한 법인의 사무를 처리하는 회사의 임직원을 내부자로 하고 있는 현행 법제에서 범죄능력이 없는 법인을 내부자거래의 행위주체로 하는 것에 대하여 의문을 제기하는 견해도 있다(박임출, 전게논문, 117쪽).

이들 회사는 서로 상대방의 계열회사라 한다(독점규제 및 공정거래에 관한 법률 제2조 제3호). 이 경우 "기업집단"이란 동일인(동일인이 회사인 경우 그 동일인과 그 동일인이 지배하는 하나 이상의 회사의 집단, 그리고 동일인이 회사가 아닌 경우 그 동일인이 지배하는 2 이상의 회사의 집단)이 시행령 제3조에서 정하는 기준에 의하여 사실상 그 사업내용을 지배하는 회사의 집단을 말한다(독점규제 및 공정거래에 관한 법률 제2조 제2호).

내부자거래의 주체에 계열회사를 포함시킨 것은 내부자거래규제를 회피하기 위하여 당해 법인이 계열회사로 하여금 내부자거래를 유도하는 자본시장의 현실적인 문제점을 해결하기 위한 것이다. 계열회사는 당해 법인의 내부자와 공모하거나 당해 법인으로부터 정보를 수령하지 않고서도 당해 법인 등의 미공개정보에 우선적으로 접근할 수 있고, 계열회사 자체가 미공개정보의 원천이 될 수 있기 때문에, 당해 법인의 증권거래에 있어서 미공개정보 취득의 면에서 일반투자자보다 훨씬 유리한 위치에 있다. 따라서 계열회사를 내부자의 범위에서 포함한 것은 정보의 불평등으로 인한 불공정한 증권거래의 방지를 취지로 하는 내부자거래규제의 취지에 부합한다고 할 것이다.

또한 당해 법인의 내부자로부터 미공개중요정보를 수령한 자(1차 정보수령자)로부터 다시 당해 정보를 전달받은 자(2차 정보수령자)가 증권의 매매와 관련하여 수령한 정보를 이용하거나 다른 사람으로 하여금 이용하게 하는 행위는 자본시장법상 내부자거래규제 대상이 아니고, 2차 정보수령자는 1차 정보수령자와 형법 제33조의 공범관계도 성립하지 않는다.[131] 따라서 2차 수령자 이후의 자들은 내부자거래규제의 대상에 포함할 수 없는 법의 사각지대가 생긴다. 특히 당해 법인의 계열회사나 그 임직원·대리인은 이에 해당할 가능성이 매우 높은 자들이기 때문에 자본시장법이 기존의 법인에 계열회사를 포함시킨 것을 매우 의미있는 변화라고 할 것이다.

131) 대법원 2001. 1. 25. 선고 2000도90 판결.

관련판례: 대법원 1995. 6. 30. 선고 94도2792 판결

피고인이 경영하던 주식회사는 자본금이 101억여 원인바, 사이판의 자회사에서 화재가 발생하여 약 20억원의 손실을 입은 것을 비롯하여 1991. 12. 결산결과 약 35억원의 적자가 발생한 것이 드러났고, 그와 같은 내용이 아직 공개되지 아니하고 있었다면, 그와 같은 정보는 위 법 제188조의 2에서 말하는 중요한 정보로서 그 공개 전의 내부자거래는 위 법의 규제하는 대상에 해당한다고 할 것이고, 소론이 들고 있는 바와 같은 사정들은 위 죄의 성립에는 아무런 지장이 되지 아니하는 것이라 할 것이다.

위 판결은 자회사가 화재로 손실을 입고 연도말 적자가 발생한 사실을 모회사의 중요한 정보로 인정한 사례이다.

3) 법인(계열회사)의 임직원·대리인

임원은 이사 및 감사를 말한다(법 제 9 조 제 2 항). 임원은 주주총회에서 선임된 이사 및 감사와 이에 준하는 자를 말하며, 상근 여부, 등기 여부, 사내·사외이사 여부를 불문하고, 임시이사, 임시감사, 임시직무대행자도 임원에 해당한다.

직원은 당해 법인의 사용인을 의미하며, 지위나 직무에 의하여 미공개 중요정보에 접근할 수 있는 자도 포함된다고 할 것이다. 따라서 고용관계의 유무, 형식상의 직급이나 호칭을 불문하고 당해 법인의 지휘·명령하에 현실적으로 당해 법인의 업무에 종사하는 한, 임시고용인, 파견사원, 아르바이트 사원 등도 이에 포함된다. 그러나 당해 법인에서 다른 회사에 파견되어 다른 회사에 근무하던 직원은 해당되지 않는다고 보아야 한다.[132)]

대리인은 당해 법인으로부터 대리권을 수여받은 자로서 지배인, 변호사 등이 이해 해당한다.

관련판례: 서울중앙지방법원 2008. 5. 23. 선고 2007고합243 판결

피고인 L은 주식회사 S의 재무담당 이사로서 회사의 재무제표 작성 등 회계

132) 한국증권법학회, 전게 주석서, 859쪽.

업무를 담당하던 사람인바, 상장법인의 임직원 등 내부자는 회사의 업무에 관하여 직무상 알게 된 정보를 일반인에게 공개되기 전에 이를 이용하여 주식거래를 하거나 제 3 자에게 제공하여 동인으로 하여금 주식거래에 이용하게 해서는 아니 됨에도, 2004. 1.경 S의 2004 회계연도 1/4분기 사업보고서를 작성하면서 수십억원의 흑자가 예상되는 등 실적이 호전되어 분기사업보고서가 공시되면 회사 가치가 상승하고 이에 따라 주가가 올라갈 것이라는 사실을 직무상 알게 됨을 기화로, 2005. 1.경 K사로부터 S의 주식 12만 주를 매수하여 분기보고서가 공시된 2005. 2.경 이후에 전량 매도하는 방법으로 4억 1,600만원 상당의 부당이득을 취득하였다.

관련판례: 대법원 2005. 4. 29. 선고 2005도1835 판결
상장법인의 직원이던 피고인이 일반에 공개되지 아니한 내부정보를 이용하여 자사의 주식을 매집하였다가 그 정보가 공개된 후 집중매도함으로써 총 5억 7,046만여 원의 부당이득을 취하는 범행을 한 사실을 인정하였다.

4) 당해 법인(계열회사)의 주요주주

가. 의 의

주요주주는 누구의 명의로 하든지 자기의 계산으로 법인의 의결권 있는 발행주식총수의 10% 이상의 주식(그 주식과 관련된 증권예탁증권을 포함)을 소유하거나 임원의 임면 등의 방법으로 법인의 중요한 경영사항에 대하여 사실상의 영향력을 행사하는 주주로서 대통령령으로 정하는 자를 말한다(법 제 9 조 제 1 항 제 2 호). 따라서 주요주주는 당해 법인의 10% 이상의 주식을 소유한 자와 사실상의 지배주주를 말한다.

여기서 "사실상의 영향력을 행사하는 주주로서 대통령령으로 정하는 자(사실상의 지배주주)"란 주요주주가 아니더라도 단독으로 또는 다른 주주와의 합의·계약 등에 따라 대표이사 또는 이사의 과반수를 선임한 주주이거나 경영전략·조직변경 등 주요 의사결정이나 업무집행에 지배적인 영향력을 행사한다고 인정되는 자로서 금융위원회가 정하여 고시하는 주주[133]를

133) 금융투자업규정 제1-6조(주요주주의 범위) 영 제9조 제 2 호에서 "금융위원회가 정하여 고시하는 주주"란 임원(상법 제401조의2 제 1 항 각 호의 자를 포함)인 주주

말한다(영 제 9 조).

사실상의 지배주주를 주요주주에 포함시킨 것은 우리나라 재벌기업의 기업지배구조의 특성상 10% 이하의 적은 지분율을 소유하더라도 여러 계열회사를 사실상 지배하고 있는 현실을 고려한 것이다. 다만, 사실상 지배주주도 주주인 이상 당해 법인의 주식을 1주 이상 보유하고 있어야 하며 임원의 임면 등의 방법으로 중요한 경영사항에 대하여 사실상의 영향력을 행사하고 있어야 한다. 영향력의 내용과 범위와 관련해서는 모든 업무에 대하여 결제하거나 지시할 필요는 없고 중대한 사항에 대해서만 보고를 받고 지시를 하는 것만으로도 충분하다.[134)]

법원은 수인이 집합적으로 의결권을 행사하면서 임원의 임명 등 당해 법인에 주요 영향력을 행사하는 경우라도 이들이 주요주주에 해당하는지 여부를 판단할 때는 개별 주주 1인을 기준으로 판단하여야 한다고 하였다.[135)]

관련판례: 서울고등법원 2008. 6. 24. 선고 2007노653 판결

2. 피고인 1, 3의 범죄주체성 여부에 대한 판단

가. 주요주주의 판단기준

증권거래법(2008. 3. 21. 법률 제8985호로 개정되기 전의 것, 이하 같다) 제188조의2 제 1 항은 "주권상장법인 또는 협회등록법인 및 그의 임원·직원·대리인, 당해 법인의 주요주주, 위 임직원 등과 주요주주의 대리인·사용인 기타 종업원에 해당하는 자로서 당해 법인의 업무 등과 관련하여 일반인에게 공개되지 아니한 중요한 정보를 직무와 관련하여 알게 된 자와 이들로부터 당해 정보를 받은 자는 당해 법인이 발행한 유가증권의 매매 기타 거래와 관련하여 그 정보를 이용하거나 다른 사람으로 하여금 이를 이용하게 하지 못한다"는 내용을 규정하고 있고, 같은 법 제188조 제 1 항 및 같은 법 시행령 제83조의5 제 1 항의 규정은 "주권상장법인 등의 '주요주주'라 함은 누구의 명의로 하든지 자기의 계산으로 의결권 있는 발행주식총수 또는 출자총액의 100분의 10

로서 의결권 있는 발행주식총수의 1% 이상을 소유하는 자를 말한다.

134) 박임출, 전게논문, 119쪽.

135) 서울고등법원 2008. 6. 24. 선고 2007노653 판결.

이상의 주식 또는 출자증권을 소유한 자와 임원의 임면 등 당해 법인의 주요 경영사항에 대하여 사실상 영향력을 행사하고 있는 주주를 말한다"는 내용을 규정하고 있는데, 주주가 '주요주주'에 해당하는지 여부는 개별 주주 1인을 기준으로 판단하여야 할 것이다.

나. 피고인 3이 주요주주인지 여부

원심이 적법하게 채택하여 조사한 증거들 및 피고인 1, 3의 각 당심 진술, 당심 증인 공소외 5의 증언에 의하면, 피고인 3은 L카드의 주식 1.51%를 소유한 주주에 불과하므로 위 피고인은 발행주식 총수의 100분의 10 이상을 소유하고 있는 자에 해당하지 아니하고, 그 밖에 위 피고인이 L카드의 경영이나 임원의 임면 등에 대하여 사실상 영향력을 행사하고 있었다고 인정할 만한 증거도 없으므로, 위 피고인은 증권거래법 제188조 제1항 및 같은 법 시행령 제83조의5 제1항에 규정된 '주요주주'에 해당한다고 볼 수 없다. 비록 피고인 3을 비롯하여 L카드의 대주주인 K씨·H씨 일가 60명이 집합적으로 의결권을 행사하면서 임원의 임면 등 당해 법인의 주요 경영 사항에 대하여 영향력을 행사하고 있다 하더라도, 주요주주에 해당하는지 여부는 개별 주주 1인을 기준으로 판단하여야 하므로 피고인 3이 주요주주에 해당할 수 없다.

그런데 주주는 자연인이든 법인이든 불문한다. 주요주주가 개인인 경우 그의 대리인, 사용인, 기타 종업원을 포함하고, 법인인 경우에는 그 임직원 및 대리인을 포함한다.

자본시장법이 주요주주를 내부자로 명시하고 있는 이유는 주요주주의 지위에서 미공개중요정보에 대한 우선적 접근권을 누릴 수 있기 때문이다.

나. 10% 지분산정의 의미

자본시장법은 주요주주를 정의하는 데 10% 이상의 수치를 사용하는 것은 미국과 일본의 입법례를 계수한 것으로 주식이 널리 분산된 상장법인에서 10% 정도의 주식소유는 회사에 대한 영향력을 행사하여 기업정보를 용이하게 취득할 수 있으리라는 데에서 그 타당성을 찾을 수 있다.[136] 또한 명문의 규정이 없으므로 주요주주의 10% 지분비율을 산정함에 있어 일정

136) 이철송, 전게서, 366쪽.

한 인적관계가 있는 특수관계인의 지분은 산입하지 않는다.[137)]

10%를 계산함에 있어 전환사채의 장래 전환권의 행사, 신주인수권부사채의 장래 신주인수권의 행사로 인한 권리를 합산해야 한다는 견해[138)]도 있으나, 자본시장법이 명문 규정으로 10% 이상의 주식(그 주식과 관련된 증권예탁증권을 포함)을 소유한 자로 정의하고 있어 주식형사채를 보유하고 있는 상태에서는 주주가 아니기 때문에 주요주주에 해당한다고 볼 수 없으므로 합산할 수 없다고 보아야 한다.[139)]

(2) 준내부자

1) 당해 법인에 대하여 법령에 따른 허가·인가·지도·감독, 그 밖의 권한을 가지는 자

일반적으로 상장법인 등에 대하여 법령에 의한 권한을 가지는 자는 그 권한행사에 의해 내부정보를 알 수 있는 지위에 있으므로 내부자거래의 행위주체가 된다. 여기서 법령이란 법률, 시행령, 시행규칙에 한정되지 않고 국가 또는 지방자치단체 기타 공공기관이 정하는 법규범을 말한다. 그리고 그 명칭 여하를 불문하고 조약이나 조례도 포함된다. 법령에 의한 권한이란 당해 권한의 존재가 법령에 명시될 필요가 없으며, 그 법령으로부터 당해 권한이 존재하고 있다고 해석될 수 있으면 족하다. 그 권한은 상장법인 등의 의무의 존재를 전제로 하지 않지만, 상장법인 등의 의사에 불구하고 권한을 행사할 수 있어야 한다.[140)] 예컨대, 당해 법인의 업무에 대한 인허가권을 갖는 행정부의 공무원, 은행·보험·금융투자업자 등에 대한 감독기관의 임직원, 당해 법인에 대하여 조사권이나 심리권을 갖는 기관의 임직원, 그리고 행정부, 사법부, 입법부에서 당해 법인과 관련된 사항의 심의·조

---

137) 김병태, 전게논문, 228쪽; 임재연, 전게서, 738쪽.

138) 신영무, 전게서, 453쪽.

139) 고창현, 전게논문, 67쪽; 김건식·정순섭, 전게서, 283쪽; 임재연, 전게서, 682쪽.

140) 박임출, 전게논문, 120쪽.

사·지도·수사 등의 권한을 가지는 자를 들 수 있다.[141]

법령에 의한 권한을 가지는 자란 법령상의 권한을 가지는 자뿐만 아니라 그 자의 부하직원 또는 보조자로서 권한행사에 관여하는 자를 포함한다. 법령에 정하는 권한을 가지는 자가 아니라 법령에 의하여 권한을 가지는 자로 규정하고 있기 때문이다. 따라서 권한을 가지는 자는 공무원에 한정되지 않는다. 이러한 권한을 가지는 자에 당해 권한을 적극적으로 행사하는 자뿐만 아니라, 수동적으로 법령에 의해 제출되는 신고서 등을 수령하는 자도 포함된다.[142]

2) 당해 법인과 계약을 체결하고 있거나 체결을 교섭하고 있는 자

당해 법인과 계약을 체결하고 있는 자가 계약의 체결 또는 이행과 관련하여 또는 계약의 체결을 교섭하고 있는 자가 교섭과정에서 미공개중요정보를 알게 된 경우에는 준내부자로 내부자거래의 규제를 받는다.

관련판례: 대법원 2010. 5. 13. 선고 2007도9769 판결

한편, 증권거래법 제188조의2 제1항은 상장법인 또는 코스닥상장법인 및 그 임직원, 대리인, 주요주주, 당해 법인에 대하여 법령에 의한 허가·인가·지도·감독 기타의 권한을 가지는 자, 당해 법인과 계약을 체결하고 있는 자로서 당해 법인의 업무 등과 관련하여 일반인에게 공개되지 아니한 중요한 정보를 알게 된 자와 이들로부터 당해 정보를 받은 자는 당해 법인이 발행한 유가증권의 거래와 관련하여 그 정보를 이용하거나 다른 사람으로 하여금 이를 이용하게 하지 못한다고 규정하고 있다. 여기서 '당해 법인과 계약을 체결하고 있는 자'를 내부거래의 규제 범위에 포함시킨 취지는 법인과 계약을 체결하고 있는 자는 그 법인의 미공개중요정보에 쉽게 접근할 수 있어 이를 이용하는 행위를 제한하지 아니할 경우 거래의 공정성 내지 증권시장의 건전성을 해할 위험성이 많으므로 이를 방지하고자 하는 데에 있다 할 것이다. 이와 같은 입법취지를 고려하여 보면, 법인과 계약을 체결함으로써 그 법인의 미공개중요정보에

141) 형남훈, "내부자거래의 규제방안", 상장협연구, 한국상장회사협의회(1999년 추계호), 7쪽.

142) 박임출, 전게논문, 120쪽.

용이하게 접근하여 이를 이용할 수 있는 지위에 있다고 인정되는 자는 비록 위 계약이 그 효력을 발생하기 위한 절차적 요건을 갖추지 아니하였다고 하더라도 '당해 법인과 계약을 체결하고 있는 자'에 해당한다고 봄이 상당하다.

계약을 체결하고 있는 자는 법률자문계약을 체결하고 있는 변호사, 회계감사계약을 체결하고 있는 공인회계사, 금융거래계약을 체결하고 있는 은행 기타 금융기관, 제휴계약을 체결하고 있는 자 등이 포함된다. 그러나 이러한 보조적 업무와 관련된 계약뿐만 아니라 원재료의 공급회사, 제품의 판매회사, 제조 또는 가공을 위한 하청회사 등과 같은 영업과 관련된 계약의 상대방도 포함된다.[143] 여기의 계약에는 계약의 내용이나 종류, 계약형태, 이행시기, 계약기간의 장단 등은 불문한다. 따라서 본 계약이 체결 전이라도 본 계약의 진행과 관련한 상호합의사항에 대한 비밀유지합의를 한 경우에는 중요한 정보에 접근할 수 있는 계약이므로 규제대상인 준내부자에 해당한다.[144]

관련판례: 서울지방법원 2003. 6. 25. 선고 2002노9772 판결

증권거래법 제188조의2 제 1 항 제 4 호는 "당해 법인과 계약을 체결하고 있는 자", 제 5 호는 "제 4 호에 해당하는 자가 법인인 경우에는 그 임원·직원 및 대리인"이라고 규정하고 있는바, 여기의 '계약'에는 계약의 내용이나 종류, 계약형태, 이행시기, 계약기간의 장단 등은 불문하고, 위 규정의 입법취지는 회사와의 일정한 관계에서 비롯되는 지위로 인하여 내부정보에 특별히 접근할 수 있기 때문에, 이들이 정보상의 이점을 이용하거나 남용하여 증권거래를 한다면 이와 같은 정보를 알지 못하는 일반투자자의 희생하에 부당한 이득을 얻게 되므로 이를 방지하기 위한 점에 있다고 할 것이다. 돌이켜 이 사건에 관하여 보건대, 위 인정사실에 의하면, 피고인 1은 공소외 4 주식회사의 전무이사로서 공소외 4 주식회사를 대표하여 2001. 2. 6.경 공소외 1 주식회사와 사이에 주식의 매수, 회사간 합병 등에 관한 정보제공 및 비밀유지, 본 거래의 진행과 관련한 상호합의 사항에 대한 비밀유지합의의 계약을 체결하였는바, 비록

143) 박임출, 상게논문, 120쪽.

144) 서울지방법원 2003. 6. 25. 선고 2002노9772 판결.

2001. 4. 25. 공소외 1 주식회사와 공소외 4 주식회사 사이에 주식맞교환의 계약이 체결되었다고 하더라도, 위 비밀유지합의의 계약도 위 규정에서 정하는 A&D추진이라는 중요한 정보에 접근할 수 있는 계약에 해당한다고 봄이 상당하므로, 피고인 1은 여기서 말하는 당해 법인과 계약을 체결하고 있는 자의 임원에 해당한다고 할 것이다.

여기서 중요한 정보의 지득은 계약체결 또는 이행 자체에 의하여 알게 된 경우 이외에 계약의 체결 또는 이행과 밀접하게 관련된 행위에 의해 알게 된 경우를 포함한다. 또한 계약체결을 위한 준비·조사·교섭 등의 과정에서 중요한 사실을 알게 된 경우도 포함한다. 왜냐하면 중요한 정보는 계약서가 작성되어야만 생성되는 것이 아니고, 계약체결의 교섭이 상당히 진행되거나 계약사항의 주요부분에 대한 합의가 이루어진 경우에 정보로서 생성된 것이라 할 수 있기 때문이다. 따라서 실제 계약 체결을 교섭하는 과정에서 미공개정보를 취득하는 경우가 많은 현실을 반영한 것이다.

당해 법인과 계약체결을 교섭하고 있는 자를 내부자로 추가한 것은 어떤 회사가 상장법인 등의 신주를 인수함으로써 장래 당해 상장법인 등의 지배회사 또는 지분보유회사가 되려고 하는 경우에 그 회사의 관련자들을 내부자거래의 규제대상에 포함시킬 수 있고, 상장법인 등의 업무나 재산에 관한 중요한 계약관계의 교섭과정에서 당해 상장법인 등의 거래상대방 측면에서 발생할 수 있는 내부자거래를 규제하는 기능을 할 수 있기 때문이다.[145]

관련판례: 대법원 2007. 7. 12. 선고 2007도3782 판결
외자유치에 관한 자문계약을 체결한 자가 외자유치 정보를 이용한 경우도 준내부자에 해당한다.

관련판례: 대법원 2007. 7. 26. 선고 2007도4716 판결
감자정보는 미공개중요정보로서 신주인수계약을 체결한 자가 이를 이용한 경우 준내부자에 해당한다.

145) 김병태, 전게논문, 265쪽.

관련판례: 서울고등법원 2009. 3. 19. 선고 2008노2314 판결
M&A 및 컨설팅 계약을 체결한 자가 제 3 자배정 유상증자정보를 이용한 경우 준내부자로서 내부자거래에 해당한다.

관련판례: 대법원 2003. 9. 2. 선고 2003도3455 판결
내부자거래에 있어 법인과 계약을 체결하고 있거나 체결을 교섭하고 있는 자로서 그 계약을 체결, 교섭 또는 이행하는 과정에서 미공개중요정보를 알게 된 자를 포함하고 있지만 대주주와 주식양수도 계약을 체결한 상대방 당사자는 해당 법인과 계약을 체결한 자에 해당하지 않는다.

여기서의 계약은 유효한 계약을 전제로 한다는 하급심 판례가 있다. 즉 적법한 이사회 결의 없이 체결한 신주인수계약은 무효이기 때문에 상대방은 준내부자의 지위를 취득할 수 없다고 판시하였다.[146] 그러나 준내부자를 규제하는 이유가 정보에 대한 접근가능성이기 때문에 당해 계약이 유효하지 않더라도 준내부자로 보는 것이 타당하다.[147]

관련판례: 서울중앙지방법원 2007. 7. 20. 선고 2007고합159 판결
죄형법정주의 이념에 따라 형벌법규는 엄격하게 해석하여야 하므로 위 '당해 법인과 계약을 체결하고 있는 자'는 '유효하게 성립한 계약을 체결하고 있는 자'를 의미하는 것으로 해석하여야 하고, 단지 계약의 교섭단계에 있는 것에 불과한 경우에는 가사 앞으로 계약이 체결될 것이라는 고도의 개연성이 있었다고 하더라도 이에 해당하지 않는 것으로 해석함이 타당하다.
한편, 신주의 발행에 관한 사항은 정관으로 주주총회에서 결정하기로 정한 경우가 아닌 한 이사회가 이를 결정하므로(상법 제416조), 적법한 이사회 결의가 없는 상태에서 대표이사가 상대방과 사이에 신주인수계약을 체결하는 것은 특별한 사정이 없는 한 무효라고 보아야 할 것이다. 그리고 주식회사 이사회의 결의는 이사 과반수의 출석과 출석이사의 과반수로 하여야 하는 것이 원칙이므로(상법 제391조) 이사들이 직접 회의에 출석하여야 하고 원칙적으로 서면결의는 인정되지 않는다(대법원 2000. 11. 10. 선고 99다64285 판결).
앞에서 인정한 기초사실을 이러한 법리에 비추어 살펴보면, M사의 2005. 7.

146) 서울중앙지방법원 2007. 7. 20. 선고 2007고합159 판결.
147) 김건식·정순섭, 전게서, 284쪽; 임재연, 전게서, 740쪽.

2. 이사회 결의는 서면결의로서 부적법하므로 피고인 P가 M사를 대표하여 2005. 7. 4. G제약과 사이에 체결한 신주인수계약은 적법한 이사회 결의 없이 이루어진 것으로서 이를 추인하는 이사회 결의가 있기 전까지는 효력이 없다고 할 것이다. 그렇다면, 피고인 P가 2005. 7. 4. G제약의 준내부자, 즉 'G제약과 계약을 체결하고 있는 자'의 지위를 취득하였다고 볼 수 없다.

(3) 내부자의 대리인·사용인·종업원

제 2 호부터 제 4 호까지의 어느 하나에 해당하는 자의 대리인(이에 해당하는 자가 법인인 경우에는 그 임직원 및 대리인을 포함)·사용인, 그 밖의 종업원(제 2 호부터 제 4 호까지의 어느 하나에 해당하는 자가 법인인 경우에는 그 임직원 및 대리인)으로서 그 직무와 관련하여 미공개중요정보를 알게 된 자도 내부자거래규제의 대상이다(법 제174조 제 1 항 제 5 호).

대리인은 본인으로부터 대리권을 수여받아 본인을 위하여 의사표시를 하고 그 효과를 직접 본인에게 발생시키는 자이다(민법 제114조). 여기서 본인은 상장법인 등을 의미하므로 대리인이란 당해 상장법인 등으로부터 대리권을 수여받아 당해 법인을 위한 것임을 표시하여 법률행위를 하고 그 효과를 당해 법인에 귀속시키는 자이다. 따라서 업무제휴계약의 대리인, 중요한 재산의 처분 또는 양도의 대리인, 지배인 등을 들 수 있다. 이와 같이 대리인을 내부자로 포함시키는 이유는 당해 법인의 관계자를 모두 내부자로 간주하여 이들의 내부자거래를 규제하기 위한 것이다.[148)]

사용인과 그 밖의 종업원은 당해 법인의 직무에 종사하는 자로서 당해 법인과의 계약형식과 종류를 불문하고, 계약관계가 존재하지 않더라도 사실상 종사하고 있으면서 법인의 감독하에 있으면 충분하며, 일시적이든 계속적이든 불문한다. 따라서 회사의 직원으로 채용된 적은 없어도 회사의 명시적 또는 묵시적 승인하에 회사 직원과 동일한 업무를 수행하면서 사실상 회사 직원으로 행세하여 온 사실이 있는 경우에는 종업원에 해당한다.

148) 박임출, 전게논문, 121쪽.

"대리인, 사용인 기타의 종업원"이라 함은 반드시 법인의 내부규정에 따라 정식 채용절차를 거친 직원 또는 임원에 한정되는 것은 아니다. 또한 이에는 정식의 고용계약을 체결한 자뿐만 아니라 사실상 자기의 보조자로 사용하고 있으면서 직접 또는 간접으로 자기의 통제 또는 감독하에 있는 자도 포함되는 것이다.

관련판례: 대법원 1993. 5. 14. 선고 93도344 판결

증권거래법 제215조 제 2 항(양벌규정) 소정의 법인의 종업원에는 법인과 정식의 고용계약이 체결되어 근무하는 자뿐만 아니라 그 법인의 대리인, 사용인 등이 자기의 보조자로서 사용하고 있으면서 직접 또는 간접으로 법인의 통제·감독하에 있는 자도 포함한다고 할 것이다.

기록에 의하면 피고인 회사의 A지점 대리 공소외 1은 위 지점의 업무가 폭주하자 위 지점에 상시 출입하는 고객이었던 공소외 2로 하여금 위 지점의 업무인 투자상담·주식매도·매수주문수령·전화받기, 그 밖의 심부름 등을 하게 하여 위 지점의 업무를 보조하게 하였으며, 공소외 2가 위 지점장 이하 직원들의 통제·감독하에 있음으로써 피고인 회사의 간접적 통제·감독하에 있었음이 인정된다.

따라서 원심이 공소외 2가 피고인 회사의 직원 또는 임원으로 채용된 적은 없다 하더라도 이 사건 범행기간 동안 피고인 회사의 명시적 또는 묵시적 승인하에 피고인 회사의 직원과 동일한 업무를 수행하면서 사실상 그 직원으로 행세하여 온 사실을 인정한 다음, 위 법조 소정의 "법인의 대리인, 사용인 기타의 종업원"이라 함은 반드시 법인의 내부규정에 따라 정식 채용절차를 거친 직원 또는 임원에 한정되는 것이라고 할 수 없다는 이유로 피고인을 유죄로 인정한 1심판결을 유지하였음은 위 법리에 비추어 정당하다고 할 것이고, 거기에 소론이 주장하는 바와 같은 증권거래법 제215조 제 2 항의 법리를 오해하거나, 죄형법정주의원칙을 위배한 위법이 없으므로 논지는 이유 없다.

(4) 내부자 지위의 연장

제 1 호부터 제 5 호까지의 어느 하나의 자에 해당하지 아니하게 된 날부터 1년이 경과하지 아니한 자를 포함한다(법 제174조 제 1 항).

회사의 내부자 또는 준내부자는 그 지위를 상실한 경우에도 향후 일정 기간 동안 내부자로서 거래의 규제를 받는다. 즉 회사내부자와 준내부자에 해당하지 아니하게 된 날로부터 1년이 경과하지 아니한 자도 여전히 내부자이다. 이는 회사내부자 및 준내부자가 그의 지위에서 내부정보를 지득하고 퇴직한 후 그 정보를 이용하여 증권을 거래하는 경우를 예정한 것이다. 따라서 회사내부자 및 준내부자가 그 지위를 상실한 지 1년이 경과하면 설령 회사내부자·준내부자의 지위에서 알게 된 내부정보를 이용하여 당해 증권을 거래하여도 내부자거래에 해당하지 않는다.[149)]

(5) 직무관련성

회사내부자와 준내부자는 미공개중요정보를 자신의 직무와 관련하여 알게 되었을 것을 필요로 하는 점에서 정보수령자와 다르다. 따라서 회사내부자와 준내부자가 직무와 관련없이 미공개중요정보를 알게 된 경우에는 회사내부자나 준내부자가 아닌 정보수령자로서 내부자거래의 규제대상이 된다. 직무관련성 요건을 규정하고 있는 취지는 회사내부자와 준내부자가 자신의 지위를 이용하여 미공개중요정보를 취득한 경우에 가벌성을 인정하려는 것이다.

자본시장법은 정보를 알게 된 과정을 회사내부자와 준내부자의 유형별로 직무관련성을 규정하고 있다.[150)] 즉 자본시장법 제174조 제1항은 ① 당해 법인 및 그 법인의 임직원·대리인은 직무와 관련하여 미공개중요정보를 알게 된 자, ② 당해 법인의 주요주주는 그 권리를 행사하는 과정에서 미공개중요정보를 알게 된 자, ③ 당해 법인에 대하여 법령에 따른 허가·인가·지도·감독, 그 밖의 권한을 가지는 자는 그 권한을 행사하는 과정에서 미

---

149) 박임출, 전게논문, 116쪽. 내부자의 퇴직으로 인한 반사이익이 사라질 때까지 내부자거래규제대상으로 하고 있는 것은 세계적인 경향이다.

150) 증권거래법은 직무관련성 요건을 내부자의 유형에 따라 구분하지 않고 "직무와 관련하여"라고 규정하여 모든 회사내부자와 준내부자에 대하여 획일적으로 규정하고 있었다(증권거래법 제188조의2 제1항).

공개중요정보를 알게 된 자, ④ 당해 법인과 계약을 체결하고 있거나 체결을 교섭하고 있는 자는 그 계약을 체결·교섭 또는 이행하는 과정에서 미공개중요정보를 알게 된 자, ⑤ 내부자의 대리인·사용인·종업원은 그 직무와 관련하여 미공개중요정보를 알게 된 자로 규정하고 있다.

직무관련성에서의 직무란 회사내부자와 준내부자가 취급할 수 있는 일체의 업무이고 현실적으로 담당하고 있지 않아도 상관없다. 즉 기획 및 입안과정에서 분석·검토·평가를 거쳐 최종적인 판단에 직·간접적으로 참여하거나 알 수 있는 역할상의 직무이다.[151] 따라서 회사내부자와 준내부자가 자신의 직무와 관련없이 우연한 기회에 또는 도청이나 해킹과 같은 위법한 방법으로 미공개중요정보를 알게 된 경우에는 당해 내부자가 직무와 관련하여 내부정보를 알게 된 다른 내부자와 공모하거나 그로부터 내부정보를 수령하지 않는 한 내부자거래가 성립하지 않는다.[152]

하급심 판례의 의하면, 다른 직원이 담당하던 업무와 관련되는 정보라 하더라도 같은 부서의 같은 사무실 내에서 우연히 정보를 얻은 경우는 직무관련성이 인정되며,[153] 연구기관의 연구원이 사내 전산망을 통하여 정보를 얻은 경우에도 직무관련성이 인정된다.[154]

관련판례: 서울중앙지방법원 2002. 1. 23. 선고 2001고단10894 판결

2000. 2. 21. 18:00경 서울 송파구 석촌동 S빌딩 6층에 있는 위 S교역 총무과 사무실에서, 위 회사의 주식담당직원인 공소외 Y가 기안하였다가 파기한 이사회 결의서(안)에 2000. 2. 22. 개최 예정인 위 회사 이사회에서 사업목적에 전자상거래 및 인터넷 사업을 추가한다는 내용이 기재되어 있는 것을 보고, 위와 같은 내용의 이사회 결의 사항이 증권거래소를 통하여 공시된 같은 달 22. 17:02보다 이전 시각인 같은 날 14:34:54경부터 15:00:43경까지 위 회사 총무

151) 박임출, 전게논문, 122쪽.

152) 김병태, 전게논문, 229쪽.

153) 서울중앙지방법원 2002. 1. 23. 선고 2001고단10894 판결.

154) 서울중앙지방법원 2008. 11. 27. 선고 2008고합236 판결.

과 사무실에서 S증권 홈트레이딩 시스템에 접속하여, 자신 명의로 S증권 광화문지점에 개설한 증권계좌(계좌번호: 0000000000)를 통하여 총 28회에 걸쳐서 위 회사의 주식 14,000주를 1주당 평균 금 3,406원에 매수하여, 주식의 매매거래와 관련하여 일반인에게 공개되지 아니한 중요한 정보를 이용한 것이다.

3. 제 2 차 내부자(정보수령자)

(1) 의의 및 입법취지

정보수령자란 회사내부자 및 준내부자로부터 미공개중요정보를 전달받은 자이다. 즉 정보수령자란 자본시장법 제174조 제 1 항 제 1 호부터 제 5 호까지의 어느 하나에 해당하는 자(제 1 호부터 제 5 호까지의 어느 하나의 자에 해당하지 아니하게 된 날부터 1년이 경과하지 아니한 자를 포함)로부터 미공개중요정보를 받은 자이다(법 제174조 제 1 항 제 6 호).

정보수령자를 내부자거래의 행위주체에 포함시킨 것은 회사내부자나 준내부자의 탈법행위를 방지하기 위한 것이다. 즉 회사내부자나 준내부자로부터 미공개정보를 전달받은 정보수령자가 당해 법인 등이 발행한 증권의 거래에 정보를 이용하는 행위를 내부자거래로 처벌하지 않는다면 회사내부자나 준내부자는 제 3 자에게 정보를 전달하는 방식으로 내부자거래를 회피할 것이기 때문이다.

관련판례: 대법원 2002. 1. 25. 선고 2000도90 판결

이는 법에서 내부자가 미공개 내부정보를 이용하여 유가증권의 매매 기타의 거래를 하는 것만을 금지할 경우 내부자가 그 금지를 회피하여 탈법적으로 미공개 내부정보를 이용한 유가증권의 매매 기타의 거래를 하는 것을 막을 수 없으므로 내부자로부터 미공개 내부정보를 전달받아 이를 이용하여 유가증권의 매매 기타의 거래를 하는 것을 금지하여야 할 필요가 있으면서 한편으로는 미공개 내부정보는 정보의 성격상 전달과정에서 상당히 변질되어 단순한 소문 수준의 정보가 되기 마련이어서 미공개 내부정보의 이용에 대한 규제대상을 적절한 범위 내로 제한하여야 할 필요도 있으므로, 그 규정조항은 내부자로부

터 직접 미공개 내부정보를 전달받은 제 1 차 정보수령자는 통상적으로 내부자와 특별한 관계가 있음을 고려하여 증권시장의 공정성 및 건전성에 대한 투자자의 신뢰를 확보한다는 관점에서 제 1 차 정보수령자가 내부자로부터 전달받은 미공개 내부정보를 이용하여 직접 유가증권의 매매 기타의 거래를 하거나 다른 사람으로 하여금 유가증권의 매매 기타의 거래와 관련하여 이를 이용하게 하는 행위를 처벌하기로 하는 한편 그 처벌범위가 불명확하게 되거나 법적안정성을 해치게 되는 것을 막기 위하여 제 2 차 정보수령자 이후의 정보수령자의 미공개 내부정보 이용행위를 그의 처벌범위에 넣지 않기로 한 것으로 봄이 죄형법정주의 원칙에 부응되기 때문이다.

(2) 정보수령자에 대한 규제의 이론적 근거[155)]

1) 독립위반설(independent violation theory)

독립위반설이란 정보수령자의 거래(tippee trading)는 그 거래 자체가 미국의 SEC Rule 10b-5에 내재되어 있다고 생각되는 평등한 정보와 접근정책에 위반하기 때문에 독립한 위반으로 된다는 이론이다. 이 이론은 미국 연방대법원이 정보수령자의 책임을 정보제공자의 위반행위에서 파생하는 것으로 보기 전까지 SEC가 정보수령자의 위반행위를 규제하는 주된 이론이었다. 이 이론에 의하면 정보수령자는 정보제공자의 위반행위 여부를 불문하고 SEC Rule 10b-5를 위반하는 것으로 보았다. 정보수령자의 「공시 또는 거래단념의 원칙(disclosure or abstain rule)」은 단순히 내부정보를 보유하고 있다는 사실에서 발생하는 것으로 보는 정보소유이론 또는 정보평등이론과 궤를 같이 한다.

2) 교사방조설(aid-abetting theory)

교사방조설은 정보수령자를 정보제공자에 대한 교사방조자(aid-abetter)로 보는 이론이다. 이 이론은 정보수령자가 진정한 정보제공자를 위하여 거래하는 경우에는 타당하지만, 자신을 위하여 거래하는 정보수령자에게 확대

---

155) 강대섭, “내부정보제공자와 정보수령자의 거래의 규제”, 증권법연구 제 2 권 제 2 호, 한국증권법학회(2001), 5-6쪽.

적용하는 데 어려움이 있다. 왜냐하면 교사방조자의 책임이 성립하기 위해서는 첫째, 정보제공자의 위반행위, 둘째, 위반행위에 대한 방조자(정보수령자)의 일반적인 인식, 셋째, 정보제공자에 의한 위반행위에 대한 방조자(정보수령자)의 고의의 실질적인 방조행위가 필요하다. 그러나 이 이론은 정보수령자가 자신의 이익을 위하여 거래하는 경우에는 위의 셋째 요건을 인정할 수 있는 논리가 결여되는 문제가 있다.

3) 사후참가설(파생설: derivative theory)

사후참가설은 미국 연방대법원이 채택하고 있는 이론으로 정보수령자는 사후에 정보제공자의 위반행위에 참가하는 자라는 점에서 책임의 근거를 찾는 이론이다. 미국 연방대법원은 Chiarella v. United States 사건[156]에서 정보제공자와 정보수령자의 책임에 관한 부수의견으로 정보수령자는 미공개 내부정보임을 알고 있고 회사내부자로부터 유출되었음을 알고 있거나 알 수 있었던 정보를 이용하여 이익을 취하지 아니할 의무를 부담하며, 이 의무는 내부자의 신인의무위반에 대하여 사후에 참가하는 자로서의 역할에서 파생하는 것으로 간주하였다. 그 후 연방대법원은 Dirks v. SEC 사건[157]에서 위 판결의 부수의견을 인용하여 정보수령자의 위반행위는 정보제공자의 위반행위에서 파생한다고 판시하였다. 학설도 정보수령자의 지위는 정보제공자로부터 파생하는 것으로 보고 있다. 이 이론은 내부자의 「공시 또는 거래단념의 원칙(disclosure or abstain rule)」의 근거를 신인의무에 근거를 두는 경우 미공개정보를 이용하여 정보수령자와 거래상대방 사이에는 신인의무관계가 존재하지 않는다는 문제를 해결해줄 수 있다.

(3) 정보수령자의 성립요건

1) 개　요

정보수령자는 자신의 직무와 관련하여 내부정보를 알게 된 회사내부자

156) Chiarella v. United States, 445 U.S. 222, 230 n.12(1985).

157) Dirks v. SEC. 463 U.S. 656(1983).

나 준내부자로부터 그 정보를 제공받기 때문에 당사자 사이에 직·간접적인 연결고리가 존재하고 있다. 따라서 정보수령자는 다음과 같은 요건을 구비하여야 내부자거래의 행위주체가 된다.[158] 첫째, 정보제공자가 회사내부자나 준내부자일 것, 둘째, 정보는 회사내부자나 준내부자가 그 직무 또는 권한행사, 계약의 체결 등과 관련하여 알게 된 정보일 것, 셋째, 수령한 정보가 회사의 업무 등에 관한 중요사실일 것, 넷째, 정보는 공표되지 않았을 것, 다섯째, 정보수령자는 위 4가지 사실을 인식하고 정보를 전달받았을 것, 여섯째, 정보제공자는 정보제공의 사실을 인식하고 있을 것 등이다.

2) 정보제공자의 정보제공 사실의 인식

정보를 전달하는 회사내부자나 준내부자는 자신이 직무와 관련하여 알게 된 내부정보를 타인에게 제공한다는 사실을 인식하고 있어야 한다. 여기서의 정보의 전달은 구두, 서면의 송부, 전화, 암호 등 그 방법을 묻지 않는다. 그러나 회사내부자나 준내부자로부터 직접적으로 정보전달이 이루어져야 하고 우연히 알게 된 경우에는 정보수령자가 아니다.[159]

정보수령자를 회사내부자나 준내부자로부터 '정보를 받은 자'라고 규정하고 있기 때문에 정보를 제공하는 내부자의 행위에 의하여 취득한 경우에는 모두 정보수령자가 될 수 있다. 즉 회사내부자나 준내부자의 정보제공 목적이 불법적이거나 대가의 취득일 필요는 없지만, '정보를 받은 자'라는 표현의 해석상 고의에 의한 정보제공행위임을 요한다.[160] 따라서 정보수령자가 정보를 전달받았다고 하기 위하여는 정보를 제공하는 자가 전달받은 자에 대하여 내부정보를 전달할 의사가 있어야 한다. 그러므로 남의 대화를 몰래 듣거나 우연한 기회에 들은 경우, 잃어버린 가방 속의 서류에서 내부정보를 알게 된 경우, 회사의 서류를 우연히 보게 된 경우 등은 이에 해당하지 않는다. 왜냐하면 정보제공자의 정보제공에 대한 의사나 정보를 전달

158) 박임출, 전게논문, 126쪽.

159) 곽민섭, 전게논문, 149쪽.

160) 곽민섭, 상게논문, 152쪽; 김건식·정순섭, 전게서, 286쪽; 박임출, 전게논문, 126쪽.

받은 자의 정보수령에 대한 의사가 없었기 때문이다. 다만, 전달하는 자가 전달받은 자의 성명이나 주소를 알 필요도 없고, 안면이 없더라도 족하며, 전달을 받은 자가 특정될 수 있으면 충분하다. 정보전달의 의사는 미필적 인식으로 충분하며, 내부정보를 알고 있는 회사내부자나 준내부자가 내부정보를 대화의 상대방이 인식할 수 있을 것이라고 예견하고 전달한다면 여기의 전달에 해당한다.[161)]

3) 정보수령자의 인식

정보수령자는 회사내부자나 준내부자로부터 미공개중요정보라는 사실을 인식하고 그 정보를 전달받았어야 한다. 따라서 정보수령자가 정보를 전달한 자를 당해 법인의 이사로 인식하였으나, 실제로는 당해 법인과 계약을 체결하고 있는 자의 직원이었던 경우는 사실의 착오의 문제이므로 행위자의 인식이 구성요건에 해당되고, 실제로 발생한 결과도 구성요건에 해당되는 이상 고의는 인정되기 때문에 정보수령자에 해당한다. 또한 미공개중요정보가 들어 있는 신문기사를 독자가 읽은 경우에 그 기사를 작성한 기자가 우연하게도 회사와 어떤 계약을 체결한 자이고, 이로 인하여 그 중요정보를 알고 있었더라도 그 독자는 기자가 회사내부자나 준내부자로부터 정보를 전달받았다는 인식이 없었기 때문에 정보수령자에 해당하지 않는다.[162)]

4) 정보의 구체성

정보수령자가 내부자거래의 규제를 받기 위하여는 회사내부자나 준내부자가 상당한 정도로 구체적인 정보를 수령자에게 제공하였어야 한다. 어느 정도의 구체성은 정보의 중요성 개념에 내재되어 있지만, 정보의 구체성은 독립적으로 의미를 갖는다. 정보가 구체성이 없을 경우에는 중요성의 구비 여부도 의문일 뿐만 아니라 정보제공을 인정하기 어려울 것이다.[163)]

161) 박임출, 상게논문, 127쪽.
162) 박임출, 상게논문, 126쪽.
163) 강대섭, 전게논문, 8쪽.

5) 정보수령자의 직무관련성 요건 여부

정보수령자는 직무관련성 요건이 필요하지 않다. 따라서 회사내부자나 준내부자가 직무와 관계없이 내부정보를 알게 된 경우에는 정보수령자가 될 수 있을 뿐이다. 또한 회사내부자나 준내부자가 아닌 자로부터 중요한 내부정보를 알게 된 자도 정보수령자가 아니다. 그러나 정보제공자가 회사내부자나 준내부자의 지위에 있을 뿐만 아니라 그 지위를 상실한 지 1년이 경과하지 않은 경우에도 그 자로부터 중요한 내부정보를 전달받은 자는 정보수령자가 된다.[164)]

(4) 2차 정보수령자의 규제문제

정보수령자로부터 다시 내부정보를 전달받은 자(2차 정보수령자)도 규제의 대상이 되는가의 문제가 있다. 즉 정보수령자가 내부자거래의 행위주체가 되는가의 문제이다.

1) 부 정 설

자본시장법의 제174조 제 1 항 각 호의 규정을 문리적으로 해석하여 부정하는 견해이다.[165)] 이 견해는 죄형법정주의를 엄격하게 해석하는 입장에서 정보수령자로부터 단계를 거듭해가며 그 정보를 전달받은 자의 경우에는 정보누설의 관계가 거듭될수록 정보의 신뢰성이 떨어지고, 일정 단계에 이르면 정보는 단순한 풍문 정도의 가치를 갖는 것에 불과하기 때문에 일정한 단계를 두어야 한다고 한다.

2) 긍 정 설

내부자거래규제의 실효성을 확보하기 위하여 2차 이상의 정보수령자도 규제의 대상으로 보는 견해이다.[166)] 이 견해는 내부자거래의 규제취지에 근

164) 박임출, 전게논문, 127쪽.

165) 김건식·정순섭, 전게서, 286쪽; 임재연, 전게서, 743쪽.

166) 최재경, "증권거래법상 내부자거래의 형사처벌 관련문제", 법무연구, 법무연수원(2000), 55쪽.

거를 두고 제1차 정보수령자나 제2차 정보수령자 기타 그 이상의 정보수령자의 행위가 실질적으로 내부자거래로 간주되는 경우에 이를 모두 동일하게 책임을 부담시켜야 한다고 한다.

3) 결 어

"정보를 이용하게 하는 행위"는 실질적으로 정보제공자로부터 정보수령자에게 정보가 전달되었다고 평가되는 것을 의미하므로 형식적으로는 중간에 타인이 개입되어 있어도 정보를 전달받은 것으로 인정될 수 있는 경우도 있고, 정보수령자의 내부자거래에 대한 책임을 형사책임으로 볼 것인가 아니면 민사책임으로 볼 것인가에 따라 입장이 다르기 때문에 정보가 전달될 당시의 정보제공자와 정보수령자의 인식, 전달의 형태 등을 종합적으로 평가하여 개별적 사안별로 정보수령자의 한계를 결정하여야 한다. 따라서 실제 사안에서는 형법상 공모공동정범이론에 의하여 융통성 있는 법적용을 할 수 있을 것이고, 민사소송에서는 중간의 정보수령자들은 공동불법행위자로서 연대하여 손해배상책임을 지게 될 것이다.[167]

관련판례: 대법원 2002. 1. 25. 선고 2000도90 판결[168]

그와 같이 법 제188조의2 제1항은 내부자로부터 미공개 내부정보를 전달받은 제1차 정보수령자가 유가증권의 매매 기타 거래와 관련하여 그 정보를 이용하거나 다른 사람으로 하여금 이를 이용하게 하는 행위만을 금지하고 있을 뿐 제1차 정보수령자로부터 미공개 내부정보를 전달받은 제2차 정보수령자 이후의 사람이 유가증권의 매매 기타 거래와 관련하여 당해 정보를 이용하거나 다른 사람으로 하여금 이를 이용하게 하는 행위를 금지하지는 아니하므로 결국 법 제188조의2 제1항, 제207조의2 제1호는 내부자로부터 미공개 내부정보를 전달받은 제1차 정보수령자가 유가증권의 매매 기타의 거래에 관련하여 당해 정보를 이용하거나 다른 사람에게 이를 이용하게 하는 행위만을 처벌할 뿐이고, 제1차 정보수령자로부터 제1차 정보수령과는 다른 기회에 미

167) 박임출, 전게논문, 129쪽.

168) 중앙일보사 기자인 형으로부터 신동방으로 전송된 무세제 세탁장치 개발 및 시연회 개최에 관한 정보를 듣고 주식을 매매한 사건이다.

공개 내부정보를 다시 전달받은 제 2 차 정보수령자 이후의 사람이 유가증권의 매매 기타의 거래와 관련하여 전달받은 당해 정보를 이용하거나 다른 사람에게 이용하게 하는 행위는 그 규정조항에 의하여는 처벌되지 않는 취지라고 판단된다.

(5) 조직을 상대로 정보를 제공하려는 의도였던 경우의 문제

회사내부자나 준내부자가 어느 조직에 소속된 개인에게 정보를 제공하였지만 실제로는 그 개인이 아닌 조직을 상대로 정보를 제공할 의도였던 경우에는 그 조직의 모든 구성원을 제 1 차 정보수령자로 볼 수 있는가의 문제가 있다. 법 제174조 제 1 항 제 5 호에는 제 1 차 내부자가 법인인 경우에는 그 임원·직원 및 대리인을 포함하고 있으나, 정보수령자가 법인인 경우에는 그 임직원을 포함한다는 명시적인 표현이 없기 때문이다. 그러나 이와 같은 경우에도 내부정보를 받은 법인의 임직원은 일반투자자에 비하여 정보상의 우위에 있기 때문에 정보수령자로 보는 것이 타당하다. 이와 같이 해석하지 않으면 내부자거래규제의 취지는 퇴색되기 때문이다. 예컨대, 회사의 대표이사가 신제품발명을 홍보할 목적으로 신문사의 기자에게 그 정보를 제공한 경우에는 당해 기자뿐만 아니라 그 신문사의 나머지 구성원들도 모두 정보수령자로 본다.[169]

Ⅳ. 미공개중요정보

1. 의　　의

미공개중요정보란 투자자의 투자판단에 중대한 영향을 미칠 수 있는 정보로서 대통령령으로 정하는 방법에 따라 불특정 다수인이 알 수 있도록

169) 김건식·정순섭, 전게서, 286쪽; 박임출, 전게논문, 129쪽.

공개되기 전의 것을 말하며, 상장법인(6개월 이내에 상장하는 법인을 포함)의 업무 등과 관련된 정보이어야 한다(법 제174조 제1항). 즉 미공개중요정보(내부정보)는 일반인에게 공개되지 아니한 정보로 회사업무와 관련하여 투자자의 투자판단에 중대한 영향을 주는 정보이다. 내부정보는 당해 법인의 업무 등과 관련된 중요한 정보로서 이른바 회사관련정보(corporate information)를 말한다.[170]

내부자거래는 회사의 내부자가 미공개중요정보를 이용하여 증권을 거래하는 것이다. 따라서 내부정보의 개념은 내부자거래의 규제에서 핵심적인 요소이다. 그런데 회사의 정보가 모두 내부정보에 해당하는 것은 아니며, 내부자거래의 규제대상이 되는 내부정보에 해당하기 위하여는 중요성과 미공개성의 두 가지 요건을 구비할 필요가 있다. 여기서 중요성 요건은 정보의 객관적 내용에 관한 문제이고, 미공개성 요건은 정보의 시간적 범위에 관한 문제이다.[171]

2. 상장법인의 업무 등과 관련된 정보

(1) 상장법인

내부자거래의 규제대상이 되는 법인은 상장법인이다. 여기의 법인에는 비상장법인은 포함되지 않지만 예외적으로 6개월 이내에 상장하는 법인은 포함된다. 비상장법인은 자본시장의 공정성과 건전성을 해하지 않고 투자자 보호의 문제도 없으므로 규제대상에서 제외되지만, 6개월 이내에 상장이 예정된 법인은 상장정보를 이용하여 내부자거래를 하는 현실을 고려한 입법이다.

그러나 상장법인과 합병을 통해 실질적인 상장의 효과를 누리는 우회상장은 죄형법정주의 원칙상 규제대상이 아니다. 내부자거래를 한 자는 형

170) 노태악, "증권거래법상 미공개 내부정보에 관하여", 증권법연구 제2권 제1호, 한국증권법학회(2001), 99쪽.

171) 최재경, 전게논문, 56쪽.

사제재의 대상이 되는데 형법의 기본원리인 죄형법정주의는 법관의 자의를 방지하고 국민의 예측가능성을 담보하기 위하여 범죄구성요건의 명확성을 요구하고 있기 때문이다.

미공개중요정보는 내부자가 관계가 있는 '상장법인의' 업무 등과 관련된 정보여야 한다. 따라서 상장법인의 계열회사에 관한 정보는 그 자체만으로 내부정보에 해당하지 않는다. 그러나 그것이 당해 상장법인의 업무 등과 관련된 것으로 인정되는 경우에는 내부정보가 될 수 있다.

(2) 당해 법인의 업무관련성

미공개중요정보는 상장법인의 '업무 등'에 직·간접적으로 관련되는 정보를 의미한다.[172] 따라서 회사의 영업성적이나 재산상태에 영향을 주는 내부정보는 이에 해당하고, 당해 법인이 자체적으로 작성한 영업환경 전망이나 예상실적 등은 내부정보가 될 것이다.[173] 또한 업무 등에 관한 정보이어야 하므로, 내부정보는 정확하고 확실한 정보이어야 한다.[174] 따라서 단순한 풍문이나 추측은 내부정보가 아니다.

(3) 시장정보

시장정보란 당해 상장법인의 업무 등에 관련된 정보가 아닌 사외정보로서 증권시장에서 당해 법인이 발행한 증권의 수급에 영향을 줄 수 있는 정보 또는 기관투자자나 외국인 투자자의 동향과 같은 정보를 말한다. 따라서 통화관리정책, 금리정책, 외환정책, 관세정책, 무역수지상황 등 특정산업 일반에 관한 정책이나 경제동향, 기관투자자의 투자동향, 펀드매니저의 추천종목 등 당해 상장법인의 업무 외의 사정에 관한 정보는 내부자거래의

172) 문언상 "업무 등"이라고 규정되어 있지만 업무 외에 다른 사정과 관련된 정보도 포함한다고 해석하면 지나치게 책임범위가 넓어지므로 부당하다는 견해가 있다(임재연, 전게서, 761쪽).

173) 노태악, 전게논문(주 170), 94쪽.

174) 곽민섭, 전게논문, 151쪽.

규제대상이 되는 미공개중요정보에 해당하지 않는다. 따라서 당해 법인으로부터 발생한 정보나 그 법인의 재산상황에 관한 정보가 아닌 주식의 매매동향에 대한 시장정보는 이미 공개된 사실을 기초로 분석·연구한 성과이기 때문에 내부정보에 해당하지 않는다. 내부자거래의 규제는 사실에 대한 정보의 평등을 도모하는 것이며, 사실에 대한 분석·조사는 개인적 능력의 평등을 도모하는 것이 아니기 때문이다.[175] 그러므로 시장정보는 증권의 가격에 영향을 미치더라도 내부정보가 아니다.

그러나 자본시장법은 예외적으로 시장정보 중 공개매수의 실시 또는 중지에 관한 정보와 주식등의 대량 취득·처분에 관한 정보를 별도의 규정에서 내부자거래의 규제대상으로 하고 있다(법 제174조 제2항 및 제3항). 이에 관하여는 후술하기로 한다.

3. 정보의 정확성

(1) 정보의 성립시기

1) 정보의 생성시점

자본시장법은 회사의 내부정보가 규제대상이 되는 "중요한" 미공개정보로 전환되는 시점에 관하여 규정하지 않고, 다만 "투자자의 투자판단에 중대한 영향을 미칠 수 있는 정보"라고만 규정하고 있다. 그런데 정보의 생성시점은 특정한 거래가 내부자거래규제의 대상이 되는지와 직접적인 관계를 갖기 때문에 어느 시점부터 "중요한" 내부정보로 볼 것인지는 상당한 의미를 갖는다.

일반적으로 정보는 어느 시점에 순간적으로 형성되는 것이 아니라 시간이 진행됨에 따라 시차를 두고 생성·발전한다. 따라서 "중요한" 정보에 대한 논의는 먼저 그 대상이 되는 "중요한" 정보의 생성시점이 문제된다. 예컨

175) 이형기, "증권거래법상의 민사책임에 관한 고찰", 인권과 정의 제277호(1999), 57쪽.

대 부도발생 또는 합병 등의 경우에 어느 시점에 "중요한" 정보가 되는가이다. 특히 합병은 대상회사의 물색, 대상회사의 기업내용의 조사·분석, 대상회사와의 예비접촉, 합병방법과 조건의 합의, 이사회 결의, 합병계약의 체결, 합병승인, 주주총회의 결의 등 여러 단계를 거쳐 이루어지는데 어느 단계에서 "중요한" 정보가 생성된 것으로 볼 것인가가 문제이다.

여기서 "중요한" 정보의 생성시점을 판단함에 있어서는 진행 중이어서 확정적인 평가가 어렵더라도 진행 중인 사실을 "중요한" 정보로 평가할 수 있는 것이다. 예컨대, 부도발생 이전이라도 자금사정의 악화 등으로 부도발생의 개연성이 충분히 존재하는 시점[176]이나 합병에 관한 이사회 결의 전 단계라도 구체적인 상황에 따라 "중요한" 정보가 생성된 것으로 평가할 수 있다. 즉 "중요한" 정보에 해당하기 위해서는 합리적인 투자자가 당해 증권을 매도 또는 매수할 것인가 아니면 계속 보유할 것인가를 결정할 수 있는 가치가 있어야 한다. 합리적인 투자자라면 이러한 평가를 하기 위하여 진행 중인 불확실한 사실이라 하더라도 그 판단의 대상에서 배제하지 않을 것이기 때문이다.[177]

따라서 일반적으로 법인 내부에서 생성되는 중요정보란 갑자기 완성되는 것이 아니라 여러 단계를 거치는 과정에서 구체화되는 것으로서, 중요정보의 생성시기는 반드시 그러한 정보가 객관적으로 명확하고 확실하게 완성된 경우를 말하는 것이 아니라, 합리적인 투자자의 입장에서 그 정보의

176) 대법원 2000. 11. 24. 선고 2000도2827 판결: "증권거래법 제186조 제1항 제1호에서 규정하고 있는 상장법인 등이 발행한 어음 또는 수표가 부도처리되었을 때뿐만 아니라, 은행이 부도처리하기 전에 도저히 자금조달이 어려워 부도처리될 것이 거의 확실시되는 사정도 당해 법인의 경영에 중대한 영향을 미칠 수 있는 사실로서 합리적인 투자자라면 누구든지 당해 법인의 주식의 거래에 관한 의사를 결정함에 있어서 상당히 중요한 가치를 지니는 것으로 판단할 정보에 해당하는 것임이 분명하므로, 이러한 상황을 알고 있는 당해 법인의 주요주주 등이 그 정보를 공시하기 전에 이를 이용하여 보유주식을 매각하였다면 이는 미공개정보 이용행위를 금지하고 있는 같은 법 제188조의2 제1항을 위반하였다고 보지 않을 수 없다."

177) 김용진, 전게논문, 16쪽.

중대성과 사실이 발생할 개연성을 비교 평가하여 유가증권의 거래에 관한 의사결정에 있어서 중요한 가치를 지닌다고 생각할 정도로 구체화되면 그 정보가 생성되었다고 할 것이다.[178]

관련판례: 대법원 2008. 11. 27. 선고 2008도6219 판결

기록에 의하면, 이 사건 공소사실에서 피고인들이 이용한 것으로 기소된 중요정보(이하 '이 사건 중요정보'라 한다)는 ① 엘지카드 주식회사(이하 '엘지카드'라 한다)의 적자가 누적됨에 따라 자본 부족 문제로 인하여 재무구조가 급속히 나빠져 회사의 경영상황이 악화될 것이라는 정보, ② 상반기에 1차 유동성 위기 해소를 위해 실시된 1조 원 상당의 자본 확충이 끝났음에도 위와 같은 재무구조의 악화 등으로 엘지카드에서는 추가 자기자본 확충을 위하여 조만간 수천억원 이상 규모의 유상증자가 이루어져야 하는 상황이라는 정보임을 알 수 있다.

앞서 본 법리와 원심이 채택한 증거를 기록에 비추어 살펴보면, 엘지카드 공소외 1사장이 2003. 7. 21. 엘지그룹 공소외 2부회장 등에게 '수정사업계획 및 주요 경영현안'이라는 대외비 문건을 보고하면서 2003년 연간 적자액이 1조 2,893억원에 이를 가능성이 있다고 예상하고, 경영정상화를 위하여는 약 4,000억원 규모의 자본확충을 검토하여야 한다는 내용이 일부 포함되어 있는 점을 알 수 있는바, 합리적인 투자자의 입장에서 위와 같은 내용의 정보는 객관적으로 명확하고 확실하게 완성되지 않은 상태라도 유가증권의 거래에 관한 의사결정에 있어서 중요한 가치를 지닌다고 생각할 정도로 구체화되었다고 할 것이므로, 이 사건 중요정보는 2003. 7. 21. 무렵에 최초로 생성되었다고 할 것이다.

원심판결 이유에 의하면, 원심은 엘지카드가 2003. 9. 들어서 경영여건이 급격하게 악화되기 시작한 점, 엘지카드 경영진이 2003. 9. 22.자로 작성된 '추가자본확충 검토(안)'이라는 문건에서 연내에 4,000억원 내지 5,000억원 규모의 유상증자가 필요하다는 내용을 확정적으로 언급한 점 등에 비추어 이 사건 중요정보는 2003. 9. 22.에야 비로소 생성되었다고 판단하였는바, 이러한 원심의 판단에는 중요정보의 생성시기에 관한 법리 등을 오해한 위법이 있다. 다만, 이러한 위법은 뒤에서 보는 바와 같은 이유로 판결에 영향을 미친 것은 아니다.

178) 대법원 2008. 11. 27. 선고 2008도6219 판결; 대법원 2009. 7. 9. 선고 2009도1374 판결 등.

관련판례: 대법원 2010. 5. 13. 선고 2007도9769 판결

한편, 제 1 심이 적법하게 채택한 증거에 의하면, M바이오는 신주발행을 통한 유상증자를 계획한 다음 신주를 인수할 제 3 자를 물색하였고 그 과정에서 J제약이 신주인수의사를 밝혀옴에 따라 2005. 7. 1. J제약과 신주인수에 관한 잠정적인 구두합의를 한 사실, M바이오의 이사 허○○은 2005. 7. 1. M바이오의 이사들에게 제 3 자 배정의 유상증자에 관한 이사회의 서면 결의를 요구하는 이메일을 송부하였고, 이에 대하여 이사들의 이의 제기가 없었던 사실, M바이오는 2005. 7. 4. J제약과 이 사건 신주인수계약을 체결한 다음 2005. 7. 6. 이사회를 개최하여 신주발행 및 제 3 자 배정을 결의한 사실을 알 수 있는바, 위 인정사실에 의하면 M바이오는 2005. 7. 4.자 신주인수계약 체결 전에 이미 실질적으로 이사회의 동의를 받은 것으로 볼 수 있고 다만 형식적인 이사회 결의가 위 계약 체결 이후에 이루어진 것에 불과하다고 할 것이다.

위와 같은 사실관계를 앞에서 본 법리에 비추어 살펴보면, 피고인 박○○은 이 사건 신주인수계약을 체결함으로써 그 법인의 미공개중요정보에 용이하게 접근하여 이를 이용할 수 있는 지위를 취득하였다고 볼 것이고, 위 계약 당시 이에 관한 M바이오의 이사회 결의가 없었다고 하여 이와 달리 볼 것은 아니다. 따라서 피고인 박○○이 그의 처인 김○○에게 이 사건 정보를 전달함으로써 김○○으로 하여금 이 사건 정보를 이용하게 할 당시에 피고인 박○○은 증권거래법 제188조의2 제 1 항 제 4 호가 정하는 '당해 법인과 계약을 체결하고 있는 자'에 해당한다고 할 것임을 지적하여 둔다.

2) 결정사항과 발생사항

자본시장법은 일본의 금융상품취인법과는 달리 결정사항인 정보와 발생사항인 정보를 구별하고 있지 않다. 그러나 정보의 일반적인 생성과정을 보면 "중요한" 미공개정보는 상장법인의 경영·재산 등에 관한 사항에 대하여 이사회 또는 이에 준하는 의사결정기관의 결정에 의하여 이루어지는 사항("결정사항")과 그러한 결정에 의하지 않고 발생하는 사항("발생사항")으로 구분할 수 있다.[179]

"중요한" 미공개정보 중에서 발생사항의 경우(예를 들면, 재해에 기인하는 손

179) 일본의 금융상품취인법 제166조 제 2 항은 명시적으로 "결정에 관한 사항"과 "발생에 관한 사항"으로 구분하여 중요한 미공개정보를 열거하여 규정하고 있다.

해 또는 업무수행과정에서 생긴 손해 등)는 대체로 발생에 이르기까지 점차로 성숙되고 구체화되는 과정의 경유없이 그 발생이 확정되는 시점에 즉시 "중요한" 미공개정보가 될 것이다. 그러나 결정사항의 경우(예를 들면, 합병 등)는 여러 단계에 걸쳐서 그에 대한 결정 여부 및 결정내용이 점차로 구체화되어 가는 것이 일반적일 것이다. 상장법인의 결정사항이 어느 시점에 "중요한" 정보가 될 것인지는 개별사안에 따라 구체적인 사정을 종합적으로 고려하여 판단하여야 할 것이다.[180] 따라서 이사회나 의사결정기관이 공식적인 결정을 내리지 않았더라도 임원회의 등의 실질적인 결정기관 또는 대주주에 의한 결정이 있고, 이러한 결정이 당해 결정사항의 실시가 확실하여 주가에도 영향을 미치게 되는 경우에는 이를 "중요한" 정보로 인정할 필요가 있다.[181]

(2) 정보의 진실성

자본시장법 제174조 제 1 항에는 미공개중요정보라고 규정하고 있을 뿐 그 정보가 진실한 정보일 것을 명시적으로 규정하고 있지는 않다. 그러나 진실한 정보만이 내부자거래규제의 대상이 된다.

정보는 어떤 사실에 관하여 확실하고 진실한 것이어야 진정한 정보로서의 가치를 가진다. 특히 증권시장에서 산재하는 정보는 여러 형태로 증권의 가격에 영향을 주지만, 사실과 다른 풍문이나 추측정보와 같이 정확성 내지 진실성이 결여된 정보를 이용한 행위는 내부자거래의 규제대상이 되지 않는다. 내부자거래는 본질적으로 공시의무의 존재를 전제로 한다. 따라서 공시의무를 위반하여 공시를 하지 않은 것, 즉 부작위에 의한 내부자거래를 규제하는 것이고, 적극적으로 허위표시나 중요사항의 누락을 이용하는 거래는 법 제176조의 시세조종으로 규제하고 있다.[182] 이러한 점에서 공

180) 김병태, 전게논문, 249쪽.

181) 박임출, 전게논문, 135쪽.

182) 노태악, 전게논문(주 170), 109쪽; 임재연, 전게서, 759쪽.

시의무의 대상이 되는 사실은 허위가 아닌 진정한 사실을 의미하고, 중요정보의 기초가 되는 사실은 객관적으로 존재하여야 한다.[183)]

그러나 정보의 진실성에 대하여는 정보의 실질적인 전부가 허위 또는 과장된 것이 아니라 그 일부에 허위 또는 과장된 부분이 포함된 경우에는 이를 이유로 정보의 중요성을 부정할 수는 없다.[184)]

관련판례: 서울중앙지방법원 2008. 11. 27. 선고 2008고합236 판결
살피건대 단순한 추측 정보와 같이 정확성이 결여되거나 추상적인 것은 내부자거래규제의 대상이 되는 정보라고 할 수 없고, 또한 완전 허구의 사항이라면 이를 정보라 할 수도 없으므로, 적어도 투자판단에 중대한 영향을 미칠 수 있는 정보라고 하려면 그 정보에 어느 정도의 정확성이 인정되어야 할 것이나, 증권거래법 제188조의2 제2항 소정의 중요한 정보가 반드시 객관적으로 명확하고 확실할 것까지 요구하지 않는다는 것 또한 앞서 본 바와 같다(대법원 2003. 9. 5. 선고 2003도3238 판결, 1994. 4. 26. 선고 93도695 판결 등).
이 사건에 관하여 보건대, 당시 C연구원이 개발한 나노 이미지센서가 상용화 단계에 이르지 못했다고 하더라도 일부 저조도 특성이 발견되는 등 그 기술적 특성이 인정되었으므로 이를 전혀 허구의 기술이라고 단정할 수는 없는 점, 일반 투자자의 관점에서도 나노 이미지센서의 개발완료라는 정보가 상당히 개연성 있는 정보로 인식되었을 것이라는 점, 더욱이 '시연회 개최'라는 정보는 객관적 사실에 부합하는 점, 그런데 당시는 나노 이미지센서의 개발과정에 관한 기사가 수회에 걸쳐 언론에 보도되고 있는 상황이었으므로 기술개발의 주체가 개발을 완료한 다음 이에 관한 공개시연회를 개최한다는 정보 자체로도 투자판단에 상당한 영향력을 미칠 것으로 보이는 점 등을 고려하면, 이 사건 정보에 일부 허위 또는 과장된 부분이 포함되어 있다 하더라도 그를 이유로 정보 자체의 중요성을 부정할 수는 없다고 할 것이다.

실제로는 중요사실이 존재하지 않음에도 불구하고 존재한다고 오신하여 증권을 거래한 경우에는 처벌되지 않는다. 예를 들어, 회사의 계약체결자가 회사의 임원으로부터 이사회에서 대규모 신주발행이 결정되었다는 말

183) 박임출, 전게논문, 136쪽.
184) 서울중앙지방법원 2008. 11. 27. 선고 2008고합236 판결.

을 전해 듣고 거래한 경우, 실제로는 그와 같은 결정이 없었거나 거래 당시에 아직 결정되지 않은 때에는 처벌되지 않는다. 또한 대표이사가 주가를 끌어올리기 위하여 가공계약의 허위공시를 하는 과정에서 공시담당자가 그 가공계약이 진실한 것으로 믿고 이를 이용하여 주식을 매수한 경우에 이를 내부자거래로 볼 수 있는가의 여부이다. 이 경우 공시담당자는 허위의 가공계약을 진실한 정보로 오신하여 이에 기초하여 주식을 매수한 경우로서 구성요건 사실에 대한 착오가 있었기 때문에 불능미수 또는 불능범으로 보아야 할 것이다.[185)]

4. 정보의 중요성과 판단기준

(1) 중요한 내부정보

1) 법적용상 중요성 판단의 의의

자본시장법의 목적은 완전공시의 원칙을 채택하여 투자자를 보호하는 것이며, 내부자거래의 규제도 미공시 또는 불완전공시를 규제하는 소극적인 방법이다. 그러나 기업내용의 공시를 무한정으로 요구할 수는 없다. 만약 제한 없는 공시를 요구한다면 공시의무의 이행을 위하여 많은 비용이 발생할 뿐만 아니라 현실적으로도 불가능하기 때문에 대부분의 회사와 경영진을 자본시장법의 위반사범으로 만들 위험이 있다. 또한 자본시장법상의 공시의무위반을 염려하는 회사나 경영진에 의하여 과다한 정보가 제공됨으로써 투자자는 투자판단에 도움이 되지 않는 정보의 홍수 속에 파묻히게 되어 오히려 투자자가 정보에 의하여 의사를 결정하는 것을 어렵게 만들 우려도 있다. 따라서 내부자거래를 규제하는 경우 내부자가 이용한 정보에 질적인 한계를 설정하여야 한다. 자본시장법이 내부자거래규제대상으로서의 정보를 "투자자의 투자판단에 중대한 영향을 미칠 수 있는 정보로서 대통령령으로 정하는 방법에 따라 불특정 다수인이 알 수 있도록 공개되기

185) 박임출, 전게논문, 136쪽.

전의 것"으로 규정한 것도 그러한 이유이다. 따라서 중요성은 내부자거래의 성립요건으로서 내부자의 행위의 위법성 나아가서는 가벌성 여부를 결정하는 기준이 된다.[186)]

그런데 "투자자의 투자판단에 중대한 영향을 미칠 수 있는 정보"란 당해 증권을 매도할 것인가 또는 계속 보유하거나 매수할 것인가를 판단함에 있어 의존해야 할 자료나 정보를 말한다. 즉 이것은 투자자들이 일반적으로 안다고 가정할 경우 당해 증권의 가격에 중대한 영향을 미칠 수 있는 사실이다. 당해 증권의 가격에 중대한 영향을 미칠 수 있는 것이 아닌 평범한 정보는 투자자의 투자판단 자료로 이용할 가치가 별로 없기 때문이다. 그러나 자본시장법은 "투자자의 투자판단에 중대한 영향을 미칠 수 있는 정보"인가 아닌가를 어떻게 판단할 것인가에 대하여는 규정하지 아니하였기 때문에 해석론으로 객관성이 있는 기준을 찾아야 한다. 중요성의 판단은 내부자거래 규제에서 판단이 어려운 사항으로 가장 핵심적인 부분이라고 할 수 있다.

2) 입법형식

가. 제한적 열거주의

규제의 대상이 되는 정보를 구체적으로 열거하여 그 열거된 정보만을 규제대상으로 삼는 방법이다.[187)] 일본은 중요정보의 범위와 기준을 입법적으로 해결하는 한정적 열거주의를 취하고 있다.

한정적 열거주의는 행위자인 내부자가 피해자인 투자자의 사전판단을 가능하게 하여 내부자거래의 사전예방적 효과나 법적안정성을 도모할 수 있다. 그러나 여건변화에 적절히 대응하면서 여건의 변화에 따라 구체적인 타당성을 기할 수 없는 것이 단점이다.

나. 포괄주의

중요한 정보의 개념만을 정의하여 두고(또는 이와 병행하여 중요한 정보의 사례

186) 김용진, 전게논문, 10쪽.

187) 대법원 1995. 6. 29. 선고 95도467 판결.

를 예시하고) 구체적인 사건에 당하여 법원으로 하여금 중요성의 해당 여부를 가리게 하는 방법이다.[188] 미국은 포괄주의를 취하고 있는 대표적인 경우에 해당한다.

중요성의 개념을 사법적으로 판단하는 포괄주의는 여건 변화에 적절히 대응하면서 현실적인 여건에 따라 구체적 타당성을 도모할 수 있다. 그러나 내부자거래의 사전예방적 효과나 법적 안정성을 도모하기 어렵다는 단점이 있다.

다. 우리나라의 해석론

중요성의 개념을 정의하는 경우에 어떤 입법주의 형식을 취할 것인가는 각국의 법문화에 따른 입법정책의 문제라고 할 수 있다.

내부자거래의 규정은 포괄주의를 취하고 있는 미국의 입법례를 기본으로 하고 중요한 미공개정보의 개념을 포괄적·추상적으로 규정한 다음 중요한 미공개정보에 해당하는지 여부에 대한 구체적인 판단은 법원의 사법적 심사에 맡겨 각 사안별로 판단하도록 하고 있다.[189] 또한 대법원도 동일한 포괄주의를 취하고 있음을 명백히 하고 있다.[190]

관련판례: 대법원 1995. 6. 29. 선고 95도467 판결

법률이 내부자거래의 규제대상이 되는 중요한 정보에 관하여 규정하는 방법에는, 규제의 대상이 되는 정보를 구체적으로 열거하여 그 열거된 정보만을 규제대상으로 삼는 제한적 열거주의의 방법과, 중요한 정보의 개념만을 정의하여 두고(또는 이와 병행하여 중요한 정보의 사례를 예시하고) 구체적인 사건에 당하여 법원으로 하여금 중요성의 해당 여부를 가리게 하는 포괄주의의 방법의 두 가지가 있을 수 있는데, 증권거래법 제188조의2 제 2 항은 내부자거래의 규제대상이 되는 같은 조 제 1 항 소정의 "상장법인 또는 등록법인의 업무 등과

188) 대법원 1995. 6. 29. 선고 95도467 판결.

189) 김병태, 전게논문, 244쪽; 임재연, 전게서, 755쪽.

190) 대법원 1995. 6. 29. 선고 95도467 판결; 대법원 2000. 11. 24선고 2000도2827 판결; 대법원 2008. 11. 27. 선고 2008도6219 판결.

관련하여 일반인에게 공개되지 아니한 중요한 정보"를 "제186조 제1항 각 호의 1에 해당하는 사실 등에 관한 정보 중 투자자의 투자판단에 중대한 영향을 미칠 수 있는 것으로서 당해 법인이 재무부령이 정하는 바에 따라 다수인으로 하여금 알 수 있도록 공개하기 전의 것을 말한다"고 정의하고 있으므로, 현행 증권거래법이 제186조의 제1항 각 호의 1에 해당하는 정보가 아니면 어떠한 정보라도 내부자거래의 규제대상이 되는 정보에 포함시키지 않는 제한적 열거주의의 입법을 취하고 있는 것이 아닌가 하는 의문이 있을 수 있다.

그러나 같은 법 제186조 제1항 각 호에 열거된 사항은, 상장법인의 경영에 관한 중대한 영향을 미칠 수 있는 사실들로서 증권거래소에 지체 없이 신고하여야 하는 사실들로 한정되어 있는데, 같은 조 제2항은 증권거래소가 제1항 각 호에 열거된 사항과는 별도로 "제188조의2의 규정에 의한 중요한 정보"의 유무에 대한 공시도 당해 상장회사에 대하여 요구할 수 있다고 규정함으로써, 제188조의2 제1항 소정의 중요한 정보가 제186조 제1항 각 호에 열거된 사실에 한정되지 않는 것임을 간접적으로 인정하고 있다고 할 것이므로, 제188조의2 제2항이 "제186조 제1항 각 호의 1에 해당하는 사실 등에 관한 정보 중"이란 표현을 사용하고 있다고 하더라도, 이는 위 사실들만을 내부자거래의 규제대상이 되는 중요한 정보에 해당하는 것으로 제한하고자 하는 취지에서가 아니라, 중요한 정보인지의 여부를 판단하는 기준인 "투자자의 투자판단에 중대한 영향을 미칠 수 있는 정보"를 예시하기 위한 목적에서라고 보아야 할 것이다.

"중요한" 정보에 관하여 포괄주의를 취하고 있는 이유는 여건변화에 적절이 대응하여 구체적 타당성을 기하기 위한 것이고, 자본시장법 제174조 제1항이 "투자자의 투자판단에 중대한 영향을 미칠 수 있는 정보"를 중요한 정보로 규정하고 있으며, 입법기술의 한계상 불확정개념이 불가피한 점을 고려하면 우리 자본시장법의 규정이 포괄주의를 취하고 있는 것은 죄형법정주의의 원칙에 위반된 해석은 아니라고 할 것이다.

(2) 중요성의 판단기준

1) 포괄주의에서의 중요성의 판단기준

가. 개 요

내부자거래규제에 대한 입법형식에 있어 포괄주의를 채택하고 있는 미국의 경우, 정보의 중요성에 관한 판단은 법원의 판결을 거치면서 형성되었다.[191] 그러나 판례는 중요성의 판단에 있어서 논란을 거듭하여 왔다. 여기서는 미국의 대법원이 중요성에 관한 판단기준을 확립하는 과정과 그 내용에 대하여 살펴보기로 한다.

최초로 제2순회 항소법원이 Texas Gulf Sulphur 판결[192]에서 개연성/중대성 기준(probability/magnitude test)을 정립한 이후 동 기준이 대체로 일관되게 적용되었다. 개연성/중대성 기준이라 함은 내부정보의 내용을 이루는 사실이 달성될 개연성이 있어야 하고, 달성될 사실이 당해 법인의 경영에 미치는 영향이 중대하여야 "중요한" 정보가 된다는 것이다. 그러나 이 판결은 중요성의 일반적인 기준일 뿐이었고, 중요성의 구체적인 기준을 제시하지는 못하였다. 그 후 대법원의 TSC 판결[193]은 기본적으로는 Texas Gulf Sulphur 판결을 수용하였지만 중요성의 완화경향을 제어하고 중요성의 판단범위를 객관적으로 정립하려고 시도하였다. 그러나 위 판결들은 중요성의 일반적인 기준일 뿐 중요성의 구체적인 기준을 제시하지는 못하였다. 여기에 내부정보의 중요성의 해석에서 중요하다는 명확성 기준(bright-line rule)을 제시함으로써 이 개연성/중대성의 범위를 제한하려는 하급심의 판례들이 나왔다.[194] 그 후 대법원은 Basic 판결[195]은 이 명확성의 기준을 배척하

191) 미국의 1934년 증권거래법 제10조 (b)항과 SEC Rule 10b-5는 중요한 사실에 관하여 허위표시를 하거나 또는 표시가 행하여진 당시 상황에 비추어 오해가 유발되지 않기 위하여 필요한 중요한 사실의 표시를 누락하는 것을 위법으로 규정함으로써 사기적인 행위인 내부자거래의 성립요건으로서 중요사실을 들고 있다. 여기서 중요사실에 대한 정의를 내리지 않고 있기 때문에 중요성(materiality)의 개념과 범위는 개별적인 사건에서 법원이 판단하게 되었다. 그동안 법원은 중요성을 결정하는 통일적인 기준을 설정하고자 노력하였지만, 정보의 중요성에 대한 공통적인 기준을 설정하지는 못하였다.

192) SEC v. Texas Gulf Sulphur Co., 401 F.2d 833(2d Cir. 1968).

193) TSC Industries, Inc. v. Northway, Inc., 426 U.S. 438(1976).

194) Stattin v. Greenberg, 672 F.2d. 1196, 1207(3d. Cir. 1982); Flamm et al. v. Eberstadt et al., 814 F.2d. 1169, 1174-1179(7th Cir. 1987) 등.

195) Basic Inc. v. Levinson, 485 U.S. 224(1988).

고 개연성/중대성의 기준을 확립하였다.

중요성에 관한 논의는 중요한 사실의 범주에 대하여 논란이 없었던 것은 아니었지만, 주로 그 사실이 생성되는 과정에서 어느 시점부터 중요한 사실로 되는가에 관한 것이었다. 예를 들어, 합병의 경우에 합병이 진행되는 과정에서 어느 시점부터 중요한 사실이 되는가에 대한 논의였다.[196]

나. 정보내용의 개연성/중대성 기준(probability/magnitude test)

제 2 순회 항소법원은 Texas Gulf Sulphur라는 유황생산회사의 내부자거래 사건을 통해 최초로 중요성 판단기준으로 "개연성/중대성" 기준을 제시하였다. 이 사건의 중요 쟁점은 Texas Gulf Sulphur사가 개발 중이던 광산이 상업성이 있는지 여부가 유동적인 상태에서 내부자거래가 행하여졌던바, 이와 같이 성공 여부가 유동적인 개발사실이 투자자의 투자판단에 중대한 영향을 주는 중요한 정보인가에 관한 것이었다. 이와 관련하여 동 법원은 중요한 사실이란 회사의 가까운 장래에 영향을 미치는 사실과 투자자가 그 회사의 증권을 매매하거나 또는 보유하고자 하는 모든 사실을 포함하는 것이라는 논리를 전개하였다. 이러한 관점에서 중요한 사실이란 확정적일 필요는 없으며 중요성 여부는 그 일의 달성이 갖는 예상되는 중대성의 크기와를 비교평가하여 그때마다 결정되어야 한다는 것이다.

따라서 동 법원은 시추표본에 의해 광대한 지역에 걸쳐 지표에서 가까운 지하에 막대한 양의 광물이 존재할 가능성을 알고 있다면 Texas Gulf Sulphur사의 주가에 영향을 미치는 것이 무리가 아닐 것이고 합리적인 투자자라면 주식을 매수할 것인가 또는 매도할 것인가, 아니면 계속 보유할 것인가의 여부를 결정함에 있어서 중요한 사실이 된다고 판시하였다.

다. 투자행동의 개연성 기준(would/likelihood test)

중요성에 대한 판단은 그 평가방법에 따라 중요하다고 판단되는 사실

196) 김용진, 전게논문, 11쪽. 이 논문은 포괄주의에서의 중요성의 판단기준을 상세히 논하고 있다(이하 동 논문 11-14쪽 참조).

의 범위를 무한하게 확대시킬 위험이 있다. TSC 판결은 이 점을 완화하고자 한 사건이다. 이 판결은 위임장권유와 관련한 중요한 사실의 부실표시에 대한 판례이다. 그러나 그 후 연방대법원이 Basic Inc. v. Levinson 사건에서 TSC 판결의 중요성 기준을 적용함으로써 중요성 기준에 대한 일반적인 선례가 되었다.

연방대법원은 "단지 가능성만 있고 실제로는 발생할 것 같지 않은 사실까지 포함하는" might 기준을 배척하고 합리적인 투자자라면 일반적으로 그의 행동방침을 결정함에 있어 부실표시 또는 누락된 사실에 중요성을 부여할(would)이라는 "상당한 개연성"(substantial likelihood)이 있을 경우에 중요한 정보가 된다고 하는 would/likelihood 기준을 채택하였다.

TSC 판결은 Texas Gulf Sulphur 판결에서 제시된 중요성의 판단기준의 완화경향을 배척하고 중요성의 판단범위를 객관적으로 정립하려고 시도하였다. 그러나 기본적으로는 개연성/중대성 기준을 정립한 Texas Gulf Sulphur 판결의 입장을 그대로 유지하였다. 다만 would/likelihood test에 대하여는 어의적인 문제에 지나지 않으며 동 기준이 중요성의 범위를 명확히 하는 데는 한계가 있다는 지적을 받았다.

라. 명확성 기준(bright-line rule)

명확성 기준이라 함은 문제가 되는 사실이 중요한 사실로 되기 위하여는 일정하게 표준화된 명확한 단계에 이르러야 한다는 원칙이다. 이는 주로 합병의 예비논의에서 문제되었던바, 합병의 조건과 구조에 대한 원칙적인 사항의 합의에 이르러야 비로소 중요한 사실로 된다는 것이다.

명확성 기준에 입각한 하급심 판례들에 의하면 합병이란 그 절차가 종료될 때까지는 위험한 가정에 지나지 않는다는 것을 설명해 준다고 하더라도 투자자는 이를 이해하지 못하는 미숙아로 본 것이다. 명확성 기준의 논거는 너무 일찍 공시를 하게 되면 협상을 결렬시킬 수 있으므로 합병논의는 비밀로 하여야 한다는 것이다. 이 기준은 공시시점을 정하는 데 명확한 기준을 제시한다. 그러나 이러한 논거는 투자자가 투자결정을 하는 데 있어서 원칙의 합의에 이르러야 합병논의에 관한 정보가 중요해진다는 이유를 설명하지 못하고 있다.

마. 개연성/중대성 기준의 재확인

대법원은 Basic 판결에서 중요성의 문제에 대하여 개연성/중대성 기준을 확립하고, 사실판단의 문제임을 명백히 한 TSC 판결의 기준을 재확인하여 중요성의 문제에 대한 하급심의 혼란을 극복하였다.

미국의 판례는 전술한 바와 같이 중요성의 판단기준에 대하여 우여곡절이 있었으나 그 기준은 개연성/중대성 기준에 따르고 있다. 그런데 중요성의 기준은 단일화될 수 없으며 개별 사건에 있어서 구체적인 사실의 실체판단의 문제임을 확인하였다. 다만 미국의 판례가 중점을 둔 것은 어떤 정보의 사실성 자체가 아니라 정보의 형성과정이라고 할 수 있다. 따라서 미국의 판례는 중요한 정보의 구체적인 판단기준에 대하여 명시적인 언급을 하지는 않은 채 개연성/중대성의 기준에 따라 정보의 중요성을 판단해야 한다는 일반적인 원리만을 제시하고 있으며, 이러한 기준에의 해당 여부는 법원에서 사안에 따라 개별적으로 판단해야 한다.

2) 중요한 정보(판례)

대법원의 판례는 중요한 정보를 "투자자의 투자판단에 중대한 영향을 미칠 수 있는 정보"라고 판시하고 있다. 여기서 "투자자의 투자판단에 중대한 영향을 미칠 수 있는 정보"라 함은, 합리적인 투자자라면 그 정보의 중대성과 사실이 발생할 개연성을 비교 평가하여 판단할 경우 유가증권의 거래에 관한 의사를 결정함에 있어서 중요한 가치를 지닌다고 생각하는 정보를 가리키는 것이다.[197] 대법원의 중요성의 판단기준은 문제된 사실의 중대성과 그 사실이 발생할 개연성이다. 이러한 기준은 미국 연방대법원의 개연

---

197) 대법원 1994. 4. 26. 선고 93도695 판결; 대법원 1995. 6. 30. 선고 94도2792 판결; 대법원 2006. 5. 11. 선고 2003도4320 판결; 대법원 2008. 11. 27. 선고 2008도6219 판결.

성/중대성 기준과 동일하다. 다만 "투자자의 투자판단에 중대한 영향을 미칠 수 있는 정보"란 합리적인 투자자가 당해 유가증권을 매수 또는 계속 보유할 것인가 아니면 처분할 것인가를 결정하는 데 있어서 중요한 가치가 있는 정보, 바꾸어 말하면 일반투자자들이 일반적으로 안다고 가정할 경우에 당해 유가증권의 가격에 중대한 영향을 미칠 수 있는 사실을 말한다고 하여 시세영향기준을 채택한 판례가 있다.[198] 그러나 이 판례가 있은 후 대법원은 일관되게 개연성/중대성 기준을 따르고 있다.

그리고 개연성과 중대성의 관계에서는 문제되는 사실이 기업경영이나 주가변동에 아무리 중대한 영향을 미칠 것이라 하더라도 전혀 발생할 가능성이 없는 사실은 투자자의 투자판단에 영향을 미칠 수 없으므로, 개연성의 존재와 그에 대한 평가는 중대성의 평가에 선행된다 할 것이다.[199]

관련판례

① 대법원 1994. 4. 26. 선고 93도695 판결
공소외 주식회사가 회계장부상으로는 흑자가 발생하고 있는 것으로 되어 있으나 실제로는 누적된 적자와 대규모공장의 신축으로 인한 자금의 수요 등 때문에 어음 수표가 부도로 될 정도로 극심한 자금난에 시달리고 있다는 사정은, 공소외 주식회사의 경영에 중대한 영향을 미칠 수 있는 사실로서 합리적인 투자자라면 누구든지 공소외 주식회사의 주식의 거래에 관한 의사를 결정함에 있어서 상당히 중요한 가치를 지니는 것으로 판단할 정보에 해당한다.

② 대법원 1995. 6. 29. 선고 95도467 판결
상장회사의 추정 영업실적이 전년도에 비하여 대폭으로 호전되었다는 사실은 그 회사의 유가증권의 가격에 중대한 영향을 미칠 것임이 분명하므로, 그에 관한 매출액, 순이익 등의 추정 결산실적 등의 정보는 투자자의 투자판단에 중대한 영향을 미칠 수 있는 정보에 해당한다.

③ 대법원 1995. 6. 30. 선고 94도2792 판결
자본금이 101억여 원인 회사의 자회사에서 화재가 발생하여 약 20억원의 손

198) 대법원 1995. 6. 29. 선고 95도467 판결.
199) 김용진, 전게논문, 18쪽.

실을 입은 것을 비롯하여 연도말 결산 결과 약 35억원의 적자가 발생한 것이 드러났고, 그와 같은 내용이 아직 공개되지 아니하고 있었다면, 그와 같은 정보는 중요한 정보로서 그 공개 전의 내부자거래는 증권거래법이 규제하는 대상에 해당한다.

④ 대법원 2000. 11. 24. 선고 2000도2827 판결
상장법인 등이 발행한 어음 또는 수표가 부도처리되었을 때뿐만 아니라, 은행이 부도처리하기 전에 도저히 자금조달이 어려워 부도처리될 것이 거의 확실시되는 사정도 당해 법인의 경영에 중대한 영향을 미칠 수 있는 사실로서 합리적인 투자자라면 누구든지 당해 법인의 주식의 거래에 관한 의사를 결정함에 있어서 상당히 중요한 가치를 지니는 것으로 판단할 정보에 해당한다.

⑤ 대법원 2005. 4. 29. 선고 2005도1835 판결
상장법인의 직원이던 피고인이 일반에 공개되지 아니한 내부정보(무상증자 정보)를 이용하여 자사의 주식을 매집하였다가 그 정보가 공개된 후 집중매도하여 부당이득을 취득한 범행을 한 사실을 인정한 사례이다.

⑥ 대법원 2005. 9. 9. 선고 2005도4653 판결
M&A 성사정보도 중요한 정보로 본 사례이다.

⑦ 대법원 2006. 5. 11. 선고 2003도4320 판결
A&D(주식교환방식에 의한 인수·합병)를 추진하는 주식회사의 대주주이자 상무이사인 피고인이 전환사채의 거래에 앞서 그 인수 회사의 담당 직원에게 내부정보를 미리 알려준 것만으로는 위 인수 회사 혹은 그 자산운용사에게 위 내부정보가 공개된 것으로 볼 수 없으므로 피고인이 미공개 내부정보를 위 전환사채 거래에 이용한 것이라고 본 원심의 판단을 수긍한 사례이다.

⑧ 대법원 2007. 7. 26. 선고 2007도4716 판결
신주인수계약을 체결한 자의 감자정보는 미공개중요정보로서 이를 이용한 경우 준내부자에 해당한다.

⑨ 대법원 2008. 11. 27. 선고 2008도6219 판결
기록에 의하면, 이 사건 공소사실에서 피고인들이 이용한 것으로 기소된 중요정보(이하 '이 사건 중요정보'라 한다)는 ㉠ 엘지카드 주식회사(이하 '엘지카드'라 한다)의 적자가 누적됨에 따라 자본 부족 문제로 인하여 재무구조가 급속히 나빠져 회사의 경영상황이 악화될 것이라는 정보, ㉡ 상반기에 1차 유동성 위기 해소를 위해 실시된 1조 원 상당의 자본 확충이 끝났음에도 위와 같

은 재무구조의 악화 등으로 엘지카드에서는 추가 자기자본 확충을 위하여 조 만간 수천억원 이상 규모의 유상증자가 이루어져야 하는 상황이라는 정보임을 알 수 있다. 앞서 본 법리와 원심이 채택한 증거를 기록에 비추어 살펴보면, 엘지카드 공소외 1사장이 2003. 7. 21. 엘지그룹 공소외 2부회장 등에게 '수정 사업계획 및 주요 경영현안'이라는 대외비 문건을 보고하면서 2003년 연간 적자액이 1조 2,893억원에 이를 가능성이 있다고 예상하고, 경영정상화를 위하여는 약 4,000억원 규모의 자본확충을 검토하여야 한다는 내용이 일부 포함되어 있는 점을 알 수 있는바, 합리적인 투자자의 입장에서 위와 같은 내용의 정보는 객관적으로 명확하고 확실하게 완성되지 않은 상태라도 유가증권의 거래에 관한 의사결정에 있어서 중요한 가치를 지닌다고 생각할 정도로 구체화되었다고 할 것이므로, 이 사건 중요정보는 2003. 7. 21. 무렵에 최초로 생성되었다고 한 사례이다.

⑩ 대법원 2010. 5. 13. 선고 2007도9769 판결

앞서 본 법리에 의하면 어떤 사실이 '투자자의 투자판단에 중대한 영향을 미칠 수 있는 정보'에 해당하는지 여부는 당해 사실이 증권거래법 제186조 제1항 각 호 및 그 위임을 받은 증권거래법 시행령, '유가증권의 발행 및 공시 등에 관한 규정'이 정한 신고의무사항에 해당하는지 여부와는 직접적인 관계가 없다고 할 것이고, 나아가 위와 같은 사실에서 알 수 있는 다음과 같은 사정, 즉 이 사건 신주인수계약 당시 주식시장에는 바이오산업에 대한 낙관적인 전망으로 바이오 테마 붐이 일고 있어 J제약이 국내 최초의 바이오 장기 개발 전문회사이자 복제돼지의 생산에 성공하기도 한 M바이오의 신주를 인수한다는 내용은 주식시장에서 호재성 정보로 인식되기에 충분하다고 볼 수 있는 점, 당시 주식시장의 상황에 비추어 일반 투자자로서는 J제약이 이 사건 신주인수계약으로 M바이오의 3대 주주가 되었고 M바이오가 개발하는 의약품 제조 등에 있어서 최우선적 공동사업 협의권을 확보하였다는 점에 민감하게 반응하였을 것으로 보이는 점, J제약이 이 사건 정보가 증권거래법령 상의 신고의무사항이 아님에도 자진하여 이를 공시한 점이나 피고인들이 위 공시 이전에 J제약의 주식을 집중 매수한 점 등을 종합하여 보면, 이 사건 정보(주식회사 J제약이 자기자본금의 3.07%에 해당하는 자금을 출자하여 주식회사 M바이오의 신주를 인수함으로써 M바이오의 출자지분 10.24%를 보유하게 된다는 내용)는 일반 투자자가 J제약의 유가증권의 거래에 관한 의사를 결정하는 데 있어서 중요한 가치가 있는 정보라고 봄이 상당하다.

⑪ 서울고등법원 2005. 6. 30. 선고 2005노566 판결
제 3 자 배정 유상증자 정보는 중요한 정보에 해당한다.

⑫ 서울고등법원 2007. 5. 10. 선고 2007노322 판결
피고인 P의 주식매도는 D사의 실질적 경영자인 K의 도주 및 횡령이라는 중요한 정보를 이용한 것이라고 할 것이다.

⑬ 서울고등법원 2007. 7. 5. 선고 2007노782 판결
상장법인의 대표이사가 당해 법인의 업무 등과 관련하여 지득한 중요한 정보인 법인의 미공개 내부정보, 즉 무상감자정보를 이용하였다.

⑭ 서울고등법원 2007. 10. 19 선고 2007노1819 판결
이 사건 정보(우회상장 정보)는 D사의 포괄적 주식교환에 관한 일반인에게 공개되지 아니한 중요하고 개연성이 있는 정보에 해당하고, 피고인은 그 직무와 관련하여 알게 된 이 사건 정보를 이용하여 이 사건 주식을 매수하였다고 볼 수밖에 없다.

⑮ 서울중앙지방법원 2003. 12. 17. 선고 2003노5398 판결
회계법인의 감사의견 거절 정보도 중요한 정보에 해당한다.

⑯ 서울중앙지방법원 2008. 12. 10. 선고 2008노3093 판결
이사회의 무상증자에 관한 의결이 곧 이루어질 것이라는 정보는 회사의 중요한 내부정보라 하지 않을 수 없고, 또 대표이사와 회장 겸 대주주 사이에 이사회의 의결을 거쳐 무상증자를 하기로 합의한 사실만으로도 무상증자의 실시에 관한 정보라고 봄이 상당하다고 할 것이다.

(3) 합리적인 투자자에 영향을 미칠 수 있는 정보(중요성의 판단방법)

중요성을 판단하는 주체는 합리적인 투자자이어야 한다. 정보는 여러 단계를 거치는 과정에서 구체화되는 것으로 반드시 객관적으로 명확한 것만 이용이 금지되는 중요한 미공개정보에 해당하는 것이 아니다. 따라서 합리적인 투자자라면 정보의 중요성과 사실이 발생할 개연성을 비교 평가하여 판단한 경우 증권의 거래에 관한 합리적인 의사를 결정함에 있어 중요한 가치를 지닌다고 생각하는 정보를 가리킨다.[200] 즉 중요성의 판단은 합

200) 대법원 1994. 4. 26. 선고 93도695 판결; 대법원 1995. 6. 30. 선고 94도2792 판결; 대

리적인 투자자를 전제하여 객관적으로 판단하여야 한다.

여기서 합리적인 투자자란 반드시 증권에 문외한인 일반투자자만을 말하는 것이 아니라 전문투자자[201]도 합리적인 투자자의 범주에 포함된다고 보아야 한다.[202] 또한 합리적인 투자자란 어떤 범위의 투자자를 말하는가에 대하여 논란이 있다. 이는 중요성의 판단주체를 보수적인 투자자로 제한할 것인가, 또는 이에 투기자를 포함할 것인가에 관한 문제이다. 내부정보로서 중요한 사실은 확정적인 사실은 물론이고 발생 개연성이 있는 한 확정적인 사실이 아닌 경우도 있을 수 있다. 이 경우 확정적인 사실이 아닌 불확실성은 투기자에게는 중요성 판단의 적극적인 자료가 될 것이다. 여기에서 보수적인 투자자를 중요성의 판단주체로 제한하는 경우 중요성의 범위가 좁게 해석될 것이고 투기자를 포함하는 투자자를 중요성의 판단주체로 보는 경우에는 그 범위가 확장될 여지가 크다. 그러나 모든 투자자에게는 불확실성을 투자의 기초로 삼아 보다 높은 수익을 올리고자 하는 내적 동기가 있고, 보수적인 투자자와 투기자를 구별하는 것은 쉽지 않을 뿐만 아니라 법률상 차별하여야 할 이유가 없으므로 투기자도 포함된다고 해석하는 것이 타당하다. 따라서 중요성의 판단은 구체적인 사안에 따라 합리적인 투자자의 객관적인 입장에서 개연성/중대성을 비교 평가하여 중요성의 유무를 가려야 한다.[203]

법원 2006. 5. 11. 선고 2003도4320 판결; 대법원 2008. 11. 27. 선고 2008도6219 판결.

201) "전문투자자"란 금융투자상품에 관한 전문성 구비 여부, 소유자산규모 등에 비추어 투자에 따른 위험감수능력이 있는 투자자로서 다음 각 호의 어느 하나에 해당하는 자를 말한다. 다만, 전문투자자 중 대통령령으로 정하는 자가 일반투자자와 같은 대우를 받겠다는 의사를 금융투자업자에게 서면으로 통지하는 경우 금융투자업자는 정당한 사유가 있는 경우를 제외하고는 이에 동의하여야 하며, 금융투자업자가 동의한 경우에는 해당 투자자는 일반투자자로 본다(법 제9조 제5항). 일반투자자란 전문투자자가 아닌 투자자를 말한다(법 제9조 제6항).

202) 한국증권법학회, 전게 주석서, 869쪽.

203) 박임출, 전게논문, 139쪽.

5. 정보의 미공개성

(1) 미 공 개

자본시장법은 "대통령령이 정하는 방법에 따라 불특정 다수인이 알 수 있도록 공개되기 전의 것"만을 내부자거래의 규제대상이 되는 내부정보로 하고 있다. 따라서 당해 법인이 대통령령이 정하는 방법에 따라 공개하기 전의 정보는 경제신문에 실제의 정보와 유사한 정보가 게재되었어도 공개된 정보가 아니다.

관련판례: 대법원 1995. 6. 29. 선고 95도467 판결

증권거래법 제188조의2 제 2 항은 "일반인에게 공개되지 아니한 중요한 정보"를 "당해 법인이 재무부령이 정하는 바에 따라 다수인으로 하여금 알 수 있도록 공개하기 전의 것"이라고 규정하고 있으므로, 어떤 정보가 당해 회사의 의사에 의하여 재무부령이 정하는 바에 따라 공개되기까지는 그 정보는 여전히 내부자거래의 규제대상이 되는 정보에 속하므로, 회사가 추정 결산결과를 공개한 사실이 없는 이상, 비록 일간신문 등에 그 추정 결산결과와 유사한 내용으로 추측 보도된 사실이 있다고 하더라도, 그러한 사실만으로는 그 회사의 추정 결산실적이 일반인에게 공개된 정보라거나 또는 그로 인하여 그 회사가 직접 집계하여 추정한 결산 수치가 중요한 정보로서의 가치를 상실한다고 볼 수 없다.

관련판례: 대법원 2000. 11. 24. 선고 2000도2827 판결

증권거래법 제188조의2 제 2 항은 "일반인에게 공개되지 아니한 중요한 정보"를 "당해 법인이 재정경제부령이 정하는 바에 따라 다수인으로 하여금 알 수 있도록 공개하기 전의 것"이라고 규정하고 있으므로 어떤 정보가 당해 법인의 의사에 의하여 재정경제부령이 정하는 바에 따라 공개되기까지는 그 정보는 여전히 미공개정보 이용행위금지의 대상이 되는 정보에 속한다고 할 것이므로 (대법원 1995. 6. 29. 선고 95도467 판결 참조), 한국주강 스스로가 부도사실이 불가피하다는 사실을 공개한 사실이 없는 이상 비록 경제신문 등에서 그 유사한 내용으로 추측 보도된 사실이 있다고 하더라도 그러한 사실만으로 일반인에게 공개된 정보라고 할 수는 없다 할 것이다.

관련판례: 대법원 2006. 5. 12. 선고 2004도491 판결

증권거래법 제188조의2 제2항은 "일반인에게 공개되지 아니한 중요한 정보"를 "당해 법인이 재정경제부령이 정하는 바에 따라 다수인으로 하여금 알 수 있도록 공개하기 전의 것"이라고 규정하고 있으므로, 어떤 정보가 당해 법인의 의사에 의하여 재정경제부령이 정하는 바에 따라 공개되기까지는 그 정보는 여전히 같은 법 제188조의2 소정의 미공개정보 이용행위금지의 대상이 되는 정보에 속한다(대법원 1995. 6. 29. 선고 95도467 판결, 2000. 11. 24. 선고 2000도2827 판결 등 참조).

원심은, 공소외 2주식회사와 공소외 4주식회사 사이의 인수 후 개발(Acquisition and Development) 추진사실이 비록 일부 언론에 추측보도된 바 있다고 하더라도 관계 법령에 따라 일반인에게 공개된 바 없는 이상 증권거래법 제188조의2 소정의 미공개정보에 해당하고, 이를 공소외 2주식회사의 임원인 공소외 3으로부터 전해들은 피고인이 위 회사의 전환사채를 공소외 5명의로 인수한 것은 증권거래법 제188조의2 제1항에서 금지하는 미공개정보 이용행위로서 증권거래법 위반죄를 구성한다고 판단하였는바, 기록에 의하면, 원심의 위와 같은 판단은 위의 법리에 따른 것으로서 정당하여, 거기에 증권거래법의 관련 규정에 관한 법리오해 등의 위법이 없다.

관련판례: 대법원 2010. 5. 13. 선고 2007도9769 판결

원심은, 증권거래법 제188조의2 제2항이 '중요한 정보'가 되기 위한 요건으로 '당해 법인이 재정경제부령이 정하는 바에 따라 다수인으로 하여금 알 수 있도록 공개하기 전의 것'임을 요하는 것으로 규정함으로써, '중요한 정보'에 해당하기 위해서는 장차 법령의 규정에 의하여 공개될 것으로 예정되어 있는 정보일 것을 요구한다고 판시하고 있다. 그러나 증권거래법 제188조의2에 정한 내부자거래의 규제대상이 되는 정보는 '일반인에게 공개되지 아니한 중요한 정보'로서, 위 조항의 체계나 문언에 비추어 '당해 법인이 재정경제부령이 정하는 바에 따라 다수인으로 하여금 알 수 있도록 공개하기 전의 것'이라는 규정은 내부자거래의 규제대상이 되는 정보에 해당하기 위한 요건 중 미공개에 관한 것으로 보아야 할 것이고, 이와 달리 중요한 정보의 요건을 규정한 것으로 볼 것은 아니다.

내부정보는 반드시 비밀정보임을 전제로 하지 않는다. 다만, 내부정보

의 부당이용에 대한 규제는 시간적으로 남보다 앞서서 내부정보를 부당하게 이용하는 행위를 방지하려는 것이기 때문에, 당해 정보를 이용하였을 때를 기준으로 그 이용시간에 타인도 그 정보에 접근할 수 있었는가의 여부가 위법성 유무를 결정하는 중요한 근거가 될 수 있다. 따라서 투자자의 투자판단에 중대한 영향을 미치는 중요한 정보라 할지라도 이미 공개된 것이라면 시장거래의 평등에 대한 부당한 침해가 없을 것이므로 그 이용은 규제할 필요가 없는 것이다.[204)]

(2) 공개절차

1) 공개방법과 대기기간

중요한 정보가 일반 투자자에게 전달되려면 일정한 공시방법으로 공개되고 일정한 기간이 경과하여야 한다. 이와 같이 공개된 정보가 널리 전파되어 일반 투자자가 주지할 수 있도록 제도적으로 보장되는 기간을 대기기간이라고 한다. 따라서 이 대기기간이 경과한 다음에는 정보가 널리 일반 투자자에게 공시되었기 때문에 내부자도 매매거래를 할 수 있다.[205)]

이와 관련하여 시행령은 “해당 법인(해당 법인으로부터 공개권한을 위임받은 자를 포함) 또는 그 법인의 자회사(상법 제342조의2 제 1 항에 따른 자회사를 말하며, 그 자회사로부터 공개권한을 위임받은 자를 포함)가 다음의 어느 하나에 해당하는 방법으로 정보를 공개하고 해당 호에서 정한 기간이나 시간이 지나는 것을 말한

204) 최재경, 전게논문, 58쪽.

205) 위에서 살펴 본 Texas Gulf Sulphur 사건의 경우, 광맥발견사실이 1964년 4월 16일 오전 10시부터 약 15분간 신문에 보도되었고, 이 정보가 전파되어 Dow Jones사의 속보테이프에 표시된 것이 오전 10시 54분이었다. 이에 대하여 제 1 심 법원은 신문보도가 있었던 10시 15분경에는 정보가 보도기관에 전달되었으므로 그 후에는 내부자가 매매거래를 해도 좋으며, 그 보도가 널리 전파되는 것을 기다릴 필요가 없다고 판시하였다. 그러나 제 2 심 항소법원은 회사가 정보를 공개한 후 그 정보가 일반 투자자에게 전달되는 것이 충분히 확보되는 전파매체에 의하여 전파되었고, 기대되는 합리적인 시점까지 기다려야 한다고 판시하여, 신문기자에게 발표한 후 Dow Jones사의 속보테이프에 표시될 때까지의 사이에 거래를 한 내부자에게 책임을 인정하였다 (SEC v. Texas Gulf Sulphur Co., 401 F.2d. 833, 859(2d Cir. 1968)).

다"고 규정하고 있다(영 제201호 제1항).[206]

1. 법령에 따라 금융위원회 또는 거래소에 신고되거나 보고된 서류에 기재되어 있는 정보: 그 내용이 기재되어 있는 서류가 금융위원회 또는 거래소가 정하는 바에 따라 비치된 날부터 1일
2. 금융위원회 또는 거래소가 설치·운영하는 전자전달매체를 통하여 그 내용이 공개된 정보: 공개된 때부터 3시간
3. 신문 등의 진흥에 관한 법률에 따른 일반일간신문 또는 경제분야의 특수일간신문 중 전국을 보급지역으로 하는 둘 이상의 신문에 그 내용이 게재된 정보: 게재된 날의 다음날 0시부터 6시간. 다만, 해당 법률에 따른 전자간행물의 형태로 게재된 경우에는 게재된 때부터 6시간으로 한다.
4. 방송법에 따른 방송 중 전국에서 시청할 수 있는 지상파방송을 통하여 그 내용이 방송된 정보: 방송된 때부터 6시간
5. 뉴스통신진흥에 관한 법률에 따른 연합뉴스사를 통하여 그 내용이 제공된 정보: 제공된 때부터 6시간

206) 미국의 경우 증권규제법은 내부정보의 공시방법이나 공시로 중요한 정보가 일반적으로 유포되는 데에 어느 정도의 시간경과를 요하는지에 대한 규정을 두고 있지 않다. 다만 증권거래소에서 획일적인 대기기간을 권유하고 있다. 뉴욕증권거래소(NYSE)는 회사의 이사 또는 임원은 정보가 기재된 연차보고서, 반기보고서, 기타 사업보고서, 위임장설명서 등이 주주 등에게 광범위하게 배포된 후 매매거래를 하는 것이 적당하다고 하고 있다. 또한 뉴욕증권거래소의 상장규정과 아메리칸증권거래소(AMEX)의 상장규정은 공시방법에 관하여 규정하고 있다. AP, UPI, Dow Jones and Company, Reuters Economic Services에 통보하는 것을 공시로 인정하고 있다. 특히 아메리칸증권거래소는 그 외에 New York Times, Wall Street Journal, Moody's Investors Service, Standard and Poor's Corporation 등에 게재하는 것도 공시로 인정하고 있다. 그리고 아메리칸증권거래소는 내부자는 전국적 규모의 매체를 통한 공시가 있은 후 24시간 경과 후에 증권거래가 가능하고, 전국적 규모가 아닌 매체를 통한 공시는 최소한 48시간의 대기기간이 경과한 후에 거래하도록 권유하고 있다(Listing Standard, Policy and Requirement, Part 4. Disclosure Policies 402(f)).

2) 상대거래에 대한 예외

공개시장에서의 거래가 아니라 거래당사자간의 직접 협상에 의한 상대거래의 경우, 거래의 목적인 증권 관련 내부정보가 이미 거래당사자에게 알려진 상태에서 거래가 이루어졌다면 위 5가지 방법에 의하여 공개되지 않은 정보도 미공개정보로 보지 않는다.[207)]

공개증권시장을 통하지 아니하고 거래가 이루어지는 이른바 '상대거래'의 경우에 증권시장의 공정성이나 일반투자자의 신뢰성의 문제는 발생되지 않으며, 따라서 정보의 불공정한 격차의 문제는 거래당사자 사이에서 판단하여야 하고, '미공개정보'인지 여부는 거래당사자가 이를 알고 있었는지 여부에 따라 판단하여야 하며, 상대거래의 거래당사자가 모두 해당정보를 알고 있는 경우라면 해당 정보가 비록 공시되지는 않았다고 하더라도 내부자거래의 요건인 '미공개정보'에 해당된다고 할 수는 없는 것이다. 증권시장을 전제로 한 내부자거래의 규제가 상대거래에도 그대로 적용된다고 본 것은 잘못이다.[208)]

관련판례: 대법원 2006. 5. 11. 선고 2003도4320 판결

내부자거래의 규제대상이 되는 정보가 되기 위해서는 그 정보가 중요한 정보일 뿐만 아니라 아직 일반인에게 알려지지 아니한 미공개정보이어야 하는데, 증권거래법 제188조의2 제 2 항의 규정에 비추어 어떤 정보가 당해 회사의 의사에 의하여 재정경제부령이 정하는 공시절차에 따라 공개되기까지는 그 정보는 여전히 내부자거래의 규제대상이 되는 정보에 속한다고 보아야 하고(대법원 1995. 6. 29. 선고 95도467 판결 등 참조), 다만, 거래의 당사자가 거래의 목적인 유가증권 관련 내부정보에 대하여 전해 들어 이를 잘 알고 있는 상태에서 거래에 이르게 되었음이 인정되는 경우에는 공개되지 아니한 중요한 정보를 이용한 것으로 볼 수 없다 할 것이지만(대법원 2003. 6. 24. 선고 2003도1456 판결 참조), 거래당사자인 법인의 담당 직원이 거래의 상대방으로부터 그 유가증권 관련 내부정보를 전해 들었음에도 이를 정식으로 법인의 의사결

207) 서울고등법원 2003. 2. 17. 선고 2002노2611 판결.

208) 서울지방법원 2003. 6. 25. 선고 2002노9772 판결.

정권자에게 보고하거나 그에 관한 지시를 받지 아니한 채 거래의 상대방으로부터 거래의 성사를 위한 부정한 청탁금을 받고서 법인에 대한 배임적 의사로 거래가 이루어지도록 한 경우에는 거래당사자에 대하여 위 내부정보의 완전한 공개가 이루어졌다고 볼 수 없을 것이다.

(3) 공개내용의 진실성

자본시장법은 당해 법인이 일반 투자자에게 어느 정도 공개한 것을 공시로 볼 것인가에 관하여 규정을 하고 있지 아니하다. 다만 이와 관련하여 법령에 금융위원회 또는 거래소에 신고하거나 보고된 내용의 비치공시의 경우에는 법령에 의하여 서류의 기재사항이 정해져 있고, 거래소의 공시방송망을 통한 적시공시의 경우에는 거래소가 공시문안을 조정하고 공시업무편람에 따라 공시하여야 할 내용을 점검하고 있다.[209)]

당해 법인이 직접 일간신문이나 방송을 통하여 내부정보를 공시하는 경우에는 투자자의 투자판단에 혼란을 주는 경우가 있다. 이 경우에 거래소는 일간신문이나 방송의 보도내용이 사실인가의 여부를 당해 법인에 조회할 수 있고, 당해 법인의 확인내용을 기초로 공시문안을 조정하여 이를 다시 전자공시시스템이나 신문사, 방송사를 통하여 일반 투자자에게 공시할 수 있다.

이와 같이 공시내용의 정확성을 담보하기 위한 제도적 장치가 마련되어 있지만, 원칙적으로 상장법인이 고의적으로 공시사항의 일부를 은폐하거나 왜곡시키는 경우에는 그 진상을 파악하는 것이 매우 어렵다. 따라서 이와 같은 공시의 실체부합성 및 충분성 여부는 문제된 정보의 중요요소에 의해 판단되어야 한다. 정보의 중요요소란 개연성/중대성의 논리를 기초로 하여 합리적인 투자자의 투자판단에 중대한 영향을 미칠 수 있는 부분으로 이해되어야 한다.[210)]

---

209) 노태악, 전게논문(주 170), 103쪽.

210) 박임출, 전게논문, 143쪽.

(4) 미공개와 적극적 부실표시

내부자거래의 규제는 중요한 미공개정보를 이용하는 행위를 금지하는 것으로, 이는 침묵에 의한 내부자거래를 규제하는 것이고, 적극적인 거짓의 기재나 누락에 의한 경우에는 시세조종에 관한 제176조에서 규제를 하고 있다.[211)]

Ⅴ. 규제대상증권

자본시장법은 특정증권등을 내부자거래의 규제대상증권으로 하고 있다(법 제174조 제 1 항). 특정증권등은 단기매매차익 반환의무의 대상증권을 말한다(법 제172조 제 1 항 제 1 호부터 제 4 호까지). 즉 다음의 어느 하나에 해당하는 금융투자상품이 이에 해당한다.

1. 특정증권등

1. 그 법인이 발행한 증권(대통령령으로 정하는 증권을 제외[212)])
2. 제 1 호의 증권과 관련된 증권예탁증권
3. 그 법인 외의 자가 발행한 것으로서 제 1 호 또는 제 2 호의 증권과

---

211) 노태악, 전게논문(주 170), 103쪽; 임재연, 전게서, 758쪽.

212) 1. 채무증권. 다만, 다음 각 목의 어느 하나에 해당하는 증권은 제외한다.
가. 전환사채권
나. 신주인수권부사채권
다. 이익참가부사채권
라. 그 법인이 발행한 지분증권(이와 관련된 증권예탁증권을 포함) 또는 가목부터 다목까지의 증권(이와 관련된 증권예탁증권을 포함)과 교환을 청구할 수 있는 교환사채권
2. 수익증권
3. 파생결합증권(법 제172조 제 1 항 제 4 호에 해당하는 파생결합증권은 제외)

교환을 청구할 수 있는 교환사채권

4. 제1호부터 제3호까지의 증권만을 기초자산으로 하는 금융투자상품

2. 신규발행증권

자본시장법은 규제대상증권을 "그 법인이 발행한 증권"으로 규정하고 있기 때문에 법인이 이미 발행한 증권만을 의미하는 것으로 보아야 한다.[213] 즉 중요한 미공개정보의 이용행위에 전제가 되는 매매, 그 밖의 거래는 법인이 발행한 증권을 대상으로 하고 있으므로 유통시장에서 이미 발행된 증권의 매매거래 등을 염두에 둔 것이다.

그런데 증권이 발행되는 때에 이를 취득하는 행위(원시취득)를 규제대상으로 할 것인가의 문제가 있다. 예를 들면, 첫째, 주가하락의 요인이 되는 악재가 회사에 발생하였음에도 그 정보가 공개되기 전에 시가발행증자를 하는 경우이다. 이 경우 회사와 주주(취득자) 사이에는 정보의 비대칭이 존재하는 것처럼 보이기 때문에 내부자거래로 볼 여지가 있다. 그러나 내부자거래는 중요한 미공개정보를 공시하지 않고 증권을 거래하는 일종의 부작위범이라는 점에서, 증권신고서를 통하여 내부정보를 공시하지 않고 당해 증권을 매도한 것이므로 공시를 하지 아니하는 것을 전제로 하는 내부자거래로 볼 수는 없다. 다만, 이 경우 증권신고서에 중요한 사항을 누락하였거나 허위로 기재한 점에서 법 제119조의 규정을 위반한 행위로 볼 수는 있을 것이다. 둘째, 주가를 상승시키는 사실이 회사에 발생하고 이를 알게 된 내부자가 그 정보가 공개되기 전에 그 당시의 시가로 증자에 응하는 경우이다. 이 경우 회사와 그 내부자 사이에는 정보의 비대칭이 존재하지 않기 때문에 내부자거래로 볼 여지는 없다. 따라서 발행시장에서의 위법한 거래는 정보의 비대칭에 의한 내부자거래로 규제하기 보다는 증권신고서의 허위기

213) 그러나 발행시장에서의 취득도 회사와 취득자 사이에 정보의 비대칭이 있을 수 있으므로 규제대상에서 제외할 이유가 없다는 견해가 있다(임재연, 전게서, 734쪽).

재의 문제로 취급하는 것이 타당하다.[214]

Ⅵ. 내부자의 금지행위

1. 매매 그 밖의 거래

내부자, 준내부자 및 정보수령자는 특정증권등의 매매, 그 밖의 거래에 이용하거나(정보이용행위) 타인에게 이용하게(정보제공행위) 하여서는 아니 된다(법 제174조 제 1 항). “그 밖의 거래”란 매매 이외의 유상거래만을 의미하므로 교환 등 매매 이외의 취득 또는 처분, 전환사채권자의 전환권의 행사, 신주인수권부사채권자의 신주인수권의 행사, 교환사채권자의 교환권의 행사 등을 포함한다. 또한 일체의 양도와 담보권설정이나 담보권취득, 증권의 대차거래 등의 거래를 포함한다. 그러나 무상거래인 증여는 포함되지 않는다.

2. 정보이용행위

(1) 정보를 이용한 매매

자본시장법은 정보이용행위 자체가 아니라 정보를 이용한 매매 그 밖의 거래행위를 금지하고 있다. 즉 정보를 이용한 매매란 정보가 호재인 경우에는 증권을 매수하고 악재인 경우에는 증권을 매도하는 것을 의미한다.

그리고 매매 그 밖의 거래와 관련하여 그 정보를 이용한다는 것은 적극적인 이용과 소극적인 이용을 포괄하는 것으로 볼 수 있다. 그러나 실제에 있어서 어떤 정보를 이용하여 증권을 매도하거나 매수하지 않는 소극적인 형태의 이용을 처벌하는 것을 곤란하므로 적극적인 형태의 정보이용행위만이 규제대상이 된다.[215]

---

214) 박임출, 전게논문, 145쪽.

관련판례: 서울중앙지방법원 2007. 2. 9. 선고 2006고합332 판결
"유가증권의 매매 기타 거래와 관련하여 미공개 내부정보를 이용"한다고 함은 미공개 내부정보를 지득한 상태에서 유가증권을 거래함에 있어 그 정보가 유가증권의 거래 여부, 거래시점, 거래량, 가격 등 거래조건의 결정에 하나의 요인으로 작용하여 만일 그러한 정보를 알지 못했더라면 내렸을 결정과 다른 결정을 내리게 함으로써 영향을 미침을 의미한다고 할 것이다.

(2) 정보의 지득 여부 판단

미공개정보의 이용 행위는 통상 회사 내부적으로 은밀하게 이루어지는 것이고, 특히 정보의 전달 및 지득은 사적인 장소에서 관련자들 사이의 대화에 의해서도 이루어질 수 있는 것이어서 관련자들이 범행을 부인하는 경우 정보의 전달 및 지득 여부에 대한 직접증거를 확보하기 곤란하다. 내부자거래 사건에서 정보의 전달 및 지득에 대한 직접적인 증거만을 요구하는 것은 내부자 규제제도를 위반한 자들에게 사실상 면죄부를 주는 것이어서 합리성이 없다. 따라서 사물의 성질상 범의와 상당한 관련성이 있는 간접사실 또는 정황사실을 증명하는 방법에 의하여 이를 입증할 수밖에 없으며, 이때 무엇이 상당한 관련성이 있는 간접사실에 해당할 것인가는 정상적인 경험칙에 바탕을 두고 치밀한 관찰력이나 분석력에 의하여 사실의 연결상태를 합리적으로 판단하는 방법에 의하여야 할 것이다.[216)]

(3) 정보의 보유와 이용

정보의 이용은 증권의 매매 그 밖의 거래와 관련되어야 하므로 현실적인 거래행위의 존재를 전제로 하는 것이다. 매매 그 밖의 거래를 하지 않고 순수하게 정보를 이용한 경우, 예컨대 회사의 사업목적을 위하여 내부정보를 이용하는 경우는 이에 해당하지 않는다. 또한 내부정보를 이용하였다고 하기 위하여는 정보보유자의 거래가 전적으로 내부정보 때문에 이루어진

---

215) 최재경, 전게논문, 59쪽.

216) 서울중앙지방법원 2007. 2. 9. 선고 2006고합332 판결.

점을 입증할 필요는 없고, 단지 내부정보가 거래를 하게 된 하나의 요인이었다는 점을 입증하면 족하다. 즉 내부정보가 거래를 하게 된 요인이 아닌 경우에는 이에 해당하지 않는다. 그리고 정보보유자가 불가피하게 매매할 수밖에 없는 경우에는 정보의 이용을 인정할 수 없을 것이다.[217)]

관련판례: 서울중앙지방법원 2007. 7. 20. 선고 2007고합159 판결

미공개정보 이용행위로 처벌하기 위해서는 단순히 미공개정보를 "보유"하고 있는 상태에서 유가증권의 거래를 한 것만으로는 부족하고, 그것을 "이용"하여 유가증권의 거래를 한 것이 인정되어야 하지만, 미공개정보를 인식한 상태에서 유가증권 거래를 한 경우에는 특별한 사정이 없는 한 그것을 이용하여 유가증권 거래를 한 것으로 봄이 상당하고, 또한 유가증권 거래를 하게 된 다른 요인이 있더라도 미공개 내부정보를 이용한다는 것이 하나의 요인이 된 경우에는 미공개정보를 이용하여 유가증권 거래를 한 것으로 인정할 수 있다.[218)]

관련판례: 서울중앙지방법원 2008. 11. 27. 선고 2008고합236 판결

유가증권의 매매 기타 거래와 관련하여 미공개정보를 '이용'하는 행위를 금지

---

217) 김건식·정순섭, 전게서, 293쪽.

218) 미국의 경우 정보의 이용과 관련한 다음과 같은 변화가 있었다. United States v. Teicher, 987 F.2d 112(2d Cir. 1993) 판결에서 연방제2항소법원은 내부정보를 이용하여 거래한 것은 아니지만 거래를 하기 전에 내부정보를 알고 있었던 경우에도 내부자거래에 해당한다는 "보유기준"(possession test)을 채택하였다. 즉 보유기준을 채택한 이 판례는 첫째, 이 기준이 공시 또는 거래단념의 원칙에 부합하고, 둘째, 정보를 보유하고 있다면 거래하는 동기에 영향을 주지 않는다고 할 수 없으며, 셋째, 정보의 이용을 요구하면 내부자의 주관적 요건이나 동기의 입증이 어렵다는 것을 이유로 들었다. 그러나 SEC v. Adler, 137 F.3d 1325(11th Cir. 1998) 판결에서 연방제11항소법원은 내부정보를 이용하여 거래한 경우에만 내부자거래에 해당한다는 "이용기준"(use test)을 채택하였다. 이 판례는 이 기준이 첫째, 사기요소를 요건으로 하는 SEC Rule 10b-5의 문언에 충실한 해석이고, 둘째, 내부정보와 거래 사이에 인과관계가 존재하는 것이 필요하다고 해석해야 함을 이유로 들었다. 그러나 SEC는 2000년 보유기준을 도입하는 Rule 10b5-1을 제정하였다. 다만 종래의 보유기준에 의하면 정보의 취득 전에 거래결정이 이루어진 경우에도 거래를 금지하기 때문에 일정한 항변을 인정하였다. 이것은 "인식 있는 보유기준"(awareness test)이라고 할 수 있다.

하고 있기 때문에, 미공개정보 이용행위로 처벌하기 위해서는 단순히 미공개정보를 '보유'하고 있는 상태에서 유가증권의 거래를 한 것만으로는 부족하고, 그것을 '이용'하여 유가증권의 거래를 한 것이 인정되어야 할 것인바, 공소제기된 2005. 11. 2. 및 같은 달 4.의 주식거래는 평소 피고인의 주식거래 형태와 별다른 차이점이 발견되지 아니하므로, 피고인이 이 사건 정보를 '이용'했다고 보기도 어려움 점(수사기록 제1318, 1319, 1327, 1328면) 등을 고려하면, 검사 제출의 증거만으로는 피고인이 이 부분 주식거래를 함에 있어 이 사건 정보를 사전에 취득·이용하였다고 단정하기 어렵고 달리 이를 인정할 증거가 없다.

(4) 정보이용의 고의

내부자, 준내부자 및 정보수령자는 매매 등과 관련하여 정보를 이용하는 것이 금지된다. 그런데 이들의 정보이용행위에는 고의가 필요하다. 따라서 내부자와 준내부자는 자신이 알고 있는 정보가 중요한 미공개정보라는 사실과 그 정보를 이용하여 증권의 매매 그 밖의 거래를 한다는 인식이 있어야 한다. 정보수령자는 정보제공자가 제공한 정보가 중요한 미공개정보라는 사실뿐만 아니라 정보제공자가 그의 직무와 관련하여 알게 된 정보라는 사실도 인식하고 증권의 매매 그 밖의 거래에 이용한다는 인식이 있어야 한다.

그러나 내부자, 준내부자 및 정보수령자는 중요한 미공개정보를 이용한 증권의 매매 그 밖의 거래를 통하여 이익을 취득하거나 손실을 회피할 의도를 갖고 있을 필요는 없다. 또한 결과적으로 이익을 취득하거나 손실을 회피한 사실의 존재도 필요하지 않다. 왜냐하면 자본시장법 제174조 제1항의 구성요건의 내용이 결과의 발생을 요하지 않고 법에 규정된 행위를 함으로써 충족되는 형식범의 형태이고, 법익침해의 일반적인 위험이 있으면 구성요건이 충족되는 추상적 위험범의 형태로 규정되어 있기 때문이다. 이와 같이 구성요건이 결과범의 형태가 아닌 형식범의 형태로 되어 있어 결과의 발생을 요건으로 하지 아니하므로 내부자의 중요한 미공개정보 이용행위가 있으면 범죄는 완성되어 바로 기수가 성립되고, 미수가 성립될 여지는 없다.

3. 정보제공행위

(1) 정보를 이용하게 하는 행위

내부자가 중요한 미공개정보를 타인에게 알려주어 그 타인이 이 정보를 이용하여 거래를 하게 하는 것을 의미한다. 내부자가 타인의 증권의 매매 기타 거래에 미공개중요정보를 이용하도록 제공하는 행위만으로 충분하고 달리 정보수령자가 그 정보를 이용하는 행위까지 필요로 하지는 아니한다. 타인으로 하여금 이를 이용하게 하는 행위에 해당하기 위해서는 정보제공행위뿐만 아니라 정보수령자의 이용행위 및 정보제공행위와 그 이용행위 사이의 인과관계가 인정되어야 한다. 이 경우 그 정보수령자도 규제를 받고, 정보를 이용하게 하는 행위에 반드시 대가를 요하지 않으며, 그 타인이 정보를 이용하여 거래를 하여야 하므로 그 타인의 거래가 없는 경우에는 그 타인은 물론 정보제공자의 책임도 없다.

즉 정보제공자인 내부자가 정보수령자인 상대방이 중요한 미공개정보를 이용하여 매매 그 밖의 거래를 할 것이라는 사실을 인식하거나 그렇게 믿을만한 합리적인 이유가 있는 상황에서 상대방에게 정보를 제공하는 행위이다. 따라서 내부자가 정보를 전달하는 과정에서 상대방이 그 정보를 이용하여 매매 그 밖의 거래를 하지 않을 것으로 믿었거나 그렇게 믿을만한 합리적인 이유가 있었던 경우에 그 상대방에게 정보를 알려주는 단순한 정보제공행위는 정보를 이용하게 하는 행위에서 제외된다.

그러나 단순한 정보제공행위와 타인으로 하여금 정보를 이용하게 하는 행위를 구분하는 것은 쉽지 않고, 내부자의 단순한 정보제공행위는 타인의 내부자거래를 조장할 위험성이 높다. 따라서 정당한 권한없이 중요한 미공개정보를 타인에게 제공하는 행위는 설사 그에게 내부자거래를 시킬 의도가 없었다 하더라도 규제할 필요가 있다는 견해가 있다.[219] 그러나 정당한

219) 김건식·정순섭, 전게서, 295쪽.

권한없는 단순한 정보제공행위가 악용될 가능성이 크기 때문에 이를 규제할 필요성이 있겠지만, 현행법상 이와 같이 해석하는 것은 곤란하다고 본다. 예컨대, 이와 같은 문제는 사실관계의 해석으로 보고, 중요한 미공개정보가 전달되는 상황에서 정보를 제공하는 자와 정보를 수령하는 자가 그 정보 또는 그 정보의 이용에 관하여 어떻게 인식하고 있었는가에 따라 위법성 여부를 구체적으로 판단하여야 할 것이다.[220]

관련판례: 서울중앙지방법원 2007. 12. 21. 선고 2007고합569, 831(병합), 1263(병합) 판결

증권거래법 제188조의2에 의하면, 내부자가 미공개정보를 "직접 이용하는 행위"뿐만 아니라 "다른 사람으로 하여금 이를 이용하게 하는 행위" 또한 금지되고, 이에 위반된 행위는 동법 제207조의2에 의하여 형사처벌된다. 이때 다른 사람에게 정보를 제공하는 행위는 수령자가 그 정보를 당해 주식거래에 이용하려 한다는 정을 알면서 그에게 정보를 제공하는 정도면 족하고, 꼭 그 정보를 이용하여 주식거래를 하도록 권유할 필요까지는 없다.

한편, "다른 사람으로 하여금 이를 이용하게 하는 행위"는 다른 사람의 이용행위를 당연한 전제로 하는 것인 점, 다른 사람의 이용행위가 없다면 정보를 제공하는 행위만으로는 증권시장의 공정성에 대한 사회 일반의 신뢰에 어떠한 위험을 가져오지 않는 점, 그러므로 정보제공행위로 기소된 사건에서 정보수령자가 미공개정보를 언제 어떻게 매매거래에 이용하였다는 것인지에 관한 구체적인 범죄사실이 적시되지 아니하면 공소사실이 특정된 것으로 볼 수 없는 점(대법원 2004. 3. 26. 선고 2003도7112 판결 참조) 등에 비추어, 증권거래법 제188조의2 소정의 "다른 사람으로 하여금 이를 이용하게 하는 행위"에 해당하기 위해서는 정보제공행위뿐만 아니라 정보수령자의 이용행위 및 정보제공행위와 그 이용행위 사이의 인과관계까지 인정되어야 한다. 따라서 정보수령자가 이미 그 정보를 다른 경위로 알고 있는 경우에는 정보제공행위와 정보수령자의 이용행위 사이에 인과관계가 인정되지 아니하므로 "다른 사람으로 하여금 이를 이용하게 하는 행위"에 해당하는 것으로 볼 수 없다.

---

220) 박임출, 전게논문, 148쪽.

관련판례: 대법원 1995. 6. 29. 선고 95도467 판결

기록에 나타난 피고인의 피고인 회사에서의 지위, 피고인과 공소외인의 관계, 공소외인이 증권회사의 영업부장으로 재직하고 있었던 점, 위 회사가 추정한 1992사업년도의 결산실적의 구체적인 내용 등을 종합하여 보면, 피고인은 공소외인이 위 회사가 추정한 1992사업년도의 결산실적을 이용하여 위 회사의 주식을 거래하려 한다는 정을 알면서도 위 회사가 직접 집계한 추정결산실적에 관한 정보를 공소외인에게 알려주었다고 보아야 할 것이므로, 피고인의 위와 같은 행위는 증권거래법 제188조의 제1항이 금하고 있는 "그 정보를 다른 사람으로 하여금 이용하게 하는 행위"에 해당하고, 또 피고인이 위 정보가 중요한 정보라는 점에 대한 인식도 가지고 있었다고 보아야 할 것이므로, 같은 취지로 판단한 원심판결은 정당하다.

(2) 정보제공자의 고의와 정보수령자의 고의

정보제공자는 정보를 수령하는 자가 그 정보를 이용하여 증권을 거래할 가능성이 있음을 인식하면서 정보를 전달하여야 한다. 그리고 정보수령자가 수령한 정보를 이용하여 매매 그 밖의 거래를 하는 경우에만 내부자거래가 성립하고 정보제공자의 책임이 인정된다. 이는 정보수령자가 거래를 하지 않은 경우에는 거래당사자간의 정보의 비대칭문제가 없으므로 이에 대한 제재를 할 필요가 없기 때문이다.[221]

또한 정보수령자는 그 정보를 전달한 정보제공자가 그 직무와 관련하여 알게 된 정보를 자신에게 전달한다는 사실을 인식하고 그 정보를 이용하여 거래한 경우에 한하여 내부자거래에 해당한다. 따라서 정보수령자가 그러한 사실을 인식하지 못한 경우에는 내부자거래가 성립하지 않는다.[222]

221) 임재연, 전게서, 772쪽.

222) 박임출, 전게논문, 148쪽.

Ⅶ. 공개매수 및 대량취득·처분의 특칙

1. 공개매수의 경우

(1) 서　설

공개매수 관련자는 주식등에 대한 공개매수의 실시 또는 중지에 관한 미공개정보를 그 주식등과 관련된 특정증권등의 매매, 그 밖의 거래에 이용하거나 타인에게 이용하게 하여서는 아니 된다. 다만, 공개매수자가 공개매수를 목적으로 거래하는 경우에는 그러하지 아니하다(법 제174조 제2항). 일반적인 내부자거래는 어떤 특정한 법인의 업무 등과 관련된 중요한 정보를 이용하는 행위를 규제하고 있으나, 공개매수의 실시 또는 중지에 대한 중요한 미공개정보 이용행위에 대하여 예외적으로 규제하고 있는 것이다.

내부자거래의 규제와 관련하여 중요한 미공개정보의 이용의 규제대상은 회사의 내부정보이고 시장정보는 규제대상이 아니다. 그러나 시장정보 중에서 공개매수의 실시 또는 중지에 관한 미공개정보만은 내부자거래의 규제대상으로 하고 있다. 왜냐하면 공개매수정보는 주가에 큰 영향을 미치는 시장정보이기 때문이다. 우리나라의 경우 1992년 증권거래법 개정에서 공개매수정보를 이용한 내부자거래도 규제대상에 포함시켰다.

(2) 주　체

공개매수의 특칙의 경우 내부자거래의 주체는 일반적인 내부자거래의 주체와 동일하다. 다만 여기서의 내부자는 공개매수자에 관련된 자이다(법 제174조 제2항). 즉 공개매수 대상회사와 관련된 내부자, 준내부자 및 정보수령자가 아닌 대상회사 외부자인 공개매수자의 내부자, 준내부자 및 정보수령자가 공개매수의 실시 또는 중지에 관한 정보를 이용하거나 타인에게 이용하게 하는 것을 규제하는 것이다. 다만 공개매수자가 공개매수를 목적으로 거래하는 경우에는 내부자거래의 규제대상에서 제외되는데, 이는 공개매수자의 공개매수를 위한 증권의 사전매수 행위를 공개매수 준비행위로 인정할 수 있기 때문에 제외한 것이다.

1. 공개매수자(그 계열회사를 포함) 및 공개매수자의 임직원·대리인으로서 그 직무와 관련하여 공개매수의 실시 또는 중지에 관한 미공개정보를 알게 된 자
2. 공개매수자의 주요주주로서 그 권리를 행사하는 과정에서 공개매수의 실시 또는 중지에 관한 미공개정보를 알게 된 자
3. 공개매수자에 대하여 법령에 따른 허가·인가·지도·감독, 그 밖의 권한을 가지는 자로서 그 권한을 행사하는 과정에서 공개매수의 실시 또는 중지에 관한 미공개정보를 알게 된 자
4. 공개매수자와 계약을 체결하고 있거나 체결을 교섭하고 있는 자로서 그 계약을 체결·교섭 또는 이행하는 과정에서 공개매수의 실시 또는 중지에 관한 미공개정보를 알게 된 자
5. 제 2 호부터 제 4 호까지의 어느 하나에 해당하는 자의 대리인(이에 해당하는 자가 법인인 경우에는 그 임직원 및 대리인을 포함)·사용인, 그 밖의 종업원(제 2 호부터 제 4 호까지의 어느 하나에 해당하는 자가 법인인 경우에는 그 임직원 및 대리인)으로서 그 직무와 관련하여 공개매수의 실시 또는 중지에 관한 미공개정보를 알게 된 자
6. 공개매수자 또는 제 1 호부터 제 5 호까지의 어느 하나에 해당하는 자(제 1 호부터 제 5 호까지의 어느 하나의 자에 해당하지 아니하게 된 날부터 1년이 경과하지 아니한 자를 포함)로부터 공개매수의 실시 또는 중지에 관한 미공개정보를 받은 자

(3) 규제대상증권

규제대상증권은 "공개매수의 대상인 주식등과 관련된 특정증권등"이다. "공개매수의 대상인 주식등"의 개념과 "특정증권등"의 개념은 매우 넓기 때문에 두 개의 개념을 결합한 개념인 "공개매수의 대상인 주식등과 관련된 특정증권등"의 범위를 확정하는 것은 쉽지 않다.[223] 따라서 규제의 목적을 달성하기 위하여 가능한 한 넓게 해석하여야 할 것이다.

(4) 규제대상정보

공개매수의 특칙과 관련된 내부정보는 "공개매수의 실시 또는 중지에 관한 미공개정보"를 말하고, 여기서의 미공개정보는 "대통령령이 정하는 방법에 따라 불특정 다수인이 알 수 있도록 공개되기 전의 것을 말한다(법 제174조 제2항). 일반적인 내부자거래와 달리 정보의 중요성은 요건이 아니다.

2. 대량취득처분의 경우

(1) 서　설

규제대상자는 주식등의 대량취득·처분의 실시 또는 중지에 관한 미공개정보를 그 주식등과 관련된 특정증권등의 매매, 그 밖의 거래에 이용하거나 타인에게 이용하게 하여서는 아니 된다. 다만, 대량취득·처분을 하는 자가 대량취득·처분을 목적으로 거래하는 경우에는 그러하지 아니하다(법 제174조 제3항).

증권거래법은 주식등을 대량취득·처분하는 자가 그 정보를 이용하거나 타인에게 이용하게 하여 정보의 비대칭성을 이용한 부당이득의 취득행위를 규제하지 않고 있었다. 그러나 자본시장법은 주식등의 대량취득·처분

223) 임재연, 전게서, 764쪽.

의 실시 또는 중지에 관한 미공개정보를 공개매수의 특칙에 준하여 규제하고 있다.

주식등의 대량취득·처분으로 인한 주가의 변동가능성은 투자자들의 투자판단에 중대한 영향을 미치고, 주식등을 대량취득·처분하는 자와 투자자의 정보의 비대칭이 존재하므로, 경영권에 영향을 줄 가능성이 있는 정보를 이용한 거래행위를 규제하려는 것이다.

(2) 주 체

대량취득·처분의 특칙의 경우 내부자거래의 주체는 공개매수 특칙의 경우와 동일하다. 다만 여기서의 내부자는 주식등을 대량취득·처분하는 자와 관련된 자이다(법 제174조 제 3 항).

1. 대량취득·처분을 하는 자(그 계열회사를 포함) 및 대량취득·처분을 하는 자의 임직원·대리인으로서 그 직무와 관련하여 대량취득·처분의 실시 또는 중지에 관한 미공개정보를 알게 된 자
2. 대량취득·처분을 하는 자의 주요주주로서 그 권리를 행사하는 과정에서 대량취득·처분의 실시 또는 중지에 관한 미공개정보를 알게 된 자
3. 대량취득·처분을 하는 자에 대하여 법령에 따른 허가·인가·지도·감독, 그 밖의 권한을 가지는 자로서 그 권한을 행사하는 과정에서 대량취득·처분의 실시 또는 중지에 관한 미공개정보를 알게 된 자
4. 대량취득·처분을 하는 자와 계약을 체결하고 있거나 체결을 교섭하고 있는 자로서 그 계약을 체결·교섭 또는 이행하는 과정에서 대량취득·처분의 실시 또는 중지에 관한 미공개정보를 알게 된 자
5. 제 2 호부터 제 4 호까지의 어느 하나에 해당하는 자의 대리인(이에 해당하는 자가 법인인 경우에는 그 임직원 및 대리인을 포함)·사용인, 그 밖의 종업원(제 2 호부터 제 4 호까지의 어느 하나에 해당하는 자가 법인인 경우에는 그 임직원 및 대리인)으로서 그 직무와 관련하여 대량취득·처분의 실시 또는 중

지에 관한 미공개정보를 알게 된 자

6. 대량취득·처분을 하는 자 또는 제1호부터 제5호까지의 어느 하나에 해당하는 자(제1호부터 제5호까지의 어느 하나의 자에 해당하지 아니하게 된 날부터 1년이 경과하지 아니한 자를 포함)로부터 대량취득·처분의 실시 또는 중지에 관한 미공개정보를 알게 된 자

여기서의 "대량 취득·처분"이란 다음의 요건을 모두 충족하는 취득·처분을 말한다(영 제201조 제3항).

1. 제154조 제1항의 목적으로 할 것(취득의 경우만 해당)
2. 금융위원회가 정하여 고시하는 비율 이상의 대량취득·처분일 것[224]
3. 그 취득·처분이 법 제147조 제1항에 따른 보고대상에 해당할 것

(3) 규제대상증권

규제대상증권은 "대량취득·처분의 대상인 주식등과 관련된 특정증권등"이다. 그 설명은 공개매수의 특칙의 경우와 동일하다.

(4) 규제대상정보

대량취득·처분의 특칙과 관련된 내부정보는 "주식등의 대량취득·처분의 실시 또는 중지에 관한 미공개정보이다. 여기서 주식등의 대량취득·처

224) 자본시장조사 업무규정 제54조(미공개정보 관련 대량취득·처분의 최소비율요건) ① 시행령 제201조 제3항 제2호의 규정에서 금융위가 정하여 고시하는 비율이란 다음 각 호의 비율 중 낮은 비율을 말한다.
1. 100분의 10(발행 주식등의 총수에 대한 취득·처분하는 주식등의 비율)
2. 취득·처분을 통하여 최대주주등이 되거나(발행 주식등의 총수를 기준으로 누구의 명의로 하든지 특수관계인 및 자기의 계산으로 소유하는 주식등을 합하여 그 수가 가장 많게 되는 경우) 되지 않게 되는 경우 그 변동비율

② 제1항 각 호의 규정에 따른 주식등의 수의 계산은 법 시행규칙 제17조의 규정에서 정하는 방법에 따른다.

분은 경영권에 영향을 줄 가능성이 있는 대량취득·처분으로서 대통령령으로 정하는 취득·처분을 말하고, 미공개정보는 대통령령이 정하는 방법에 따라 불특정 다수인이 알 수 있도록 공개되기 전의 것을 말한다(법 제174조 제 3 항). 일반적인 내부자거래와 달리 정보의 중요성은 요건이 아니다.

제6장

내부자거래에 대한 제재

Ⅰ. 민사제재

1. 서　　설

(1) 규정의 성격

내부자거래의 규제에 관하여 규정한 법 제174조를 위반한 자는 해당 특정증권등의 매매, 그 밖의 거래를 한 자가 그 매매, 그 밖의 거래와 관련하여 입은 손해를 배상할 책임을 진다(법 제175조 제1항).

자본시장법상의 손해배상책임에 관한 규정은 내부자거래라는 불공정행위에 대한 공적규제의 불충분성을 사적규제에 의하여 보완하여 그 규제의 실효성을 제고하기 위한 것이므로, 그 법적 성격은 민법의 일반불법행위로 인한 손해배상청구권의 특칙으로서의 민사책임을 규정한 것이다. 따라서 위 규정은 일반불법행위책임의 규정에 의하여 보완될 수 있고, 당해 내부자거래가 직접거래에 의한 것인 경우에는 계약해제 및 그에 따른 손해배상청구도 가능하며, 양자는 경합한다.[225)]

민법상의 일반불법행위책임을 물을 수 있음에도 불구하고 자본시장법이 특칙을 두고 있는 이유는 내부자거래로 인한 피해를 입은 자의 구제를 용이하게 하고 피해자에 의한 손해배상청구의 활성화를 통해 사적구제에 의한 내부자거래의 억제효과를 제고하기 위한 것이다. 이와 같은 자본시장법상 손해배상책임규정은 내부자거래를 한 자의 부당이득을 박탈함으로써 내부자거래를 억제하는 기능을 수행하는 동시에 이로 인하여 피해를 입은 선의의 투자자를 구제하는 기능을 수행하고 있다.[226)]

관련판례: 서울지방법원 남부지원 1994. 5. 6. 선고 92가합11689 판결
증권거래법 제188조의3 제1항의 규정은 비대면적, 집단적으로 이루어지는 증권시장 거래의 특성상 시장참여자의 불공정거래행위로 손해를 입은 투자자가 가해자를 확정하고 그의 고의, 과실 및 그의 가해행위와 자신이 입은 손해 사이의 모든 인과관계의 과정을 밝혀 불법행위의 책임을 묻는 것이 사실상 불가능에 가까운 점에 비추어, 다른 시장참여자에게 손해를 가할 수 있는 불공정거래행위의 한 유형으로서 내부자거래를 규정하고 내부자거래가 인정되는 범위에서는 인과관계의 입증책임도 완화하기 위한 규정으로 보아야 한다.

(2) 민사책임 규정의 특징과 비판

1) 내부자거래의 구조적 특징

내부자거래의 구조적 특성상 내부자거래로 피해를 입은 투자자가 손해배상을 실현하는 데는 어려움이 있다.

첫째, 대규모로 조직화된 거래소를 통하여 증권거래가 이루어지는 경우 투자자는 거래상대방과 직접적인 교섭이나 권유가 없는 상태에서 내부자의

---

225) 곽민섭, 전게논문, 147쪽.

226) 박임출, 전게논문, 150쪽.

거래와는 무관하게 단지 증권의 호가나 시황에 대한 독자적인 투자판단에 따라 자발적으로 주문을 내어 증권거래를 한다. 따라서 투자자의 거래가 내부자의 거래행위에 의하여 직접적인 영향을 받았다고 보기 어려운 경우가 많고, 또한 투자자의 입장에서는 내부자인 거래상대방을 확인하기도 어렵다. 그리고 거래상대방을 확인할 수 있다고 해도 특정한 투자자가 내부자의 상대방으로 되는 것을 거래소의 매매체결 전산시스템에 의한 우연한 사정에 기인한 것으로 볼 수 있다. 이와 같은 상황에서 내부자와 직접상대방이 된 자, 나아가 우연히 내부자의 직접 거래상대방으로 된 자에게 배상청구권을 인정하고 반대편 거래자에게 이를 부정하는 것은 공평하지 못하다. 그렇다고 하여 직접의 거래상대방을 포함한 모든 반대편 거래자에게 손해배상청구권을 인정하는 것은 내부자거래 행위자의 손해배상책임을 지나치게 확대하는 결과가 되어 피해자의 구제방법으로는 적당할지 모르나 내부자거래 행위자에게 지나치게 가혹하다고 할 수 있다. 나아가 이러한 손해는 내부자거래와 인과관계를 인정하기도 어렵다.[227)]

둘째, 배상청구권자는 현실적으로 내부자거래가 발생했는지 여부를 알 수 없다는 점이다. 즉 감독당국이나 수사기관이 특정인의 내부자거래 혐의를 발표하기 이전에 일반 투자자들은 특정 종목의 거래에서 내부자거래가 존재하였다는 사실을 알기 어렵다.

셋째, 감독당국이나 수사기관의 발표로 자신이 거래한 종목에 내부자거래가 있었다는 사실을 알게 된 경우에도, 자신의 거래가 내부자의 거래와 연결되어 거래가 되었는지는 거래소가 보유하고 있는 거래자료를 확보하지 않는 이상 알 수 없다. 그런데 배상청구권자는 이러한 거래정보자료를 쉽게 입수할 수 없다.[228)]

따라서 위와 같은 이유로 내부자거래의 민사책임에 관하여는 배상청구

227) 박임출, 전게논문, 150쪽.

228) 권종호 외, “증권손해배상책임의 실체법의 정비”, 한국증권법학회 보고서(2003), 91쪽.

권자의 범위, 인과관계의 인정, 입증책임, 손해배상액의 범위 결정이 상호 관련하에 논의되고 있다. 만일 내부자의 거래행위와 피해자의 손해 사이에 엄격한 인과관계의 입증을 요한다고 하면 상대거래를 제외한 거래소 거래의 경우에는 내부자거래의 손해배상책임에 관한 규정을 둔 자본시장법의 취지가 단지 손해배상책임의 법적 근거를 마련하고 있는 것에 지나지 않게 될 수도 있을 것이다.[229)]

2) 민사책임 규정에 대한 비판

내부자거래에 대해서는, 형사제재가 가능하면 내부자거래로 인해 취득한 이득은 형법 제48조의 몰수대상이 될 수 있는데, 이에 더하여 민사책임을 부가할 필요가 있는지에 대하여 의문을 제기하는 견해가 있다. 이는 내부자거래가 피해자가 없는 불법행위라는 견해와 맥락을 같이 하고 있다고 볼 수 있다.[230)]

첫째, 당해 법인이 중요한 정보를 공개하지 않은 상태에서 내부자거래가 발생한 경우, 주가는 전혀 내부정보에 의해 영향을 받지 않았기 때문에 특별히 피해가 발생했다고 주장하기가 어렵다는 점이다. 이 경우 설사 피해자가 있다고 하더라도 민사법에 의한 원고적격은 거래상대방에 한정될 것이다.

둘째, 내부자가 이득을 얻었다고 하더라도 그 누구도 손해를 보지 않는 것이 가능하다는 점이다. 따라서 이러한 경우 이들에 대해서 부당이득반환책임을 청구할 수 있는 자가 없을 수 있다.

셋째, 처벌의 측면에서도 내부자가 얻은 이득은 형법 제48조의 몰수규정에 의해 몰수될 수 있으며, 이에 더하여 징역 또는 벌금형을 선고받을 수 있는 상황에서, 이에 추가하여 굳이 손해를 본 자도 없는데 손해배상청구권

229) 강대섭, "내부자거래의 인과관계와 배상청구권자의 범위", 상거래법의 이론과 실제, 안동섭 교수 화갑기념논문집(1995), 338쪽.

230) 권종호 외, 전게 보고서, 91-92쪽.

을 인정할 이유가 없다.

이와 같은 비판은 내부자거래와 관련한 손해배상청구권의 인정은 필요하지 않고, 현행 형사처벌로 충분하며, 이에 더하여 형법 제48조에 의한 임의적 몰수규정이 충분하지 않다면, 자본시장법에 필요적 몰수규정으로 규정하면 충분하다고 한다.

위에서 살펴 본 민사책임을 인정하는 문제는 입법정책적인 문제이므로 재론의 여지는 없다고 본다. 다만 내부자가 얻은 이득을 필요적 몰수규정으로 규정하여 환수하는 것은 의미가 있다고 본다. 현재의 형사제재 규정이 중하게 규정되어 있지만, 실질적으로 법정형에 훨씬 미치지 못하는 현실을 고려할 때 부당이득을 전액 몰수하는 강제적 규정의 신설은 검토할 필요가 있을 것이다.

2. 책임당사자

(1) 배상책임자

자본시장법상 배상책임자는 법 제174조의 규정을 위반한 자인 내부자, 준내부자, 정보수령자이다. 즉 내부자거래의 행위주체가 배상책임자이다. 내부자, 준내부자, 정보수령자는 당해 상장법인의 업무 등과 관련된 미공개중요정보를 특정증권등의 매매, 그 밖의 거래에 이용하거나 타인에게 이용하게 하여야 한다. 2차 정보수령자는 내부자거래의 행위주체에 해당되지 아니하므로 배상책임자가 아니다.

(2) 배상청구권자

배상청구권자는 내부자, 준내부자 및 정보수령자와 해당 특정증권등의 매매, 그 밖의 거래를 한 자이다. 그러나 청구권자의 범위를 어디까지 인정할 것인가의 문제가 있는데, 이는 인과관계의 문제와 관련된다.

1) 해당 특정증권등

"해당 특정증권등"[231]이라 함은 중요한 미공개정보를 이용하여 거래한 특정증권등으로서 비록 동일 발행회사가 발행한 특정증권등이더라도 다른 종류나 종목의 특정증권등은 손해배상의 대상이 되는 증권이 아니다. 따라서 어느 상장법인의 내부자가 중요한 미공개정보를 이용하여 당해 법인이 발행한 주식을 거래하였다면 당해 주식과 교환 또는 당해 주식으로 전환할 수 있는 사채권을 거래한 자는 그 내부자거래 행위자에게 손해배상청구를 할 수 없다. 또한 당해 상장법인이 수종의 주식을 발행하고 있는 경우 내부자가 중요한 미공개정보를 이용하여 특정 종목의 주식을 거래하였다면 당해 내부자거래 행위자에게 손해배상책임을 청구할 수 있는 자는 당해 특정주식을 거래한 자만 해당한다.[232]

2) 매매 그 밖의 거래

매매란 특정증권등을 매도하거나 매수하는 것을 말하고, 그 밖의 거래란 매매 이외의 당해 특정증권등의 거래를 의미한다. 매매가 전형적인 특정증권등의 거래이지만 그 외에도 담보의 제공, 증권대차거래, 신용거래, 주식교환 등을 포함할 수 있을 것이다.

3) 배상청구권자의 범위와 거래시점의 문제

가. 미국의 경우

(가) 청구권자의 범위와 계약관계

배상청구권자의 범위에 관하여 미국에서는 손해배상청구권자가 내부자

---

231) "특정증권등"이라 함은 다음의 어느 하나에 해당하는 금융투자상품을 말한다(법 제172조 제1항).

1. 그 법인이 발행한 증권(대통령령으로 정하는 증권을 제외)
2. 제1호의 증권과 관련된 증권예탁증권
3. 그 법인 외의 자가 발행한 것으로서 제1호 또는 제2호의 증권과 교환을 청구할 수 있는 교환사채권
4. 제1호부터 제3호까지의 증권만을 기초자산으로 하는 금융투자상품

232) 박임출, 전게논문, 163쪽.

와 증권거래에 있어서 계약관계에 있어야 하는가의 문제로 논의되었다.[233] 보통법하에서는 사기 또는 부실표시에 의한 피해자는 그가 계약의 당사자인 경우에 계약의 타방당사자관계에 있는 자만을 상대로 소를 제기할 수 있었다. 그러나 증권거래는 거래의 신속성과 비대면성으로 인하여 이를 엄격하게 요구하면 매수인-매도인 관계를 확정하기 곤란하므로 내부자거래로 인한 피해자의 구제를 사실상 불가능하게 하는 결과가 초래되었다. 따라서 SEC Rule 10b-5를 해석하는 경우에 초기의 판례는 남소의 우려, 피고의 과도한 불이익, 입증문제 등을 고려하여 계약관계를 엄격히 요구하였으나 점차 이를 완화하는 판례가 나타나게 되었다. 그 후의 판례는 당사자간의 계약관계를 포기하게 되는바, 그 이유는 증권거래와 관련한 사기, 부실표시의 피해자를 광범위하게 보호하고자 하는 증권규제의 목적을 달성하기 위함이었다.

그런데 법적인 어떠한 관계가 배상책임자에게 책임을 부과하기 위한 전제로서 필요하다. 계약관계의 요건을 포기한다고 하여 누구에게나 손해배상청구를 할 수 있다거나 위반행위의 관련을 주장하지 않고 소를 제기할 수 있다는 것은 아니다. 배상책임자의 범위설정으로서의 한계는 다른 형태로 발전하였다. 계약관계의 참가, 지배, 교사 및 방조, 공모라는 더 완화된 형태로 남게 되었다. 동시에 책임의 범위를 제한하는 계약관계의 기능은 부분적으로 신뢰, 인과관계, 매수인-매도인 요건 등으로 변형되었다.

(나) 동시기의 의미

미국의 1988년 내부자거래 및 증권사기집행법(Insider Trading and Securities Fraud Enforcement Act: ITSFEA)은 내부자거래와 동시기(during the same period)에 동일한 종류의 증권을 내부자와 반대방향으로 매매한 자는 내부자거래에 의하여 내부자가 취득한 이익 또는 회피한 손실의 범위 내에서 민사책임을

233) 강대섭, "증권시장에서의 부실공시로 인한 손해배상책임에 관한 연구", 고려대학교 박사학위논문(1992), 133쪽 이하 참조; 오영환, "내부자거래와 민사책임에 관한 연구", 연세대학교 박사학위논문(1994), 201쪽 이하 참조.

추급할 수 있는 것으로 규정하면서 피해자의 민사구제를 넓게 인정하고 있다.[234]

여기서 동시기의 의미에 관한 학설 또는 판례상의 논의는 ① 내부자가 거래를 시작한 날로부터 내부정보가 공개된 날까지로 해석하는 입장, ② 내부자가 거래를 종료 또는 중지한 경우에는 정보비대칭은 해소되어 시장은 정상적인 상태로 돌아오고 공시 또는 거래단념(disclose or abstain)의 의무를 위반하여 거래한 내부자라고 하더라도 그 거래활동을 종료한 후에 우연히 동일 종목의 증권을 거래하게 된 투자자가 입은 손실에 대해서까지 사실상의 보험자가 되어서는 안 된다는 전제하에 내부자의 거래를 종료하는 때에는 내부자는 자신이 시장에 참가하여 정보상의 비대칭을 발생시키는 경우에만 내부자와 거래하는 불특정의 투자자를 보호하기 위한 공시의무를 부담한다고 하여, 동시기는 내부자가 실제로 거래하고 있는 기간(내부정보가 공개되지 않고 있는 전기간이 아니라)을 의미한다는 입장 등이 있다.

판례상으로 동시기의 시기에 관하여는 이를 내부자의 거래 개시시점으로 보아 비록 한 두 시간 전이라도 내부자가 거래하기 전에 매매한 자는 이에 해당하지 않는 것으로 보고 있으나, 종기에 관하여는 일관되어 있지 않고 다투어지고 있다.[235]

나. 우리나라의 경우

(가) 내부자거래의 발생시점과 청구권자의 범위

내부자거래가 발생한 시점을 기준으로 거래방향과 관련하여 다양한 종류의 거래자들이 있을 수 있다. 즉 내부자와 같은 방향으로 거래한 자, 내부자와 반대방향으로 거래한 자, 그리고 계속해서 특정증권등을 보유하고 있는 자로 구분할 수 있다.

---

234) ITSFEA 제5조.

235) 강대섭, "내부자거래와 배상책임에 관한 판례연구" — 배상청구권자와 인과관계에 관한 미국·일본의 판례(1), 경영법률 6집, 한국경영법률학회(1996), 344쪽 이하 참조.

그런데 내부자와 같은 방향으로 거래한 자는 내부자가 얻은 이익 또는 회피한 손실을 함께 누린다고 볼 수 있으므로 청구권자가 될 수 없다. 또한 내부자거래의 발생과 관계없이 계속해서 특정증권등을 보유하고 있는 자는 특별한 이익이나 손실이 발생하지 않았으므로 청구권자가 될 수 없다. 따라서 내부자와 반대방향으로 거래한 자는 내부자거래로 인하여 손실 발생 가능성이 있고, 또 증권거래의 특성상 상대방을 일일이 특정하는 것은 사실상 불가능하기 때문에 내부자와 특정증권등을 반대방향으로 거래한 자를 배상청구권자로 보아야 한다.[236)]

(나) 거래시점의 문제

배상청구권자를 내부자와 반대방향으로 거래한 자로 한정한다고 하더라도 공개시장에서 불특정 다수인간에 이루어지는 증권거래의 특성을 고려하는 경우, 구체적으로 어느 시점에 내부자와 반대방향으로 거래한 자를 청구권자로 인정할 것인가의 문제가 있다.[237)]

① 내부자와 현실적으로 거래한 상대방 거래자에 한정하는 입장이다. 이 견해는 배상청구권자의 확정을 명확하게 하는 장점은 있지만, 불특정 다수인들의 주문이 전산거래시스템을 통하여 처리되는 거래소시장에서의 거래에서 우연히 내부자의 주문과 매치(match)된 거래자에게만 배상청구권을 인정하는 문제점이 있다.

② 내부자가 거래한 시점부터 내부정보가 공개된 시점까지의 모든 반대거래자를 포함하는 입장이다. 이는 청구권자의 범위를 확대시켜주는 장점이 있지만, 인과관계의 입증을 곤란하게 하고 내부자거래 행위자에게 과도한 손해배상책임을 부담시킬 가능성이 있다.

---

236) 강대섭, 전게논문(주 229), 343쪽; 박승배, “자본시장법상 불공정거래행위로 인한 손해배상책임에 관한 연구”, 연세대학교 박사학위논문(2009), 281쪽; 권종호 외, 전게보고서, 93쪽.

237) 박승배, 전게논문, 282-284쪽 참조.

③ 내부자와 거래한 동시기에 같은 종목의 증권을 거래한 자로 보는 입장이다.[238] 이 견해가 원칙적으로 타당하다고 본다. 다만 다양한 신종 금융투자상품의 출현에 따라 반드시 동시기에 거래한 대상을 "같은 종목"으로 한정할 필요는 없을 것이다. 예컨대, 기초자산에 대한 중요한 미공개정보를 이용하여 기초자산에 기초한 파생금융상품으로 경제적 이득을 취할 가능성이 있으므로 동시기에 다른 종목을 반대방향으로 거래한 자에 대하여도 손해배상청구권을 인정해야 할 것이다. 그리고 이 경우 손해배상청구권의 지나친 확대를 방지하기 위해 내부자거래의 발생경위, 내부자가 취득한 이익과 회피한 손실액, 거래별 발생간격, 내부정보의 거래영향, 종목간 연계성 등을 고려하여 판단하여야 할 것이다.

관련판례: 서울지방법원 남부지원 1994. 5. 6. 선고 92가합11689 판결
내부자거래를 한 자가 손해배상책임을 부담하는 상대방인 당해 유가증권의 매매 기타 거래를 한 자를 내부자가 거래한 것과 같은 종목의 유가증권을 거래한 모든 사람으로 해석한다면 내부자가 거래한 수량이 당해 유가증권의 전체

---

238) 다음과 같은 견해가 있다. 내부자거래 행위자에 대하여 손해배상을 청구할 수 있는 자는 "해당 특정증권등의 매매, 그 밖의 거래와 관련하여 손해를 입은 자"이다. 여기서 "해당"이라는 문언이 "특정증권등"을 한정하고 있는가, 또는 "매매, 그 밖의 거래"를 한정하고 있는가의 여부에 따라 청구권자의 범위가 달라질 수 있다. 전자와 같이 해석하면 내부자거래 행위자가 거래한 특정증권등과 동일한 특정증권등을 거래한 자로서 손해를 입은 자 모두가 이에 포함될 수 있을 것이고, 후자와 같이 해석하면 내부자거래 행위자가 거래한 특정증권등과 동일한 특정증권등을 내부자거래 행위자와 거래한 자만이 이에 해당된다고 볼 수 있다. 따라서 전자의 해석에 의하면 당사자 관계가 반드시 존재할 필요는 없으므로 청구권자의 범위가 지나치게 넓은 반면, 후자의 해석에 의하면 당사자 관계가 존재하여야 하므로 청구권자의 범위가 지나치게 좁아지는 문제가 있다. 그리하여 그 전자의 해석과 후자의 해석을 절충한 안으로서 당사자 관계를 의제할 수 있는 새로운 개념의 모색이 필요하게 된다. 즉 미국의 1934년 증권거래법 제20A조의 동시기 거래자(contemporaneous trader) 개념을 원용하여 청구권자의 범위를 형식적으로 인정하는 방법을 고려할 수 있을 것이다. 이와 같이 동시기 거래자 개념으로 청구권자를 결정하면 당사자 관계는 물론 인과관계의 요건도 완화할 수 있어 거래소의 거래가 갖는 비대면적 특성을 해결할 수 있을 것이다(박임출, 전게논문, 160쪽).

시장규모에 비추어 극히 미미한 경우까지 당해 유가증권의 거래자 모두에게 배상책임을 부담하는 것으로 되어 내부자거래를 한 자에게 지나치게 가혹할 뿐만 아니라 그러한 경우에는 내부자거래행위와 손해발생 사이에 인과관계를 인정하기도 어려울 것이므로 위 규정이 위와 같은 입법취지에도 맞지 아니하고, 반면에 당해 유가증권의 매매 기타 거래를 한 자를 유가증권의 매매거래에 있어서의 내부자의 직접 상대방만으로 한정한다면 위와 같이 거래상대방의 확인이 어려운 경우가 대부분인 증권시장의 특성상 위 규정이 적용될 경우는 거의 없어 그 입법취지가 몰각된다 할 것이다. 그러므로 위 규정의 입법취지에 비추어 볼 때 내부자거래를 한 자가 손해배상책임을 부담하는 상대방인 당해 유가증권의 매매 기타 거래를 한 자라 함은 내부자가 거래를 한 것과 같은 종목의 유가증권을 동시기에 내부자와는 반대방향으로 매매한 자를 의미한다고 해석함이 상당하다 할 것이다.[239]

(다) 동시기의 의미

그런데 청구권자의 범위를 구체적으로 특정하기 위하여는 동시기의 개념을 확정할 필요가 있을 것이다. 그러나 위의 하급심 판례[240]도 동시기의 의미에 대하여는 구체적인 설명을 하지는 않고 있다.

여기서 동시기의 의미, 즉 시간적인 인접성의 정도가 무엇을 의미하는가에 대하여 다음과 같은 견해가 있다.[241] ① 인과관계를 추인할 수 있는 범위에서 피해자의 구제와 내부자거래의 규제목적도 달성할 수 있도록 내부자의 거래개시일부터 내부자의 거래종료일까지를 동시기로 보는 입장이

239) 이 사건은 당해 회사의 주거래은행으로서 당해 회사의 부도사실을 안 내부자가 그 사실이 공시되지 않고 있는 사이에 09:27경 증권거래소 개장 직전에 보유하고 있는 당해 회사 주식 전량에 대한 매도주문을 내어 동시호가장에서 일부가 전산체결 매도된 후 나머지는 동시호가장이 마감된 직후인 같은 날의 09:40경부터 10:09경까지 사이에 전산체결 매도되었고, 원고는 같은 날 09:37분경 매수주문을 내어 동시호가장이 마감된 후인 09:46경에 전산체결 매수가 이루어진 사안이다. 이 사안에서 원고는 위 내부자가 매도한 것과 같은 종목의 주식을 동시기에 위 내부자와 반대방향으로 매수하였다. 따라서 법원은 위 내부자에 대하여 손해배상책임을 인정하였다.

240) 서울지방법원 남부지원 1994. 5. 6. 선고 92가합11689 판결.

241) 박승배, 전게논문, 283-284쪽 참조.

다.[242] 그러나 이 견해는 내부자거래가 단기간에 종료될 경우 배상청구권자의 범위가 지나치게 좁아질 가능성이 있으며, 내부자거래와 내부정보의 공개시점과의 시간적 격차 등을 고려하지 않았다는 점이 지적될 수 있다.

② 거래소의 거래에 있어서는 당사자관계를 입증하기 곤란하여 내부자거래를 근절시키기 위하여 내부정보가 공시되기까지 내부자와 반대방향의 거래를 한 자를 청구권자로 보는 입장이다.[243] 그러나 이 견해는 내부정보가 공시되기까지로 동시기를 확장하면 내부자거래규제의 목적은 달성할 수 있지만, 내부자에게 과도한 책임이 발생하여 내부자에게 너무 가혹하다는 문제점이 지적된다.

③ 내부자의 거래개시일부터 내부자의 거래종료일의 증권시장 종료시까지의 거래자를 청구권자로 보는 입장[244]이다. 동시기를 반드시 내부자의 거래종료일의 증권시장 종료시까지로 제한할 당위성은 없지만, 현실적으로 인과관계 입증을 고려하면 이 견해가 설득력을 가진다.

이와 같이 동시기의 의미에 대하여 해석의 문제가 발생하지만, 내부자거래 민사책임의 특성상 실무상 복잡한 문제를 야기할 수 있으므로 입법으로 시기와 종기를 정하기보다는 법원이 개별적 사안에 따라 구체적으로 판단하는 것이 바람직할 것이다.

다. 결 어

청구권자의 범위를 확정하는 경우에 거래소의 증권거래는 직접적인 인적거래가 이루어지지 않는 비대면적인 특성을 갖는 점, 매수인과 매도인 사이의 거래는 증권회사를 통하여 이루어지는데 그 대응관계는 우연히 성립하는 점을 고려하여야 할 것이다. 따라서 거래당사자 사이의 직접적인 계약관계를 요구하는 것은 규제의 목적을 사실상 포기하는 것이고, 우연적인 대응관계를 갖

242) 임재연, 전게서, 845쪽; 강대섭, 전게논문(주 229), 354쪽.

243) 오영환, 전게논문, 209쪽.

244) 곽민섭, 전게논문, 158쪽.

는 자만을 청구권자로 인정하는 것은 불합리하며, 모든 반대 거래자를 청구권자로 인정하는 것은 인과관계의 인정을 곤란하게 할 뿐 아니라 남소의 위험이 있어 당해 내부자거래 행위자에게 과도한 불이익을 과하는 결과를 발생하게 될 것이다. 그러므로 청구권자의 범위는 계약당사자 유사의 관계로서 내부자와 동시기에 반대방향으로 거래한 자로 제한하는 것이 타당하다.[245]

3. 객관적 요건(위법행위)

(1) 위 법 성

자본시장법은 내부자거래의 규제에 관하여 규정하고 있는 법 제174조를 위반한 자는 손해배상책임을 지는 것으로 규정하고 있다(법 제175조 제1항). 자본시장법 제175조 제1항은 미공개중요정보 이용행위 금지 규정의 위반이 곧바로 손해배상책임을 발생시킬 수 있는 위법한 행위임을 규정하고 있다. 중요한 미공개정보를 투자자에게 공개하여야 할 법적 의무를 위반한 것 자체가 위법성의 징표가 되는 것이다.

(2) 중 요 성

1) 중요성 요건

손해배상책임이 발생하기 위해서는 미공개중요정보를 공개하지 않고 내부자, 준내부자, 정보수령자가 특정증권등의 매매, 그 밖의 거래를 함으로써 동시기에 반대방향으로 거래한 자가 손해를 입은 경우이어야 한다(법 제175조 제1항).

여기서 미공개중요정보와 관련하여 정보의 미공개성과 정보의 중요성은 전술한 바와 같다. 특히 자본시장법은 중요하지 않은 사실을 이유로 하여 제기되는 남소를 방지할 목적에서 중요성을 요건으로 하고 있다. 따라서 법의 취지는 중요성이 인정되는 경우에 손해배상책임이 발생하는 것으로

245) 곽민섭, 전게논문, 158쪽.

하고 있다.

자본시장법은 내부자거래와 관련하여 중요성을 "투자자의 투자판단에 중대한 영향을 미칠 수 있는" 정보로 정의하고 있다(법 제174조 제1항). 중요성은 내부자거래와 관련된 손해배상책임에 국한되는 것은 아니며 모든 정보공시에 공통된다. 여기서는 미국의 경우를 중심으로 중요성의 일반화를 살펴보기로 한다.

2) 판단기준

중요성은 청구권자가 입증하여야 한다. 그러나 무엇이 중요성에 해당하는지에 대한 판단기준은 제시되어 있지 않다. 자본시장법의 목적이 개별적인 피해자구제뿐만 아니라 오히려 이를 통하여 증권에 관한 효과적인 정보공시를 달성함으로써 법의 목적을 실현함에 있다는 입장에서 손해배상청구소송에서는 중요성의 개념이 민·형법의 사기개념보다 확장되어야 할 것이다. 그러나 공개시장거래에 있어서는 사실상 다양한 자료, 평가 및 직관에 따라 거래하는 수많은 투자자에게 발생할 수 있는 잠재적인 거액의 책임가능성이 존재하기 때문에 중요성은 현저한 경우에 한하여 주의깊게 판단하여야 할 것이다.

미국의 판례는 중요성을 판단하기 위한 통일적인 기준을 확립하고 있지 않다. 그 대신 투자판단, 증권의 본질적 가치 또는 증권시장에 미치는 효과에 의하여 판단하는 객관적 기준과 투자자의 행위에 의하여 판단하는 주관적 기준을 채용하고 있다. 아래에서는 미국 판례를 중심으로 중요성 기준을 살펴보기로 한다.

가. 주관적 기준

주관적 기준은 주로 직접적인 인적 거래에 사용되고 있는 기준이다. 미국 판례는 일정한 사실의 중요성을 그 사실을 알고 있는 자의 행위에 의하여 판단하는 주관적 기준을 채택한 경우가 있다. "광상발견에 관한 사실이 중요한 사실인가의 여부를 결정하기 위한 주요한 요소는 그것을 알고 있었던 자에 의하여 인정된 중요성이다. 이 발견을 알고 있는 자가 주식을 매수한 시기는 실제상 회사내부자가 광상의 채굴결과에 의하여 영향을 받았다는 사실을 추측하게 한다. 이 내부자거래는 광상발견의 사실이 중요하다는 것을 나타내는 증거이다."[246] 이 주관적 기준은 내부자거래에 관하여 채택된 것이지만 다른 경우에도 응용되고 있다.

나. 객관적 기준

객관적 기준은 다음의 두 가지로 대별된다. 첫째, 합리적인 투자자기준으로 어느 사실이 합리적인 투자자가 투자판단을 함에 있어서 중요한가를 고려하는 기준이다. 둘째, 시장가격기준으로 완전·정확한 공시가 시장가격에 미치는 영향을 고려하는 기준이다.

(가) 합리적인 투자자 기준

합리적인 투자자 기준은 '합리적인 투자자의 투자판단에 영향을 미칠 것'이라는 성향을 중요성 결정의 표지로 한다.

(나) 시장가격기준

시장가격기준은 특정한 사실이 시장가격에 미치는 영향도에 의하여 중요성을 결정한다. 미국의 판례는 '회사의 주식 또는 증권의 가치에 영향을 미칠지도 모른다고 하는 것이 합리적·객관적으로 예기되는 사실'을 중요한 것으로 본다. 그리고 주식 또는 증권의 가치란 시장이 존재하는 때에는 시장가격을 의미한다.

(다) 양 기준의 관계

합리적인 투자자 기준은 개인에게 중점을 두어 중요성을 판단한다. 이는 시장에 있어서 정보의 불평등을 제거하고 투자이익을 동등하게 향유할 수 있게 하는 정책과 밀접한 관련이 있다. 개별적인 투자자가 총체적으로 시장을 형성하며 시장의 동향은 투자자 전체의 움직임을 반영한다는 점에서 보면, 합리적인 투자자 기준은 시장가격기준에 연결된다. 왜냐하면 합리

---

246) SEC v. Texas Gulf Sulphur Co., 401 F.2d 833, 851(2d Cir. 1968).

적인 투자자에게 영향을 미칠 정보는 다수의 투자자로 하여금 증권의 시장가격에 영향을 미치기에 충분한 매수·매도를 하게 할 것이기 때문이다.

자본시장법이 지향하는 완전공시의 정책을 구현하고 투자자의 두터운 보호를 도모하기 위해서는 합리적인 투자자 기준이 타당하다. 이러한 이유에서 미국의 대법원은 시장가격기준을 일반적으로 채택하고 있지 않다. 시장에 영향을 미치는 많은 요소 중에서 특정한 요인에 의한 반응만을 분리시키는 것은 사실상 불가능하며, 완전·정확한 공시 이전에 이미 거래가 행해지기 때문에 정보의 공시를 전제한 가격변동을 측정하는 것도 어렵다. 따라서 합리적인 투자자 기준이 중요성의 판단기준이 되어야 할 것이다.

(라) 중요성의 입증

어떠한 사항이 중요한 사실이냐 아니냐는 구체적으로 결정할 사실문제에 속한다. 그러나 공시의무자인 피고가 투자자를 보호하기 위하여 공시하여야 할 것으로 정해진 사항은 중요한 사실로 추정하여야 할 것이다. 따라서 원고인 투자자는 중요사실에 관한 사항을 주장·입증하여야 할 것이다.

다. 자본시장법의 입장

자본시장법에서 사용하는 중요성의 기준은 합리적인 투자자기준이다. 내부자거래의 경우 "중요정보란 투자자의 투자판단에 중대한 영향을 미칠 수 있는 정보"라고 하여 다소 제한적인 기준을 규정하고 있다(법 제174조 제1항). 이 기준은 내부자거래의 금지에서 미공개정보의 중요성을 판단하는 기준이다.

4. 주관적 요건(유책성 요건)

(1) 서 설

자본시장법 제125조 제1항은 발행공시책임의 경우 유책성의 요건을 규정하면서 유책성의 정도에 있어서 상당한 주의의 항변을 인정하고 있음에 반하여, 내부자거래로 인한 민사책임의 경우 면책가능성을 명시하고 있지 않다. 이 차이는 단순한 입증책임의 전환이라는 효과를 넘어, 배상책임자에게 손해배상책임을 지우기 위해서는 어느 정도의 유책성이 필요한가 하는 문제를 제기한다. 아래에서는 미국에서의 논의를 검토한 후 자본시장법상의 입장을 살펴보기로 한다.

(2) 유책성의 정도(과실기준)

1) 서　　설

1934년 증권거래법 제10조 (b)항과 관련하여 배상책임에서 논의되는 책임요건을 "사기적 의도"(scienter)요건이라고 한다. "사기적 의도"는 손해배상책임을 인정하기 위하여 어느 정도의 "의사"(intent)가 필요한가의 문제라고 할 수 있다.

이 요건을 고의 요건이라고도 하기도 하지만, 미국 증권관련법상으로는 일반적으로 고의보다는 넓은 개념으로 인정되고 있다. SEC Rule 10b-5는 규제의 대상으로서 행위유형을 정하고 있으나 배상책임자의 주관적 요건, 즉 유책성의 기준을 명시하지 않고 있다. 따라서 그 기준이 확립되지 아니한 채 과실(negligence)을 포함하는가의 여부에 관하여 다양한 기준이 하급심 판례에 의해 제시되었고, 그 후 연방대법원의 판례에 의하여 해결되었다.[247]

2) 판례의 확립

하급심 판례의 경우 보통법상 사기의 요건과 비교하여 SEC Rule 10b-5에 의한 소송요건을 완화하는 경향은 "사기적 의도"요건에 관하여 명확하지 않다. 그러나 대체로 엄격한 유책성을 요구하는 입장을 취한 판례, 과실로서 충분하다는 입장을 취한 판례, 그리고 "사기적 의도"요건을 포기하는 판례로 구분할 수 있다.

247) 이상복, 증권집단소송론, 삼우사(2004). 175쪽 이하에서 "사기적 의도"(scienter)와 "부주의"(recklessness)에 관한 순회항소법원의 입장을 상세히 논하고 있다.

"사기적 의도"요건에 관한 하급심의 입장 대립은 Ernst & Ernst v. Hochfelder 판결[248]에서 대법원에 의해 해결되었다. 이 판결에서 대법원은 1934년 증권거래법 제10조 (b)항 또는 Rule 10b-5에 근거한 민사소송을 제기하려는 원고는 피고가 "사기적 의도", 즉 "속이거나, 시세조종하거나 또는 사기를 할 의사를 포함하는 정신상태"(mental state embracing intent to deceive, manipulate, or defraud)를 가지고 행위하였음을 입증하여야 함을 분명히 하였다. 그 후 Aaron v. SEC 판결[249]에서, 대법원은 "사기적 의도"는 원고가 사적 당사자인지 또는 SEC인지에 관계없이, 그리고 구하는 구제수단(금전적인지 또는 형평법에 근거한 것인지)의 종류에 관계없이 1934년 증권거래법 제10조 (b)항 또는 Rule 10b-5를 근거로 한 소송에서 요구된다고 판결함으로써 Ernst & Ernst v. Hochfelder 판결을 확대하였다. 그러나 대법원은 1934년 증권거래법 제10조 (b)항 및 Rule 10b-5 위반을 주장하는 한 소송에서, "사기적 의도"는 정황증거(circumstantial evidence)의 이용에 의해 증명될 수 있음을 명백히 하였다.[250]

이와 관련하여 법원이 "사기적 의도"를 입증하는 데 고려한 요소는 ① 매도로부터 얻은 거래이익의 크기, ② 주식 보유량 중 매도비율, ③ 매도량의 변화, ④ 매도한 내부자의 숫자, ⑤ 차명거래 등이다.[251]

3) 부주의(Recklessness)의 문제

1934년 증권거래법 제10조 (b)항 또는 Rule 10b-5에 근거한 배상청구를 하는 경우 주관적 요건으로서 과실(negligence)을 포함하는가는 분명하지 않다. 법원은 "과실"의 정신상태는 "사기적 의도"를 충족하기에 충분하다고 말하고 있다. 그러나 법원은 "부주의"(recklessness)는 사실상 "사기적 의도"

248) Ernst & Ernst v. Hochfelder, 425 U.S. 185, 193-194 n.12, 96 S.Ct. 1375, 47 L.Ed.2d 668(1976).

249) Aaron v. SEC, 446 U.S. 680, 691, 100 S.Ct. 1945, 64 L.Ed.2d 611(1980).

250) Herman & MacLean v. Huddleston, 459 U.S. 375, 390 n.3, 103 S.Ct. 683, 74 L.Ed.2d 548(1983).

251) 이상복, 전게서, 203쪽 참조.

요건을 충족한다는 입장을 인정하였다.[252] 비록 순회항소법원들이 "부주의 기준"(recklessness standard)의 공식을 변경하였지만, 다음의 정의가 자주 인용되고 있다. "부주의한 행위(reckless conduct)는 단순하거나, 또는 심지어 변명할 수 없는 과실(inexcusable negligence)뿐만 아니라, 통상의 주의(ordinary care) 기준에서 상당히 이탈(departure)된 것을 포함하는 매우 합리적인 행위로서 정의될 수 있으며, 이것은 피고에게 알려진 또는 행위자가 그것을 잘 알고 있어야 하는 것이 매우 명백한 매수인 또는 매도인들에게 오해를 유발할 위험을 제공한다."[253] 또한 "사기적 의도"의 구성요소는 피고가 사기적인 행위(deceptive act)를 범하기 위한 "실제적인 의사"(actual intent)를 갖고 있었다는 것을 입증함으로써 충족될 수 있다.[254]

여기서 부주의(recklessness)는 유책성의 정도의 차이에 있어 현실적인 인식을 의미하는 고의와 단순한 과실 사이에 있는 의식단계라고 할 수 있을 것이다. 즉 부주의(recklessness)는 미필적 고의와 인식있는 과실에 해당한다고 할 수 있다.

(3) 자본시장법의 입장

자본시장법은 내부자, 준내부자 및 정보수령자의 고의 또는 과실을 요건으로 규정하고 있지 않다. 그러나 민법상 일반불법행위책임에 의하면 고의 또는 과실을 요건으로 하므로, 자본시장법이 이를 규정하고 있지 않더라도 내부자거래가 불법행위의 성격을 갖는 이상 고의 또는 과실을 요건으로 한다. 다만 상대방의 특정이나 상대방의 손해의 발생에 대한 고의 또는 과실을 요하지 않고, 청구권자가 알고 있는 내부정보가 중요한 미공개정보라는 것과 이를 이용하거나 타인에게 이용하게 한다는 인식으로서 충분하다

252) Herman & MacLean v. Huddleston, 459 U.S. 375, 378 n.4, 103 S.Ct. 683, 74 L.Ed.2d 548(1983). 현재 실질적으로 모든 연방 순회항소법원이 채택하고 있다.

253) Sundstrand Corp. v. Sun Chemical Corp., 533 F.2d 1033, 1045(7th Cir.), cert. denied 434 U.S. 875(1977).

254) SEC v. MacDonald, 699 F.2d 47, 50(1st Cir. 1983) 참조.

고 보아야 하고, 증권거래의 특성상 이는 추정된다고 할 것이다.[255] 따라서 청구권자는 내부자의 고의 또는 과실을 입증할 필요가 없다.

또한 상법상의 이사 및 감사의 제3자에 대한 책임(상법 제401조, 제415조)과는 달리 배상책임자는 경과실에 대해서도 책임을 부담한다. 경과실에 대하여도 책임을 인정한 것은, 내부자거래를 규제하는 것은 당해 상장법인의 공시의무를 전제로 하며 중요한 미공개정보를 이용한 내부자거래는 당연히 제3자에게 손해를 미치게 될 것이므로 배상책임자인 내부자, 준내부자 및 정보수령자는 이를 충분히 인식하여야 한다는 이유에 기인한다.

(4) 청구권자의 선의

내부자거래로 인한 손해배상청구에서 청구권자가 내부자와 선의로 매매 그 밖의 거래를 하였을 것이 요구된다고 하여 청구권자의 선의를 요하되 이를 추정한다는 견해가 있다.[256] 그러나 청구권자의 선의 또는 악의 여부는 인과관계의 문제의 하나로 파악하는 것이 간명하므로 청구권자의 선의 여부는 별도의 요건이 아니라고 할 것이다. 다만, 내부자가 내부정보를 이용하여 당해 거래를 한다는 사실을 청구권자가 이미 알았다고 한다면 청구권자는 내부자의 거래행위와 관계없이 거래를 한 것으로 보아야 하므로 내부자의 거래행위와 청구권자의 거래 사이에는 인과관계가 없다고 보아야 한다.[257]

5. 신뢰의 요건

(1) 서 설

투자자가 위법행위자의 부실표시를 믿고 증권거래를 하기에 이르렀다

---

255) 같은 견해, 곽민섭, 전게논문, 148쪽; 박승배, 전게논문, 287쪽.
256) 오영환, 전게논문, 192쪽.
257) 곽민섭, 전게논문, 158쪽.

는 사실을 의미하는 '신뢰'는 1934년 증권거래법 제10조 (b)항과 SEC 10b-5에 의한 부실표시로 인한 배상책임에서 전통적으로 인정되는 소송요건이다. 손해의 배상을 목적으로 하지 않는 행정제재나 형사제재에서는 의미가 없다.

신뢰의 입증은 위법행위와 손해 사이의 인과관계, 특히 거래인과관계를 입증하기 위하여 사용되는 개념이다. 신뢰의 요건은 중요성의 요건과 더불어 위법행위와 손해 사이에 사실상의 인과관계가 존재하는 상황에 대해 Rule 10b-5를 무제한으로 적용하는 것을 제한하는 기능을 수행한다. 신뢰의 요건은 그 정도와 내용에 있어서 차이가 인정된다. 즉 공개적으로 거래되지 않는 증권(비상장증권)의 인적거래와 조직화된 거래소시장에서의 거래, 적극적인 부실표시와 불표시, 개별적인 투자결정과 주주총회 등에서 이루어지는 집단적인 행위, 부실표시와 기타 이례적인 형태의 위반행위 등의 사이에 구별이 필요하다. 신뢰에는 투자자가 실제로 부실표시를 신뢰하였다는 주관적 요소를 요하는 현실의 신뢰와 통상인이 신뢰하였을 것이라는 개연성이 요구되는 합리적인 신뢰가 있다. 그리고 특정한 상황에서는 입증책임이 경감되는 신뢰의 추정이 넓게 인정되고 있으며, 신뢰의 요건을 배제하는 정도에 따른 시장사기이론이 채용되고 있다.[258)]

(2) 신뢰와 인과관계

SEC Rule 10b-5에 근거한 묵시적 소권에 의한 손해배상청구소송에서 원고는 신뢰와 인과관계를 입증하여야 한다. Basic, Inc. v. Levinson 판결에서 대법원이 지적한 바와 같이, "신뢰는 피고의 부실표시와 원고의 손해 사이의 거래인과관계(causal connection)를 제공한다."[259)] 따라서 신뢰는 일반적으로 "조건적 인과관계"(but-for causation) 또는 "사실상의 인과관계"(causation in fact)를 의미하는 것으로 이해된다. 이는 피고의 사기가 없었더라면, 증권거래가 일어나지 않았거나 또는 다른 조건에서 일어났을 것이라는 것을 의미

258) 강대섭, 전게논문(주 233), 152쪽.

259) Basic, Inc. v. Levinson, 485 U.S. 224, 243, 108 S.Ct. 978, 99 L.Ed.2d 194(1988).

한다. 일반적으로 더 넓은 인과관계의 개념은 직접인과관계(proximate causation) 또는 손해인과관계(loss causation)로 불리기도 하는데, 이것은 사기가 원고에게 금전상의 손해를 직접 발생시켰다는 것을 입증하는 것을 의미한다. 이와 같은 이유로 인하여, 많은 하급심 법원은 신뢰와 인과관계 사이의 차이점을 거래인과관계와 손해인과관계 사이의 차이점으로 불렀다.[260)]

신뢰(조건적 인과관계 또는 거래인과관계)는 피고의 부실표시 또는 비공시가 원고에게 손해를 발생시킨 과정을 결정하는 경우에 실질적인 원인이 무엇인지를 판단하는 것이다. 즉 피고가 중요한 정보를 공시하거나 또는 중요한 정보를 정확하게 표시하였다면, 원고는 다르게 행위를 하였을 것인가 또는 피고의 위반행위는 원고로 하여금 거래에 참가하도록 하는 원인이 되었는가의 문제이다.

인과관계(손해인과관계)는 원고가 "손해와 부실표시 사이의 직접적 또는 주된 관계(direct or proximate relationship)를 입증할 것을 요구하고 있다."[261)] 신뢰를 의미하는 거래인과관계로는 불충분하다. 신뢰 또는 거래인과관계와는 달리 손해인과관계는 본질적으로 사실상의 문제이고, 따라서 일반적으로 추정이 허용되지 않는다.

6. 인과관계

(1) 논의배경

인과관계라 함은 어떤 2개 또는 그 이상의 사회적 사이의 서로 원인과 결과의 관계가 있는 것, 즉 그 어떤 사실이 있었기 때문에 그 결과로서 어떤 사실이 발생하게 되는 관계를 말한다. 그런데 인과관계가 문제되는 가장

260) Suez Equity Investors, L.P. v. Toronto Dominion Bank, 250 F.3d 87, 96(2d Cir. 2001); Ambassador Hotel Co., Ltd. v. Wei-Chuan Investment, 189 F.3d 1017, 1027(9th Cir. 1999) 참조.

261) Wilson v. Ruffa & Hanover, P.C., 844 F.2d 81, 86(2d Cir. 1988).

중요한 경우는 불법행위의 성립요건으로서 가해행위와 발생된 손해 사이에 과연 위와 같은 인과관계가 존재하는가이다.[262]

내부자거래의 피해자가 손해배상청구를 하는 경우에는 손해와 내부자거래 사이의 인과관계를 입증하여야 한다. 그런데 증권거래가 조직화된 증권시장을 통하여 이루어지는 경우에는 시장에 참가하는 불특정 다수의 투자자가 거래의 상대방이 되는 거래의 비대면성과 집단성으로 인하여 투자자가 이를 입증하여 내부자거래로 인한 불법행위책임을 묻는 것은 사실상 불가능에 가깝다. 왜냐하면 증권시장에서 내부자거래가 이루어진 경우에 내부자가 중요한 정보를 공시하지 않고 거래함으로써 얻은 이익과 그러한 정보를 가지지 못한 거래상대방이 입은 손해 사이의 인과관계는 통상 단절되고, 설사 누가 이익을 얻고 누가 손실을 입었는가를 명백히 할 수 있다 하여도 사후에 인과관계의 존재를 입증하는 것은 매우 곤란하기 때문이다.[263]

따라서 내부자거래의 경우 청구권자에게 민법에시 요구하는 인과관계의 증명을 요구하는 것은 바람직하지 않기 때문에, 일정한 수준에서 원고의 입증책임을 완화 또는 면제하는 것이 필요하다는 논의가 있는 실정이다.

(2) 외국에서의 논의

1) 미　　국

미국은 불법행위에 관하여 전통적으로 사실상의 인과관계와 근인관계가 사용되어 왔는데, 증권소송에서는 인과관계를 거래인과관계와 손해인과관계로 구분하고 양자의 입증을 요하는 것으로 하고 있다. 사실상의 인과관계를 확정하기 위하여 신뢰의 개념이 사용되고, 근인관계를 확정하기 위하여 당사자관계가 사용되는 경우도 있으며, 이러한 신뢰는 증권거래의 경우, 불표시의 경우 및 집단소송의 경우에는 적극적인 신뢰의 입증을 요하지 않

262) 박준서, 주석 민법(채권각칙(6)), 한국사법행정학회(2002), 132쪽.

263) 강대섭, 전게논문(주 229), 349쪽.

는 것으로 하여 인과관계를 사실상 추정하고 있다. 이에 따라 내부자거래의 경우에는 내부자와 투자자 사이에 실제로 매매가 이루어졌다는 당사자관계의 입증을 요하지 않는다고 한다.[264)]

2) 일 본

일본에서는 불법행위의 인과관계는 불법행위의 성립요건으로서의 인과관계와 배상할 손해의 범위에 관한 인과관계로 구분한다. 전자의 사실적인 인과관계가 인정되기 위하여는 조건관계, 즉 당해 행위가 없었더라면 당해 결과가 발생하지 않았을 것이라는 점이 인정되어야 한다. 판례는 현행법상 내부자거래의 불법행위의 인과관계에 대하여 인과관계의 추정에 관한 명문규정이 없으므로 책임성립의 인과관계는 필요하다고 한다. 다만 내부자가 위법하게 매도한 주식을 원고가 취득하여 매수하였다는 사실이 입증되는 경우에는 내부자의 매도와 원고의 손해 사이에 인과관계를 인정할 수 있다고 한다.[265)]

(3) 자본시장법의 규정

1) 손해인과관계

가. 의 의

자본시장법은 "매매, 그 밖의 거래와 관련하여 입은 손해를 배상할 책임을 진다"고 규정하고 있다(법 제175조 제1항). 이는 내부자거래와 관련이 있는 손해인과관계의 증명을 요구하고 거래인과관계의 증명을 요구하고 있지는 않다. 따라서 청구권자는 배상책임자가 미공개정보를 이용하여 내부자거래를 한 사실과 내부자거래와 관련하여 손해를 입었다는 사실만을 증명하면 된다.

손해인과관계를 요구하는 것은 내부자거래로 인하여 손해를 입은 자를 보호하고 내부자거래와 관련이 없는 손해에 대하여는 내부자가 배상책임을

264) 강대섭, 전게논문(주 229), 349쪽.

265) 강대섭, 상게논문, 350쪽.

지는 것을 방지하기 위한 것이다.[266]

나. 입증책임의 완화 또는 추정

그런데 거래소 시장의 거래의 경우 내부자거래와 피해자의 손해 사이의 인과관계를 증명하는 것은 용이하지 않다. 따라서 일정한 범위에서 인과관계를 완화하거나 추정할 필요가 있다.

증권시장에서의 내부자거래로 인한 청구권자의 손해는 내부정보의 부실공시, 사회·경제여건, 시장상황에 따른 주가의 급락, 당해 주식의 발행총수에 대한 내부자의 거래비중 등 다양한 요인 등이 상호작용하여 발생한 것이므로 내부자의 정보이용행위와 청구권자의 손해발생 사이의 인과관계를 증명하는 것은 매우 어려운 문제이다.[267]

자본시장법 제175조 제1항이 "그 매매, 그 밖의 거래와 관련하여"라고 표현하고 있는 것은 증권거래가 합리적인 투자자를 전제로 하고 대량의 신속한 거래를 특징으로 하고 있는 점 등을 고려하여 인과관계를 엄격하게 요구하지 않겠다는 취지로 풀이할 수 있다. 따라서 입법목적과 내부자의 책임범위를 적절히 조화한다는 면에서 투자자의 정보에 대한 선의는 추정된다고 보고, 내부자와 투자자 사이의 엄격한 계약당사자 관계는 요하지 않고 계약당사자 유사의 관계로서 동시기에 반대방향으로 매매를 하였음이 증명되면 인과관계는 일응 증명된 것으로 하여 인과관계의 증명을 완화 또는 추정하고, 내부자가 상대방의 악의 등을 반증에 의하여 번복하게 하는 것이 타당하다.[268]

2) 거래인과관계

거래인과관계란 청구권자가 배상책임자의 중요한 사실에 대한 부실표시를 신뢰하고 거래하였다는 사실을 말한다. 우리나라에서 거래인과관계가

266) 박승배, 전게논문, 289쪽: 박임출, 전게논문, 169쪽.
267) 곽민섭, 전게논문, 160쪽: 박임출, 상게논문, 167쪽.
268) 곽민섭, 상게논문, 161쪽; 박임출, 상게논문, 166쪽.

전통적인 불법행위의 경우에도 문제가 되지 않은 것은 청구권자는 배상책임자의 행위를 당연히 신뢰하고 행동한 것으로 추정하였기 때문인 것으로 보인다.

자본시장법 제175조 제1항은 거래인과관계를 명시적으로 요구하지 않는다. 이는 내부자거래가 구조적으로 불공시를 통해서 발생하는 것이고, 청구권자가 내부자의 불공시를 신뢰하여 거래하였다는 사실의 증명은 상식적으로 불가능하므로 자본시장법은 이러한 신뢰요건을 면제해주고 있다고 볼 수 있을 것이다.[269)]

7. 손해배상의 범위

(1) 서　설

내부자거래 금지규정을 위반한 자는 해당 특정증권등의 매매, 그 밖의 거래를 한 자가 "그 매매, 그 밖의 거래와 관련하여 입은 손해"를 배상할 책임을 진다(법 제175조 제1항). 따라서 내부자의 중요한 미공개정보 이용행위의 결과 청구권자에게 손해가 현실적으로 발생하여야 한다. 여기서 손해는 내부자의 내부자거래가 없었더라면 청구권자가 얻었을 이익이다. 청구권자는 자신이 입은 손해를 증명하여야 한다.

그런데 자본시장법은 내부자거래로 인한 손해배상책임에 대하여는 손해배상액의 산정방법에 관하여 규정하고 있지 않다. 이는 증권신고서 및 투자설명서의 중요사항에 관한 거짓의 기재 또는 표시가 있거나 중요사항이 기재 또는 표시되지 않은 경우 손해배상액 산정기준을 명시하고(법 제126조 제1항), 또한 사업보고서, 반기보고서, 분기보고서에 대해서도 동일한 방법을 규정하고(법 제162조) 있는 것과 대조적이다. 따라서 내부자거래로 인한 민사책임의 경우 손해배상액의 산정방법에 대하여는 학설의 대립이 있으며

269) 권종호 외, 전게 보고서, 102쪽.

확립된 판례도 없는 실정이다.

(2) 배상액 산정방법

1) 미국에서의 논의

가. 서 설

1934년 증권거래법 제10조 (b)항과 Rule 10b-5는 손해배상에 관한 명시적인 규정을 두고 있지 않다. 따라서 다수의 투자자가 손해를 입었다고 주장하는 집단소송이 주류를 이루는 증권소송에서 적절한 손해배상액을 산정하기 위하여 다양한 방식이 논의되었다. 그런데 이와 같은 다양한 유형의 배상액 산정기준은 불공정거래금지규정인 Rule 10b-5의 포괄성이 요구하는 특별한 접근방식에 기인하고 있다. 즉 원고의 손해, 피고의 이익 및 특수한 유형의 책임이 갖는 억지효과와 같은 요소를 고려하여 구체적인 사정에 적합한 방식을 제공하려고 하는 노력의 소산이다. 그러나 이 접근법은 다양한 기준을 적용하는 결과 동일한 사안을 통일적으로 다루지 못하는 단점이 있다.

판례와 학설을 통하여 다양하게 전개되는 배상액 산정방법의 실질적인 차이는 거래 후에 발생한 당해 증권의 가격변동을 당사자 사이에서 어떻게 배분할 것인가에 있다. 최근의 판례는 현실손해배상방식과 원상회복방식의 양 요소를 결합하는 경향을 보이고 있다. 그러나 내부자거래에 관한 한 부당이득반환방식이 고수되고 있다.

나. 배상액 산정방법의 유형

(가) 현실손해배상방식(out of pocket loss)

Rule 10b-5에 의한 손해배상소송에서 전통적으로 이용되고 있는 배상액 산정방식이다. 이 방식은 매매한 증권의 가치와 거래시에 증권에 대해 지급하거나 수령한 대가의 공정한 가치의 차액을 배상액으로 한다. 증권의 공정한 가치는 거래시를 기준으로 한다. 따라서 청구권자가 증권의 매수인인 경우에는 매수가격에서 매매시의 증권의 실제 가치를 공제한 금액이 배상액이 된다. 이 방식은 청구권자가 현실적으로 입은 손해에 중점을 두기 때문에 청구권자가 얻었을 이익(거래이익)은 보상되지 않는다.[270]

투자자는 일반적인 시장변동의 위험을 인수하고 오직 부실표시에 기인한 손해에 대해서만 전보받을 수 있다는 근거에서 부실표시와 무관한 시장가격의 하락으로 인한 손해는 이론상 배제된다. 이 점에서 정확한 배상방식이라고 할 수 있으나, 거래시의 증권의 실제 가치를 확정해야 하는 어려운 문제가 있다.

(나) 원상회복방식(recession or rescissory damages)

부실표시에 의하여 거래된 증권이 이미 제3자에게 처분되어 계약의 취소와 원상회복이 불가능한 취소에 갈음하여 손해배상을 구할 때 사용되는 배상액 산정방식이다. 청구권자가 매수인인 경우 배상액은 당해 증권의 매수가격과 처분가격의 차액을, 청구권자가 매도인인 경우의 배상액은 그 매도가격과 판결일 현재 당해 증권의 공정한 가치의 차액을 기준으로 한다.

(다) 거래이익배상방식(benefit of the bargain damages)

이 방식은 거래이익의 배상을 목적으로 하는데, 청구권자가 합리적으로 기대하였던 것과 현실로 수령한 것의 실제가치의 차액이 거래이익에 해당한다. 즉 청구권자가 매매한 증권의 표시가격(부실하게 표시된 가격)과 거래일 현재 증권의 실제가치의 차액을 배상액으로 산정하는 방식이다. 이 거래이익은 매우 확실하게 증명될 수 있는 경우에만 실손해로로서 배상될 수 있다. 이 방식은 Rule 10b-5에 의한 소송에서 일반적으로 인정되지는 않는다.

(라) 부당이득반환방식(disgorgement)

부당이득반환방식은 배상책임자가 사기적 거래에서 매수한 증권을 판결일 전에 제3자에게 처분함으로써 얻은 이익을 기망당한 청구권자에게 반환시키는 방식이다. 이는 현실손해배상방식의 변형으로, 우연한 이익(windfall

270) 강대섭, 전게논문(주 233), 190-199쪽 참조.

profit) 개념에 근거하여 증권의 매수인이 실현한 추가이익 또는 매도인이 실현하였을 추가이익을 배상의 내용으로 한다.

2) 우리나라의 경우

자본시장법이 배상액 산정방법을 규정하고 있지 않으므로 그 방법에 대하여 견해가 대립하고 있다. ① 거래상대방이 실제로 매매한 가격과 그가 정보를 알게 된 후 상당한 기간이 경과한 시점의 시장가격과의 차액으로 하자는 견해이다.[271] 이 견해는 상당한 기간을 어떻게 판단할 것인가의 문제가 있다. ② 상대방의 매매가격과 그로부터 상당한 기간 경과 후 위반행위가 적발된 시점의 시가의 차액으로 하되 청구권자의 매매시점과 상당한 기간 경과시까지 사이에 가격등락이 내부자거래 이외의 사실에 의한 경우에는 당해 내부자의 증명에 따라 해당 부분에 대한 책임은 제외되도록 하자는 견해이다.[272] 이는 주가에 영향을 주는 요인이 매우 다양하고 실제 특정기간 내에 내부자거래 이외의 사실에 의한 주가의 변동을 분리하여 증명하는 것이 용이하지 않다는 점을 간과한 문제가 있다. ③ 원칙적으로 청구권자가 취득한 가격과 내부자거래가 없었다면 형성되었을 정상가격과의 차액을 기초로 배상액을 산정해야 한다는 견해이다.[273] 이는 정상가격을 어떻게 산정할 것인가의 문제가 있다.

일부 하급심 판결은 제126조의 증권신고서 및 제162조의 사업보고서의 거짓기재로 인한 손해배상책임을 묻는 규정을 준용하였다.

관련판례: 서울지방법원 남부지원 1994. 5. 6. 선고 92가합11689 판결

증권거래법 제15조(자본시장법 제126조)는 제 1 항에서, 청구권자가 유가증권을 취득함에 있어서 실제로 지급한 액에서, 당해 유가증권에 관하여 소송제기되어 있는 때에는 변론종결시에 있어서의 시장가격(시장가격이 없는 때에는

271) 신영무, “내부자거래와 민사상책임”, 상사법연구 제 8 집, 한국상사법학회(1990), 162쪽.

272) 오영환, 전게논문, 224쪽.

273) 김건식·정순섭, 전게서, 305쪽.

추정시장가격), 변론종결 전에 당해 유가증권을 처분한 때에는 그 처분가격을 공제한 금액을 손해배상액으로 정하고 있고, 제2항에서 위 배상책임을 질 자가 청구권자가 입은 손해액의 전부 또는 일부를 허위로 기재·표시하거나 중요한 사항을 기재·표시함으로써 발생한 것이 아님을 입증한 경우에는 그 부분에 대하여 배상책임을 지지 않는다고 규정하고 있다.

3) 결 어

명시적인 준용규정이 없음에도 불구하고 준용하고 있는 위 하급심 판례는 문제가 있다. 그러나 현재로서는 내부자거래의 억제와 피해자 보호를 위하여 거래 상대방이 실제로 매매한 가격과 그가 정보를 알게 된 후 상당한 기간이 경과한 시점의 시장가격과의 차액을 손해액으로 하는 것이 타당하다. 다만 상당한 기간 경과시에는 변론종결시점이 될 수도 있지만 피해자의 자구노력의 정도 등 제반사정을 고려하여 법원이 결정하여야 할 것이다. 또한 배상책임자가 청구권자가 입은 손해액의 전부 또는 일부가 내부자거래로 인하여 발생한 것이 아님을 증명한 경우에는 그 부분에 대하여 배상책임을 부담하지 않음은 전술한 바와 같다. 그리고 상당한 기간 경과 전에 당해 증권을 반대매매한 경우에는 그때의 시가를 기준으로 하여야 할 것이다.[274)]

(3) 배상액의 제한

내부자거래로 인한 손해배상책임은 불법행위의 성질을 가지므로 청구권자의 과실은 일반이론에 따라 과실상계가 허용된다.

시장가격의 이상폭락, 기업재무구조의 악화 등의 경우에도 그 위험을 배상책임자에게 부담시키는 것은 부당하다. 따라서 배상책임자가 해당 증권의 시장가격이 중요한 미공개정보 이용행위 이외의 사유로 하락하였음을 증명한 때에는 그 한도에서 배상책임을 면할 수 있다고 보는 것이 타당하다. 배상액의 제한을 인정하더라도 그 증명은 증권가격의 전반적인 급락을 초래한 경제 내·외부의 요인을 고려하고, 이에 관한 전문가의 조언 등에

274) 곽민섭, 전게논문, 162쪽.

의하여 이를 엄격히 제한하여 허용해야 할 것이다.

(4) 책임의 분배

1) 부진정연대책임

자본시장법은 배상책임자가 내부자거래로 인하여 청구권자에게 손해를 발생시킨 경우 연대책임을 지는가에 관하여 명문의 규정을 두고 있지 않다. 일반적으로 법률이 다수인에게 객관적으로 동일한 배상책임을 인정하는 경우에 특히 연대책임으로 한다는 규정이 없는 경우에는 일반적으로 부진정연대채무가 있는 것으로 해석한다. 따라서 수인의 내부자가 있는 경우에는 부진정연대책임으로 보아야 할 것이다.

2) 구상권과 부담부분

명문규정이 없더라도 자본시장법의 배상책임을 부진정연대책임으로 보는 한 배상책임자의 한 사람이 그 손해의 전액을 배상한 경우에는 다른 공동책임자에게 그 부담할 책임에 따라 구상권을 행사할 수 있다. 구상권을 인정하는 것이 공평할 뿐만 아니라 다른 배상책임자의 완전한 면책가능성을 줄임으로써 장래의 법규위반행위를 방지하는 것이 사회질서에 합치하기 때문이다. 부담부분은 형평을 기하기 위하여 각 사안에 따라 책임자의 유책성, 내부자거래에의 관여도의 정도를 고려한 규범적 판단에 의하여 결정되어야 할 것이다.

(5) 배상청구권의 소멸

내부자거래로 인한 손해배상청구권은 청구권자가 내부자거래가 있었던 사실을 안 날부터 1년간 또는 내부자거래 행위가 있었던 날부터 3년간 이를 행사하지 아니한 경우에는 시효로 인하여 소멸한다.

(6) 단기매매차익 반환책임과의 경합

내부자거래로 인하여 단기매매차익을 얻은 경우에는 피해자에 대한 손해배상책임을 지는 것과 단기매매차익 반환책임은 경합하게 된다. 양자는 성립요건, 책임의 성격, 청구권자 등의 요건이 서로 다르고, 내부자거래의 규제목적을 달성하기 위하여 경합을 인정할 실익이 있기 때문이다. 따라서 어느 한쪽의 책임을 이행하더라도 다른 쪽의 책임이 그만큼 감경되는 것도 아니며, 내부자가 양 책임을 모두 이행함으로써 자신이 실제로 취득한 금액보다 훨씬 더 많은 금액을 배상 또는 반환하는 결과가 생기더라도 이는 내부자거래의 억제를 위하여 필요한 것이지 동일한 행위에 대하여 이중으로 책임을 부담하는 것은 아니다.[275]

8. 증권관련 집단소송[276]

(1) 서 설

1) 입법취지

증권시장에서 발생하는 기업의 분식회계·부실공시·주가조작·내부자거래와 같은 각종 불법행위로 인하여 다수의 소액투자자들이 재산적 피해를 입은 경우, 증권관련 집단소송법 제정당시의 소송구조상으로는 소액투자자들이 손해배상청구의 소를 제기하기 어렵고, 다수의 중복소송으로 인하여 소송불경제가 야기될 우려가 있는바, 증권관련 집단소송제도를 도입하여 소액투자자들의 집단적 피해를 보다 효율적으로 구제할 수 있도록 함과 동시에 기업경영의 투명성을 높이려는 것이다.

이러한 취지에 따라 증권관련 집단소송법이 2004. 1. 20. 법률 제7074호로 공포되어 2005. 1. 1.부터 시행되었다.

---

275) 신영무, 전게논문, 164쪽.

276) 이상복, 전게서, 297쪽 이하 참조. 증권관련 집단소송은 내부자거래만을 적용대상으로 하는 것은 아니지만, 내부자거래가 전체 집단소송 중 차지하는 비중이 가장 큰 것이 현실이기 때문에(우리나라는 통계가 없지만 집단소송의 천국이라는 미국의 통계에 의하면 내부자거래 비중이 약 60% 이상이다), 증권관련 집단소송을 소개하기로 한다.

2) 기본사항

가. 용어 정의

증권관련 집단소송법에서 사용하는 용어의 뜻은 다음과 같다(같은 법 제 2 조).

"증권관련 집단소송"이란 증권의 매매 또는 그 밖의 거래과정에서 다수인에게 피해가 발생한 경우 그 중의 1인 또는 수인이 대표당사자가 되어 수행하는 손해배상청구소송을 말하고, "총원"이란 증권의 매매 또는 그 밖의 거래과정에서 다수인에게 피해가 발생한 경우 그 손해의 보전에 관하여 공통의 이해관계를 가지는 피해자 전원을 말하며, "구성원"이란 총원을 구성하는 각각의 피해자를 말하고, "대표당사자"란 법원의 허가를 받아 총원을 위하여 증권관련 집단소송 절차를 수행하는 1인 또는 수인의 구성원을 말하고, "제외신고"란 구성원이 증권관련 집단소송에 관한 판결 등의 기판력을 받지 아니하겠다는 의사를 법원에 신고하는 것을 말하며, "증권"이란 자본시장법 제 4 조에 따른 증권을 말한다.

나. 관 할

증권관련 집단소송은 피고의 보통재판적 소재지를 관할하는 지방법원 본원 합의부의 전속관할로 한다(같은 법 제 4 조).

다. 민사소송법의 적용

증권관련 집단소송에 관하여 이 법에 특별한 규정이 없는 경우에는 민사소송법을 적용한다(같은 법 제 6 조).

(2) 증권집단소송법의 목적 및 증권집단소송의 대상

1) 증권집단소송법의 목적

증권관련 집단소송법은 증권의 거래과정에서 발생한 집단적인 피해를 효율적으로 구제하고 이를 통하여 기업의 경영투명성을 높이기 위하여 증권관련 집단소송에 관하여 민사소송법에 대한 특례를 정하는 것을 목적으로 한다(같은 법 제1조).

2) 증권집단소송의 대상

증권관련 집단소송의 소는 다음의 손해배상청구에 한정하여 제기할 수 있으며(같은 법 제3조 제1항), 이 손해배상청구는 자본시장법 제9조 제15항 제3호에 따른 주권상장법인이 발행한 증권의 매매 또는 그 밖의 거래로 인한 것이어야 한다(같은 법 제3조 제2항).

1. 자본시장법 제125조에 따른 손해배상청구(발행시장에서의 공시의무위반으로 인한 손해배상책임)
2. 자본시장법 제162조에 따른 손해배상청구(유통시장에서의 공시의무위반으로 인한 손해배상책임)
3. 자본시장법 제175조, 제177조 또는 제179조에 따른 손해배상청구(미공개정보이용금지위반 및 시세조종금지위반으로 인한 손해배상책임)
4. 자본시장법 제170조에 따른 손해배상청구(회계감사인의 손해배상책임)

(3) 당사자 및 소송대리인 적격

1) 대표당사자 적격

가. 대표당사자의 요건

대표당사자는 구성원 중 해당 증권관련 집단소송으로 얻을 수 있는 경제적 이익이 가장 큰 자 등 총원의 이익을 공정하고 적절하게 대표할 수 있는 구성원이어야 하며(같은 법 제11조 제1항), 최근 3년간 3건 이상의 증권관련 집단소송에 대표당사자로 관여하였던 자는 증권관련 집단소송의 대표당사자가 될 수 없다. 다만, 여러 사정에 비추어 볼 때 제1항에 따른 요건을 충족하는 데에 지장이 없다고 법원이 인정하는 자는 그러하지 아니하다(같은 법 제11조 제3항).

나. 대표당사자 선임절차

대표당사자가 되기를 원하는 구성원은 경력과 신청의 취지를 적은 신청서에 해당 증권관련 집단소송을 수행하기 위하여 또는 소송대리인의 지시에 따라 해당 증권관련 집단소송과 관련된 증권을 취득하지 아니하였다는 사실을 진술한 문서와 최근 3년간 대표당사자로 관여한 증권관련 집단소송의 내역을 진술한 문서를 첨부하여 법원에 제출하여야 한다(같은 법 제10조 제 3 항).

법원은 공고를 한 날부터 50일 이내에 대표당사자가 되기 위하여 증권관련 집단소송을 제기하는 자와 대표당사자가 되기를 원하여 공고일로부터 30일 이내에 법원에 신청서를 제출한 구성원 중 제11조에 따른 요건을 갖춘 자로서 총원의 이익을 대표하기에 가장 적합한 자를 결정으로 대표당사자로 선임한다. 그러나 이 결정에 대하여는 불복할 수 없다(같은 법 제10조 제 4 항 및 제 5 항).

대표당사자로 선임된 자는 대표당사자가 되기 위하여 증권관련 집단소송을 제기하는 자 중 대표당사자로 선임되지 아니한 자가 붙인 인지의 액면금액을 그에게 지급하여야 한다(같은 법 제10조 제 6 항).

2) 소송대리인 적격

가. 변호사강제주의

증권관련 집단소송의 원고와 피고는 변호사를 소송대리인으로 선임하여야 한다. 그러나 증권관련 집단소송의 대상이 된 증권을 소유하거나, 그 증권과 관련된 직접적인 금전적 이해관계가 있는 등의 사유로 이 법에 따른 소송절차에서 소송대리인의 업무를 수행하기에 부적절하다고 판단될 정도로 총원과 이해관계가 충돌되는 자는 증권관련 집단소송의 원고측 소송대리인이 될 수 없다(같은 법 제 5 조).

변호사강제주의를 채택한 것은 증권관련 집단소송의 절차를 수행하는 데에는 고도의 법률지식과 소송기술이 필요하므로 법률가가 아닌 대표당사자가 증권관련 집단소송법에 의한 소송절차를 수행하기가 사실상 어렵기 때문이다.

나. 소송대리인의 요건

증권관련 집단소송의 원고측 소송대리인은 총원의 이익을 공정하고 적절하게 대리할 수 있는 자이어야 하며(같은 법 제11조 제2항), 최근 3년간 3건 이상의 증권관련 집단소송에 대표당사자의 소송대리인으로 관여하였던 자는 증권관련 집단소송의 원고측 소송대리인이 될 수 없다. 다만, 여러 사정에 비추어 볼 때 제2항에 따른 요건을 충족하는 데에 지장이 없다고 법원이 인정하는 자는 그러하지 아니하다(같은 법 제11조 제3항).

(4) 소의 제기 및 허가절차

1) 집단소송의 제기

가. 허가신청절차

대표당사자가 되기 위하여 증권관련 집단소송의 소를 제기하는 자는 소장과 소송허가신청서를 법원에 제출하여야 한다(같은 법 제7조 제1항).

나. 소장첩용 인지액

증권관련 집단소송의 소장에 붙이는 인지액은 민사소송 등 인지법 제2조 제1항에 따라 산출된 금액의 2분의 1에 같은 조 제2항을 적용한 금액으로 한다. 이 경우 인지액의 상한은 5천만원으로 하며, 항소심 및 상고심에서의 인지액에 대하여는 민사소송 등 인지법을 준용한다(같은 법 제7조 제2항 및 제3항).

증권관련 집단소송의 경우 손해배상청구시 그 소가가 엄청난 금액에 달할 수 있으므로 이를 그대로 민사소송등인지법의 산정기준에 따를 경우 사실상 제소를 불가능하게 할 수 있다는 점과 규모가 큰 소송일수록 공익적 요소가 크다고 할 수 있는 점 등을 고려하여 일반 민사소송의 경우보다 인지액을 감면한 것이다.

다. 증권거래소 등에 대한 통보

법원은 대표당사자가 되기 위하여 증권관련 집단소송의 소를 제기하는 자가 제출한 소장과 소송허가신청서가 제출된 사실을 한국거래소에 즉시 통보하여야 하며, 한국거래소는 그 사실을 일반인이 알 수 있도록 공시하여야 한다(같은 법 제 7 조 제 4 항).

라. 소제기의 공고

법원은 소장 및 소송허가신청서를 접수한 날부터 10일 이내에 증권관련 집단소송의 소가 제기되었다는 사실, 총원의 범위, 청구의 취지 및 원인의 요지, 대표당사자가 되기를 원하는 구성원은 공고가 있는 날부터 30일 이내에 법원에 신청서를 제출하여야 한다는 사실을 공고하여야 하고(같은 법 제10조 제 1 항), 이 공고는 전국을 보급지역으로 하는 일간신문에 게재하는 등 대법원규칙으로 정하는 방법으로 한다(같은 법 제10조 제 2 항).

2) 소송허가요건

증권관련 집단소송 사건은 다음의 요건을 갖추어야 한다. 다만 증권관련 집단소송의 소가 제기된 후 구성원이 50인 미만으로 감소하거나 구성원의 보유 증권의 합계가 피고 회사의 발행 증권 총수의 1만분의 1 미만으로 감소하는 경우에도 제소의 효력에는 영향이 없다(같은 법 제12조).

1. 구성원이 50인 이상이고, 청구의 원인이 된 행위 당시를 기준으로 그 구성원이 보유하고 있는 증권의 합계가 피고 회사의 발행 증권 총수의 1만분의 1 이상일 것
2. 적용대상 손해배상청구로서 법률상 또는 사실상의 중요한 쟁점이 모든 구성원에게 공통될 것
3. 증권관련 집단소송이 총원의 권리 실현이나 이익 보호에 적합하고 효율적인 수단일 것
4 소송허가신청서의 기재사항 및 첨부서류에 흠이 없을 것

3) 소송허가절차

가. 당사자심문 및 직권조사

대표당사자는 소송허가 신청의 이유를 소명하여야 하고, 증권관련 집단소송의 허가 여부에 관한 재판은 대표당사자가 되기 위하여 소를 제기하는 자와 피고를 심문하여 결정으로 하며, 법원은 허가 여부의 재판을 함에 있어서 손해배상청구의 원인이 되는 행위를 감독·검사하는 감독기관으로부터 손해배상청구 원인행위에 대한 기초조사 자료를 제출받는 등 직권으로 필요한 조사를 할 수 있다(같은 법 제13조).

나. 소송허가신청이 경합된 경우의 처리

동일한 분쟁에 관하여 여러 개의 증권관련 집단소송의 소송허가신청서가 동일한 법원에 제출된 경우 법원은 이를 병합심리하여야 하고, 동일한 분쟁에 관한 여러 개의 증권관련 집단소송의 소송허가신청서가 각각 다른 법원에 제출된 경우 관계 법원에 공통되는 바로 위의 상급법원은 관계 법원이나 대표당사자가 되기 위하여 소를 제기하는 자, 대표당사자 또는 피고의 신청에 의하여 결정으로 이를 심리할 법원을 정하고, 이 경우 여러 개의 증권관련 집단소송을 심리할 법원으로 결정된 법원은 이를 병합심리하여야 한다. 법원은 병합심리하는 경우에는 대표당사자가 되기 위하여 소를 제기하는 자, 제10조 제1항 제4호에 따라 신청서를 제출한 구성원 또는 대표당사자들의 의견을 들어 소송을 수행할 대표당사자 및 소송대리인을 정할 수 있으며, 위 심리법원 지정결정과 소송을 수행할 대표당사자 및 소송대리인 지정결정에 대하여는 불복할 수 없다(같은 법 제14조).

4) 소송허가 및 불허가의 결정

가. 소송허부결정과 불복절차

법원은 적용범위(제3조), 대표당사자 및 소송대리인의 요건(제11조), 소송허가요건(제12조)의 규정을 고려하여 허가결정을 하거나 불허가결정을 한다. 증권관련 집단소송의 허가결정서에는 대표당사자와 그 법정대리인, 원고측 소송대리인, 피고, 총원의 범위, 주문, 이유, 청구의 취지 및 원인의 요지, 제외신고의 기간과 방법, 고지·공고·감정 등에 필요한 비용의 예납에 관한 사항, 그 밖의 필요한 사항을 적고 결정을 한 법관이 기명날인하여야 한다. 또한 법원은 상당하다고 인정할 때에는 결정으로 총원의 범위를 조정하여 허가할 수 있으며, 위 허가 및 불허가결정에 대하여는 즉시항고할 수 있다(같은 법 제15조, 제17조 제 1 항). 그리고 불허가 결정이 확정된 때에는 증권관련 집단소송의 소가 제기되지 아니한 것으로 본다(같은 법 제17조 제 2 항).

나. 소송비용의 예납

법원은 소송허가 결정을 할 때에는 고지·공고·감정 등에 필요한 비용의 예납을 명하여야 한다(같은 법 제16조).

다. 소송허가결정의 고지 및 통보

법원은 소송허가 결정이 확정되면 지체 없이 다음의 사항을 구성원에게 고지하여야 한다(같은 법 제18조). 법원은 다음의 사항을 한국거래소에 즉시 통보하여야 하고, 통보를 받은 한국거래소는 그 내용을 일반인이 알 수 있도록 공시하여야 한다(같은 법 제19조).

1. 대표당사자와 그 법정대리인의 성명·명칭 또는 상호 및 주소
2. 원고측 소송대리인의 성명·명칭 또는 상호 및 주소
3. 피고의 성명·명칭 또는 상호 및 주소
4. 총원의 범위
5. 청구의 취지 및 원인의 요지
6. 제외신고의 기간과 방법
7. 제외신고를 한 자는 개별적으로 소를 제기할 수 있다는 사실
8. 제외신고를 하지 아니한 구성원에 대하여는 증권관련집단소송에 관한 판결 등의 효력이 미친다는 사실
9. 제외신고를 하지 아니한 구성원은 증권관련집단소송의 계속 중에 법

원의 허가를 받아 대표당사자가 될 수 있다는 사실
10. 변호사 보수에 관한 약정
11. 제1호부터 제10호까지에서 규정한 사항 외에 법원이 필요하다고 인정하는 사항

5) 대표당사자의 변동

가. 대표당사자에 대한 허가

구성원은 증권관련 집단소송의 계속 중에 법원의 허가를 받아 대표당사자가 될 수 있고, 법원의 허부결정에 관하여는 대표당사자가 되기 위하여 소를 제기하는 자와 피고를 심문하고 직권으로 필요한 조사를 할 수 있으며, 이 허부결정에 대하여는 불복할 수 없고, 대표당사자가 둘 이상인 경우에는 민사소송법 제67조 제1항 및 제2항을 준용한다(같은 법 제21조 및 제20조).

나. 대표당사자의 소송수행금지 및 사임

법원은 대표당사자가 총원의 이익을 공정하고 적절하게 대표하고 있지 못하거나 그 밖의 중대한 사유가 있을 때에는 직권으로 또는 다른 대표당사자의 신청에 의하여 그 대표당사자의 소송수행을 결정으로 금지할 수 있고, 이 결정에 관하여는 대표당사자가 되기 위하여 소를 제기하는 자와 피고를 심문하고 직권으로 필요한 조사를 할 수 있으며, 취소결정에 대하여는 즉시항고할 수 있다(같은 법 제22조).

그리고 대표당사자는 정당한 이유가 있을 때에는 법원의 허가를 받아 사임할 수 있다(같은 법 제23조).

다. 대표당사자의 결원

대표당사자의 전부가 사망 또는 사임하거나 소송수행이 금지된 경우에는 소송절차는 중단되고, 대표당사자가 되려는 구성원은 제21조에 따른 법원의 허가를 받아 중단된 소송절차를 수계하여야 하며, 소송절차의 중단 후 1년 이내에 수계 신청이 없는 때에는 소가 취하된 것으로 본다(같은 법 제24조).

법원은 대표당사자가 변경된 경우에는 적절한 방법으로 구성원에게 그 사실을 고지하여야 한다(같은 법 제25조).

6) 소송대리인의 사임

증권관련 집단소송의 원고측 소송대리인은 정당한 이유가 있을 때에는 법원의 허가를 받아 사임할 수 있고, 대표당사자는 상당한 사유가 있을 때에는 법원의 허가를 받아 소송대리인을 해임, 추가 선임 또는 교체할 수 있으며, 증권관련 집단소송의 원고측 소송대리인 전원이 사망 또는 사임하거나 해임된 경우에는 소송절차는 중단되며, 이 경우 대표당사자는 법원의 허가를 받아 소송대리인을 선임하여 소송절차를 수계하여야 하고, 소송절차의 중단 후 1년 이내에 수계 신청이 없는 때에는 그 증권관련 집단소송은 취하된 것으로 본다(같은 법 제26조).

7) 구성원의 변동

가. 총원범위의 변경

법원은 필요하다고 인정할 때에는 직권 또는 신청에 의하여 결정으로 총원의 범위를 변경할 수 있고, 법원은 이 결정에 의하여 구성원에서 제외되는 자와 새로 구성원이 되는 자에게 결정 내용을 고지하여야 하며, 이 경우 새로 구성원이 되는 자에게는 제18조 제 1 항 각 호의 사항을 함께 고지하여야 한다. 위 고지에 관하여는 소송허가결정의 고지방법에 준하여 고지하여야 하며, 총원이 범위 변경결정에 대하여는 즉시항고할 수 있다(같은 법 제27조).

나. 제외신고

구성원은 제외신고 기간 내에 서면으로 법원에 제외신고를 할 수 있고, 제외신고 기간이 끝나기 전에 증권관련 집단소송의 목적으로 된 권리와 동일한 권리에 대하여 개별적으로 소를 제기하는 자는 제외신고를 한 것으로 보며, 다만, 제외신고 기간 내에 소를 취하한 경우에는 그러하지 아니하다. 증권관련 집단소송의 피고는 제 2 항에 따라 개별적으로 제기된 소에 관하여 법원에 신고하여야 하며, 법원은 위의 신고된 사항을 대표당사자와 피고에게 통지하여야 한다(같은 법 제28조).

8) 시효중단의 효력

증권관련 집단소송의 소 제기로 인한 시효중단의 효력은 소송불허가 결정이 확정된 경우, 총원의 범위변경의 결정에 의하여 구성원에서 제외된 경우, 제외신고 기간 내에 제외신고를 한 경우에 그 사유가 발생한 때부터 6개월 이내에 그 청구에 관하여 소가 제기되지 아니한 경우에 소멸한다(같은 법 제29조).

(5) 소송절차

1) 절차상 특칙

가. 직권증거조사

법원은 필요하다고 인정할 때에는 직권으로 증거조사를 할 수 있다(같은 법 제30조). 본조는 민사소송법상으로는 당사자가 신청한 증거에 의해 심증을 얻을 수 없는 경우 등에 한해 직권으로 증거조사를 할 수 있는 데 비하여(민사소송법 제265조), 증권집단소송에 있어서는 법원이 필요하다고 인정하는 때에는 언제든지 직권으로 증거조사를 할 수 있도록 함으로써 이를 보충적이 아닌 원칙적인 형태로 규정하였는데, 이것은 집단소송의 공익적 성격을 반영한 것이다.

나. 문서제출명령

법원은 필요하다고 인정할 때에는 소송과 관련 있는 문서를 가지고 있는 자에게 그 문서의 제출을 명하거나 송부를 촉탁할 수 있고, 이 문서제출명령이나 문서송부 촉탁을 받은 자는 정당한 이유 없이 그 제출이나 송부를 거부할 수 없다. 다만, 공공기관의 정보공개에 관한 법률 제4조 제3항 및 제9조 제1항 각 호의 사유가 있는 문서, 민사소송법에 따라 제출을 거부할 수 있는 문서의 경우는 예외로 하고 있다. 또한 대표당사자와 피고는 법원에 문서제출 명령 등을 신청할 수 있다(같은 법 제32조).

다. 증거보전

법원은 미리 증거조사를 하지 아니하면 그 증거를 사용하기 곤란한 사정이 있지 아니한 경우에도 필요하다고 인정할 때에는 당사자의 신청에 의하여 증거조사를 할 수 있다(같은 법 제33조).

2) 소취하·화해·청구포기의 제한

증권관련 집단소송의 경우 소의 취하, 소송상의 화해 또는 청구의 포기는 법원의 허가를 받지 아니하면 그 효력이 없고, 법원은 위의 허가에 관한 결정을 하려는 경우에는 미리 구성원에게 이를 고지하여 의견을 진술할 기회를 주어야 하며, 이 경우에는 제18조 제 2 항 및 제 3 항의 규정에 의한 고지를 하여야 하고, 민사소송법상의 쌍방불출석시의 소취하간주에 관한 규정을 적용하지 아니한다(같은 법 제35조).

(6) 손해배상액의 산정

손해배상액의 산정에 관하여 자본시장법이나 그 밖의 다른 법률에 규정이 있는 경우에는 그에 따르고(같은 법 제34조 제 1 항), 법원은 제 1 항에 따르거나 증거조사를 통하여도 정확한 손해액을 산정하기 곤란한 경우에는 여러 사정을 고려하여 표본적·평균적·통계적 방법 또는 그 밖의 합리적인 방법으로 손해액을 정할 수 있다(같은 법 제34조 제 2 항).

(7) 판결과 기판력

1) 판결선고 및 상소취하의 제한

가. 판결선고 및 고지

판결서에는 민사소송법 제208조 제 1 항 각 호의 사항(당사자와 법정대리인, 주문, 청구의 취지 및 상소의 취지, 이유, 변론을 종결한 날짜, 법원, 법관의 서명날인)과 원고측 소송대리인과 피고측 소송대리인, 총원의 범위, 제외신고를 한 구성원을 적어야 하고, 법원은 금전 지급의 판결을 선고할 때에는 여러 사정을 고려하여 지급의 유예, 분할지급 또는 그 밖의 적절한 방법에 의한 지급을 허락할 수 있으며, 법원은 판결의 주문과 이유의 요지를 구성원에게 고지하여야 한다(같은 법 제36조).

나. 상소취하·상소권 포기의 제한

상소의 취하 또는 상소권의 포기에 관하여는 제35조를 준용하며, 대표당사자가 정하여진 기간 이내에 상소하지 아니한 경우에는 상소제기 기간이 끝난 때부터 30일 이내에 구성원이 법원의 허가를 받아 상소를 목적으로 하는 대표당사자가 될 수 있으며, 대표당사자가 된 자의 상소는 법원의 허가를 받은 날부터 2주 이내에 제기하여야 한다(같은 법 제38조).

2) 기판력 인적범위의 확장

확정판결은 제외신고를 하지 아니한 구성원에 대하여도 그 효력이 미친다(같은 법 제37조).

(8) 권리실행과 분배절차

1) 권리실행

대표당사자는 집행권원을 취득하였을 때에는 지체 없이 그 권리를 실행하여야 하며, 권리실행으로 금전 등을 취득한 경우에는 대법원규칙으로 정하는 바에 따라 보관하여야 하고, 권리실행이 끝나면 그 결과를 법원에 보고하여야 한다(같은 법 제40조).

2) 분배관리인의 선임 및 분배

가. 분배법원

분배에 관한 법원의 처분·감독 및 협력 등은 제1심 수소법원의 전속관할로 한다(같은 법 제39조).

나. 분배관리인

법원은 직권으로 또는 대표당사자의 신청에 의하여 분배관리인을 선임하여야 하며, 분배관리인은 법원의 감독하에 권리실행으로 취득한 금전 등의 분배업무를 수행하고, 법원은 분배관리인이 분배업무를 적절히 수행하지 못하거나 그 밖의 중대한 사유가 있을 때에는 직권 또는 신청에 의하여 분배관리인을 변경할 수 있다(같은 법 제41조).

다. 분배계획안

(가) 분배계획안의 작성

분배관리인은 법원이 정한 기간 이내에 분배계획안을 작성하여 법원에 제출하여야 한다(같은 법 제42조 제 1 항). 분배계획안에는 다음의 사항을 적어야 한다(같은 법 제42조 제 2 항).

1. 총원의 범위와 채권의 총액
2. 집행권원의 표시금액, 권리실행금액 및 분배할 금액
3. 제44조 제 1 항에 따른 공제항목과 그 금액
4. 분배의 기준과 방법
5. 권리신고의 기간·장소 및 방법
6. 권리의 확인방법
7. 분배금의 수령기간, 수령장소 및 수령방법
8. 제 1 호부터 제 7 호까지에서 규정한 사항 외에 필요하다고 인정되는 사항

(나) 분배계획안의 인가

법원은 분배계획안이 공정하며 형평에 맞다고 인정되면 결정으로 이를 인가하여야 하며, 상당하다고 인정할 때에는 직권으로 분배계획안을 수정하여 인가할 수 있고, 이 경우 법원은 미리 분배관리인을 심문하여야 하며, 인가결정 및 수정인가결정에 대하여는 불복할 수 없다(같은 법 제46조).

(다) 분배계획의 고지 및 변경

법원은 분배계획을 인가하였을 때에는 적절한 방법으로 집행권원의 요

지, 분배관리인의 성명 및 주소, 분배계획의 요지를 구성원에게 고지하여야 한다(같은 법 제47조). 또한 법원은 상당한 이유가 있다고 인정할 때에는 직권으로 또는 분배관리인의 신청에 의하여 결정으로 분배계획을 변경할 수 있으며, 이 변경결정에 대하여는 불복할 수 없고, 법원은 분배계획을 변경하는 경우 필요하다고 인정하면 적절한 방법으로 변경의 내용을 구성원에게 고지하여야 한다(같은 법 제48조).

라. 분배제외비용 등

분배관리인은 권리실행으로 취득한 금액에서 소송비용 및 변호사 보수, 권리실행 비용, 분배비용(분배관리인에게 지급하는 것이 타당하다고 인정되는 액수의 보수를 포함)을 공제할 수 있고, 제46조 제1항에 따른 분배계획안의 인가를 받기 전에 제1항 제1호부터 제3호까지의 비용을 지급하려면 법원의 허가를 받아야 하며, 법원은 분배관리인, 대표당사자 또는 구성원이 신청한 경우에는 소송의 진행과정 및 결과 등 여러 사정을 고려하여 제44조 제1항 제1호의 변호사 보수를 감액할 수 있다. 이 경우 법원은 신청인과 대표당사자의 소송대리인을 심문하여야 하고, 이러한 신청은 분배계획안의 인가 전까지 하여야 하며, 이에 관한 결정에 대하여는 즉시항고를 할 수 있다(같은 법 제44조).

법원은 권리실행으로 취득한 금액이 제44조 제1항 각 호의 비용을 지급하기에 부족한 경우에는 분배하지 아니한다는 결정을 하여야 하고, 이러한 결정이 있는 경우 분배관리인은 법원의 허가를 받아 권리실행한 금액을 적절한 방법으로 제44조 제1항 각 호의 비용에 분배하여야 한다(같은 법 제45조).

마. 분배기준

분배의 기준은 판결 이유 중의 판단이나 화해조서 또는 인낙조서의 기재내용에 따르고, 권리신고 기간 내에 신고하여 확인된 권리의 총액이 분배할 금액을 초과하는 경우에는 안분비례의 방법으로 분배한다(같은 법 제43조).

3) 권리신고의 확인과 이의

가. 권리의 신고와 확인

구성원은 분배계획에서 정하는 바에 따라 권리신고 기간 내에 분배관리인에게 권리를 신고하여야 하고, 책임 없는 사유로 권리신고 기간 내에 신고를 하지 못한 경우에는 그 사유가 종료된 후 1개월이 지나기 전에 신고할 수 있고, 다만, 제53조에 따른 공탁금의 출급청구 기간이 끝나기 전에 신고하여야 하며, 분배관리인은 신고된 권리를 확인하여야 하고, 권리신고를 한 자 및 피고에게 권리확인의 결과를 통지하여야 한다(같은 법 제49조).

나. 권리확인에 대한 이의

권리신고를 한 자 또는 피고는 분배관리인의 권리확인에 이의가 있을 때에는 제49조 제 4 항에 따른 확인 결과를 통지받은 날부터 2주일 이내에 법원에 그 권리의 확인을 구하는 신청을 할 수 있고, 법원은 위 신청에 대하여 결정으로 재판하여야 하며, 이 결정에 대하여는 불복할 수 없다(같은 법 제50조).

4) 잔여금의 처리

분배관리인은 분배금의 수령기간이 지난 후 남은 금액이 있을 때에는 지체 없이 이를 공탁하여야 한다(같은 법 제51조). 권리가 확인된 구성원으로서 분배금의 수령기간 내에 분배금을 수령하지 아니한 자 또는 신고기간이 지난 후에 권리를 신고하여 권리를 확인받은 자는 수령기간이 지난 후 6개월까지만 공탁금의 출급을 청구할 수 있다(같은 법 제53조). 법원은 제54조 제 1 항에 따른 분배종료보고서가 제출된 경우 남은 금액이 있을 때에는 직권으로 또는 피고의 출급청구에 의하여 이를 피고에게 지급한다.

분배관리인은 분배절차가 종료한 때에는 지체 없이 법원에 분배종료보고서를 제출하여야 한다(같은 법 제54조 제 1 항). 분배종료보고서가 제출된 경우 남은 금액이 있을 때에는 직권으로 또는 피고의 출급청구에 의하여 이를 피고에게 지급한다(같은 법 제55조).

Ⅱ. 행정제재

1. 미국의 경우

(1) 서 론

Securities and Exchange Comission(SEC, 증권거래위원회)는 월스트리트에 만연했던 증권사기의 결과로 알려져 있는 1929년 증권시장붕괴 직후 의회에 의해 만들어졌다. SEC는 독립적 규제기관이며, 상원의 동의를 얻어 대통령이 임명하는 5인의 위원으로 구성된다. 위원의 임기는 5년이고 임기는 시차를 두고 있다. 대통령은 위원들 중에서 위원장을 임명한다.

SEC는 증권업계에 대한 입법, 사법, 행정의 삼권을 함께 갖는 막강한 정부기관이다.[277] 증권법의 집행과 관련하여 SEC는 다음과 같은 다양한 권한을 가지고 있다. 첫째, 증권법위반에 대한 광범위한 조사권이 있다. 둘째, 정지명령이나 행정벌 등의 각종 행정조치를 할 수 있다. 셋째, 증권법 위반행위가 있는 경우 법원에 대하여 민사적인 금지명령(injunction)을 청구할 수 있다. 넷째, 법무부에 대하여 형사소추를 건의할 수 있다. 증권법이 형사법적 성격을 가지고 있다는 점은 증권법의 집행과 관련하여 매우 중요하다. 왜냐하면 단순한 금전적 손해배상만으로는 증권법 위반행위를 억지하는 데 한계가 있기 때문이다.[278]

그런데 집행국(Division of Enforcement)은 SEC가 집행하는 법률에 의한 조

---

277) SEC의 주요기능은 다음과 같다. ① 브로커-딜러, 투자회사 등에 대한 등록업무, ② 자율규제기관(SRO)에 대한 인허가, ③ 정지명령 등 각종 행정조치, ④ 감독목적을 위한 규정 및 규칙 제정, ⑤ 증권관련법 적용에 대한 포괄적 면제권한 행사 ⑥ 증권관련 법령 위반에 대한 광범위한 조사 및 검사, ⑦ 위법행위에 대해 법원에 금지명령을 발부토록 하는 민사소송 청구 ⑧ 법무부에 대한 형사소추 건의 등이다.

278) 김건식·송옥렬, 미국의 증권규제, 홍문사(2001), 396쪽.

사와 집행업무를 담당하는 부서이다. SEC의 집행국(Division of Enforcement)은 위원회의 "경찰대"(police force)이며 연방증권법의 민사 및 행정적 집행에 대해 책임을 진다. 또한 집행국은 증권법 위반에 대한 형사소추를 돕기 위해 전국의 여러 기관과 긴밀한 협조를 한다.[279]

그리고 SEC의 최고법무담당임원(chief legal officer)은 법무실장(General Counsel)이고, 법무실은 집행업무에 광범위하게 관여한다. 집행국과 SEC의 다른 부서는 법률과 정책문제에 관해서 법무실의 자문을 구한다. 법무실은 SEC의 항소(또는 상고)를 담당하고, SEC가 피고로 된 소송에서 변호하고, 다른 민사소송을 지휘한다. 또한 형사소추를 하기 위해서 법무부(Department of Justice)에 송치할 사건에 대한 집행국의 의견을 검토한다. 또한 위법행위를 저지른 자에 대해서 자격을 박탈하는 SEC의 행정절차는 법무실에 의해서 진행된다.

(2) 조 사 권

1) 개 요

일반적으로 조사권은 비공식적[280]으로 발동되며 조사담당직원은 당사자와 참고인들의 자발적 협조에 의존해야 한다. 만약 담당직원이 증언의 강제와 문서제출의 필요성이 있다고 판단될 경우 SEC로부터 공식조사명령권을 부여받을 수 있다. 공식조사명령권은 담당직원이 소환장을 발부하고 선서에 의한 증언을 확보하는 권한을 부여한다. 그러나 조사담당직원이 개인이나 단체에 대한 집행조치(enforcement action)를 권고(recommend)하기 위해서는 공식조사명령권이 필요하지 않다. 위원회 규정은 담당직원으로 하여금 조

279) Paul. Hastings, Janofsky & Walker, LLP, Securities Law Claims A Practical Guide, Oceana Publications, Inc.(2004), 200쪽. 이하 SLC Practical Guide라 한다.

280) 아무런 형식이 요구되지 않으며, 언론보도, 내부자의 고발, 주나 연방 또는 해외기관으로부터의 정보, 국정조사자료, 증권거래소와 기타 규제기관의 의뢰, 불만을 품은 투자자의 단순한 서신 등도 조사권을 발동시킨다(Paul, SLC practical guide, p. 209).

사의 비밀을 유지하도록 요구하고 있다.[281] 이와 대조적으로 집행조치는 공개적 기록에 관한 문제이다.

SEC 조사는 공식적이든 비공식적이든 기간이 길고, 비용이 많이 들며, 시간이 많이 걸린다. 집행조치를 권고하기 전에 담당직원은 일반적으로 수년이 걸리는 광범위한 조사를 실시한다. 담당직원은 SEC에서 작성한 문서와 조사대상자가 제공한 문서 및 은행거래기록이나 통화기록, 증권회사의 기록, 회계사의 검토자료 등을 포함한 다양한 출처로부터 입수된 문서를 검토한다. 또한 담당직원은 조사 내용을 알고 있는 참고인으로부터 진술이나 증언을 확보한다.

2) 조사권의 법적 근거

1933년 증권법 제19조 (b)항은 SEC 위원들이나 SEC로부터 권한을 위임받은 직원들에게 증인을 소환하고, 선서를 하게 하거나 선서없이 증언을 하게 하고, 증거를 수집하고, SEC가 조사와 관련이 있거나 중요하다고 믿는 장부나 문서 기타 서류를 제출하도록 할 수 있는 권한을 부여하고 있다. 또한 1933년 증권법 제20조 (a)항은 법률이나 규칙에 위반하였거나 위반할 염려가 있는 경우에는 SEC에게 조사권을 부여하고 있다.

1934년 증권거래법 제21조 (a)항은 누군가가 증권거래법이나 SEC Rule을 이미 위반하였거나, 위반하고 있거나, 위반할 염려가 있는지 여부를 결정할 필요가 있는 경우에는 SEC가 재량으로 조사에 착수할 수 있는 권한을 규정하고 있다.

3) 조사권의 단서 및 착수

SEC가 조사에 착수하는 경우 그 단서에는 제한이 없다. 조사는 SEC, 시장감시(market surveillance), 그리고 SEC의 다른 국(division)이 위탁한 서류의 내부적 검토를 통하여 수집한 정보로부터 개시된다.[282] 다른 정보자료는 연

281) 당사자에게 문서나 정보제출을 강제하기 위해 법원에 소환장발부를 신청하는 것은 조사를 공식조사로 이행시키게 된다.

방 및 주정부기관, 자율규제기관, 의회의 의원으로부터 의뢰된 경우를 포함한다. 또한 대중매체의 보도자료, 공공기관의 구성원, 투자자, 불법행위에 관여하였다고 주장된 단체의 직원으로부터 제공된 정보도 종종 조사를 착수하게 하는 단서가 된다. SEC는 인터넷 웹사이트를 개설하여 투자자나 일반인들로 하여금 민원을 신고할 수 있게 하였는데, 이 웹사이트는 집행국의 중요한 정보원이 된다.

4) 조사의 유형

가. 예비조사

SEC의 집행국은 증권법 위반가능성이 있는 정보를 거래소 등의 자율규제기관이나 다른 연방 또는 주 정부기관에 조회한다. 그러나 집행국의 조사담당직원이 사건에 대한 예비조사를 실시하기도 한다.[283] 예비조사절차에서 조사담당직원은 사건에 대한 심도있는 조사 여부를 결정하기 위하여 간단한 검토만을 하게 된다. 이 경우 담당직원은 소환권을 가지지 않으며, SEC의 권한부여가 없으면 조사 대상자에게 문서제출이나 진술을 강제할 수 없고 담당직원은 조사 대상자의 자발적인 협조를 받아 문서를 조사하고 증인을 신문하게 된다. 이 경우 담당직원이 당해 사건에 대한 정밀한 조사가 필요하다고 인정하는 경우에는 비공식조사 또는 공식조사 절차로 이행하게 된다. 예비조사, 비공식조사 및 공식조사는 SEC 규칙에 따라 비공개로 진행된다. 그러나 담당직원이 소환장 집행을 위한 집행조치를 취한다면, 당해 사건은 공개적으로 진행하게 된다.

나. 비공식조사

공식조사 명령이 내려지지 않는 한 모든 조사는 비공식조사이다. 비공식조사를 하는 경우 담당직원은 조사 대상자에게 정보의 제출이나 진술을

---

282) 통상적인 정보자료는 SEC의 준법감시 담당부서(Office of Compliance Inspection and Examinations)가 실시한 브로커-딜러, 투자회사, 투자자문회사에 대한 검사로부터 나온다.

283) 이러한 예비조사를 “matters under inquiry”(MUI)라고 한다.

강제할 수는 없다. 이 경우 담당직원은 조사 대상자 및 제3자의 자발적인 협조를 받아야 한다. 그러나 비공식조사는 공식조사와 유사한 점이 많다. 즉 공식조사의 경우처럼 담당직원은 사건과 관련된 문서와 거래 관련 자료의 제출을 요구하고 제출된 자료를 검토한다. 또한 담당직원은 조사 대상자에게 자발적으로 경위서를 제출하게 하고, 문답서를 받을 수 있다. 또한 담당직원은 수집한 정보를 가지고 참고인을 조사하고 진술을 확보할 수 있다. 비공식조사에서 담당직원은 조사 대상자에게 선서하게 할 권한은 없지만, 진술은 녹취되고 문서화하기 위하여 고용된 속기사에 의한 선서는 실시된다. 이 경우 위증을 하게 되면 선서를 하지 않았더라도 형사책임을 물을 수 있다.

다음과 같은 사항의 경우 담당직원은 비공식조사에서 공식조사절차로 이행하게 된다. 첫째, 조사 대상자가 조사에 협력하는 것을 거부하는 경우, 둘째, 문서 또는 증거를 확보하기 위하여 소환장의 발부가 필요한 경우, 셋째, 조사 대상자가 연방증권법 위반행위에 관련된 것이 명백하다고 판단되는 경우, 넷째, 문서제출을 받기 위해 소환장의 발부가 법령에 의해 요구되는 경우이다.

다. 공식조사

공식조사에서 담당직원은 소환권을 갖고 조사대상자나 참고인에 대하여 문서제출이나 진술을 강제할 수 있다. 이는 비공식조사와의 중요한 차이점이다. 담당직원은 SEC에 공식조사 요청을 하고, SEC는 공식조사명령을 발동함으로써 공식조사절차가 개시된다. SEC의 공식조사명령서는 조사대상자가 위반한 법규, 위반의 혐의내용, 소환장 발부, 선서, 증거수집 등의 내용을 포함하고 있다.

SEC의 조사권한은 광범위하다. SEC는 증권법에 위반되고 있다는 의심이 드는 경우뿐만 아니라 심지어 법에 위반되지 않았음을 확인하기 위해서도 조사를 할 수 있다. 따라서 특정 행위에 대한 규제가 SEC의 권한범위

내에 포함되는지 여부를 결정하기 위한 목적으로도 조사를 할 수 있다.

SEC는 발부된 소환장의 수령인에게 공식조사명령서의 내용을 확인할 기회를 주고, 그 사본을 수령할 권리를 부여하고 있다. 공식조사명령서가 담당직원의 조사내용에 관한 많은 정보를 포함하고 있지는 않다. 그러나 변호사는 조사대상자나 참고인이 소환장을 수령하는 경우에 공식조사명령서의 사본도 보내줄 것을 요청한다. 왜냐하면 공식조사명령서에는 담당직원의 신원사항, 담당직원의 조사범위, 당해 사건에 관한 기타 정보를 가진 관련자들의 신원에 관한 사항을 포함하고 있기 때문이다. 따라서 SEC의 조사명령서는 추상적이고 변경될 수 있지만 조사의 취지에 관해서 핵심적인 정보를 제공해주는 중요한 문서이다. 그러므로 변호사는 가능한 한 신속하게 조사명령서를 검토해야 한다.

조사대상자는 변호사의 조력을 받을 권리를 가진다. 변호사는 조사결과를 분명하게 하고 기록하기 위해서 간단한 질문을 하거나 조언을 할 수 있다. 변호사는 불명확한 점을 바로잡고, 공식적인 조사범위를 명백하게 벗어난 질문을 거부하고, 적용가능한 증거법상의 특권을 주장할 수 있다. 의뢰인이 저지른 위법행위에 대해서 변호사도 반대신문을 할 수 있고 증거를 제출할 수 있다.

5) 소 환 권

공식조사에서 담당직원은 두 종류의 소환장을 발부할 수 있다. 첫째, 문서 및 기타 자료의 제출을 위한 문서지참영장(subpoena duces tecum), 둘째, 증인에게 증언하게 하는 증인소환장(subpoena ad testificandum)이다. 조사 담당직원은 수집한 정보를 가지고 조사대상자뿐만 아니라 기타 제 3 자를 소환할 수 있다.

조사 대상자가 소환에 응하지 않는 경우 SEC는 법원에 소환장의 집행을 요청하게 된다. 그런데 법원은 일반적으로 SEC의 소환장의 집행 요청에 대하여 승인하여 준다. 또한 SEC의 조사권이 광범위하기 때문에 증언을 강제할 수 있는 SEC의 권한도 광범위하다. 법원이 SEC의 소환장을 집행할 것인지의 승인 여부를 결정하는 경우, 법원은 보통 United States v. Poweii, 379 U.S. 48(1964) 판결에서 확립된 기준을 적용한다. 이 기준은 네 가지 요건을 필요로 한다. SEC는 이 네 가지 기준, 즉 SEC의 조사가 적법한 목적을 가지고 있을 것, 조사는 목적과 관련이 있을 것, SEC가 정보를 수집하기 위하여 필요 불가결할 것, SEC는 필요한 행정절차를 준수하였을 것을 증명하여야 한다. 그런데 법원은 SEC의 소환장 집행 승인에 대하여 조사 대상자의 이의제기를 받아들인 경우는 거의 없다.

6) 증인의 증언

증인의 증언은 SEC 조사에서 기본적인 조사수단이다. 담당직원은 증언을 통해서 조사대상자와 다른 증인들의 진술의 진실성을 확인할 수 있고, 새로운 정보를 수집하며, 다른 자료에서 제기된 쟁점을 명확히 할 수 있다. 증언은 조사 대상자의 유책성과 위반혐의와 관련하여 담당직원의 인식에 영향을 줄 수 있다. 따라서 증언 이전에 증인과 변호사의 준비가 필요하다. 준비된 증언은 담당직원의 예상 밖의 질문에 적절히 대응할 수 있게 해준다. 그러나 준비되지 않은 증언은 위증죄에 해당하게 되어 형사책임을 지게 될 수도 있다. 그리고 SEC 조사과정에서의 증언은 일반적으로 SEC의 규칙과 행정절차법에 의해서 규율되고, 연방민사소송규칙(Federal Rules of Civil Procedure)의 영향을 받지 않는다.

증인의 변호사는 SEC 조사절차에서의 증언에서 제한된 역할을 수행한다. 변호사는 증인에게 간단한 조언을 할 수 있으며 증언의 마지막에 질문내용을 명백히 하기 위해 질문하는 형식으로만 참가할 수 있다. 그러나 변호사는 담당직원의 질문을 거부하고 질문내용을 명확하게 하기 위한 역할과 증언내용에 대한 추가질문을 할 수 있는 것이 증언절차에서의 관행이다. 그리고 SEC는 법원속기사로 하여금 증인증언에 참가하고 증언기록부를 제출하도록 한다. 증인은 자신의 증언의 사본을 검토할 권리를 가지며, 조서의 사본을 취득할 수 있다.

7) 의견진술서

조사가 종결되면 조사담당직원은 SEC가 조사대상자에게 집행조치를 할 것을 권고할 것인지 여부를 결정하게 된다. 담당직원이 집행조치를 권고하는 결정을 하는 경우, 집행조치 대상자에게 그 사실을 통지하고 증권법 위반행위와 위반규정을 적시한 문서를 송부할 것이다. 집행조치 대상자는 위 문서를 수령한 후 집행조치가 부당한 이유 또는 경미한 집행조치가 타당한 이유를 설명하는 의견진술서(Wells Letters and Submissions)를 제출할 수 있다.

의견진술서는 SEC가 어떠한 집행조치도 취하지 못하도록 하는 등의 방어전략을 구사할 기회를 제공하는 것을 목적으로 한다. 예를 들어 의견진술서를 제출한 조사대상자는 선의로 행위를 하였고, 위법행위를 함에 있어서 자신은 부수적인 역할만 수행하였다는 주장을 할 수 있다. 또한 변호사는 SEC 담당직원이 권고했던 것보다 완화된 집행조치를 내려달라고 SEC를 설득하기 위해서 의견진술서를 제출할 수 있다. 예컨대, 변호사는 소송 대신에 경고장을 발부해 줄 것을 제안할 수 있고, 변호사 자신이 판단하기에 피해가 크거나 부적절하다고 생각되는 주장의 삭제를 요구할 수 있으며, 화해(settlement)를 제의할 수 있다. 이는 담당직원으로 하여금 집행조치권고를 변경하게 할 수 있다. 그러나 의견진술서는 위험을 내포하고 있기도 하다. 경우에 따라 담당직원의 사건처리에 결함이 있다고 주장하는 의견진술서의 제출은 담당직원으로 하여금 그 사건처리를 유지하기 위하여 새로운 추가 증거를 가지고 재조사하게 할 수 있다. 따라서 조사대상자와 변호사는 의견진술서를 제출하기 전에 유불리를 신중히 고려하여야 한다.

(3) 집　행

1) 개　요

SEC는 연방증권법 위반행위에 해당한다고 판단하면, 담당직원에게 집행조치를 행할 권한을 부여한다. 집행조치는 SEC에 의해 행정제재로 집행되기도 하며 연방법원을 통해 집행되기도 한다. SEC가 일반적으로 사용하고 있는 전통적인 제재조치는 규제대상자에 대한 사법적 금지명령(judicial injunctions), 행정적 금지(administrative bars), 정지(suspensions), 취소(revocation) 등이 있다. 또한 전통적인 제재조치 이외에 금전적 제재(money penalties), 정지명령(cease and desist order)을 제재수단에 추가하였다. SEC의 제재조치 중 금지명령 소송(injunctive actions)을 통한 제재는 심각한 부수적 효과를 초래할 수 있다. 즉 규제대상자(자연인 또는 법인)가 증권산업 내에서 영업을 수행하는 것을 금지하거나, 증권발행인을 연방증권법상의 등록면제 대상에서 제외시킬 수도 있다.

그리고 SEC는 역사적으로 행정절차를 개시하기 전에 화해를 통하여 상당히 많은 집행조치를 해결하였다. 그러나 SEC가 제안한 화해조건은 조치대상자에게 많은 비용을 발생시켰기 때문에, 조사대상자들은 화해를 하기보다는 소송을 제기하기도 하였다.

2) 행정제재

가. 의 의

SEC의 행정절차에서 당사자는 SEC와 조사결과 증권법 위반행위를 한 자이다. 행정절차는 행정심판관의 면전에서 진행되며, SEC의 행정심판관은 조사담당직원이 제안한 행정절차를 주재하는 등의 준사법적(quasi-judicial) 기능을 수행한다. 일반적으로 행정절차는 공개되며, SEC는 행정절차의 개시 사실을 언론에 공개한다.

연방민사소송규칙(Federal Rules of Civil Procedure) 및 연방증거규칙(Federal Rules of Evidence)은 SEC의 행정절차에는 적용되지 않으며, 행정절차법(Administrative Procedure Act)과 SEC의 업무규칙(Rules of Practice)이 적용된다.

나. 행정제재의 종류

(가) 정지명령[284)]

1990년의 증권집행구제 및 저가주개혁법[285)](Securities Enforcement Remedies and Penny Stock Reform Act: Remedies Act, 이하 "증권집행구제법"이라 한다)에서는 연방법의 규정을 위반하고 있거나, 위반하였거나, 위반하려고 하는 자에 대하여 연방법의 규정을 위반하거나, 다른 사람이 위반하도록 하는 행위의 정지(cease and desist)를 명할 수 있는 정지명령권(cease and desist order)을 SEC에 부여하였다.[286)] SEC는 정지명령절차에서 부당이익반환(disgorgement)을 명할 수 있다. 연방법원은 정지명령을 집행할 수 있다. 법원이 정지명령의 위반에 대하여 당해 피고에 대해 금전적 제재를 부과할 수는 있지만, 정지명령절차에서 금전적 제재를 부과할 수는 없다.[287)]

금전적 제재를 부과할 수 있는 권한과 정지명령을 부과할 수 있는 권한은 SEC의 행정조치권한을 확대해 줌으로써, 다양한 증권법 위반행위를 억제시키고, 현실에 맞는 제재조치를 취할 수 있는 수단을 제공하고 있는 것으로 알려져 있다. 또한 정지명령권은 SEC가 소송을 하지 않고 사건을 신속하게 해결할 수 있는 수단을 제공하였다.[288)]

---

284) 금지명령과 정지명령의 비교

구 분	부과주체	입증 필요사항	금전적 제재
금지명령	법 원	위반행위사실 장래의 위반가능성	모든 자연인 및 법인
정지명령	SEC	위반행위사실	회계사 등 일부

285) 1990년 증권집행구제 및 저가주개혁법은 법집행의 실효성을 확보하기 위하여 SEC의 권한을 획기적으로 강화하였다. ① 민사벌(civil penalty)의 확대(SEC, 법원), ② 정지명령(cease and desist order)의 신설(SEC), ③ 특정 개인이 보고회사의 임원 또는 이사로 취업하는 것을 금지하는(법원) 것 등이다.

286) 1933년 증권법 제8A조 및 1934년 증권거래법 제21C조 (a)항 등.

287) 1934년 증권거래법 제21조 (d)항 (3). 1995년의 증권민사소송개혁법(Private Securities Litigation Reform Act: PSLRA)은 SEC에 정지절차를 통하여 회계사들에 대하여 금전적 제재를 부과할 수 있는 권한을 부여하였다.

288) S. Rep. No. 337, 101st Cong., 2d Sess. 1(1990)("Senate Report") at 18: H.R. Rep.

증권집행규제법은 영구적 정지명령(permanent cease and desist order)을 위한 최종 결정이 내려질 때까지, 자산의 손실을 막기 위하여 일시적 정지명령(temporary cease and desist orders)을 부과할 수 있는 권한을 SEC에 부여하고 있다. 일시적 정지명령은 자산동결 등을 위하여 이용된다. 일시적 정지명령도 강력한 제재수단이 된다. 일시적 정지명령은 상대방에게 통지하지 않고 긴급한 상황에서 부과해야 하는 특별한 제재조치이다.[289)]

(나) 기타 제재절차

SEC의 행정절차의 상당수는 브로커-딜러 및 투자자문업자(investment advisers) 등 규제대상 회사를 제재하는 행정절차들이다. 1990년 이전, SEC가 이러한 행정절차에서 일반적으로 사용했던 제재조치는 문책, 영업활동의 제한, 면허취소 등이었다. 그러나 1990년 증권집행구제법이 제정됨에 따라, 행정절차에서 이용할 수 있는 제재에 금전적 제재조치가 추가되었다.[290)]

(다) 중지명령

중지명령(stop order)은 증권의 공모를 위해 1933년 증권법에 따라 제출한 증권신고서에 적용되는 행정절차의 하나이다. 1933년 증권법 제8조 (d)항에 따라 SEC는 부실표시를 한 정보를 담고 있는 증권신고서의 효력을 중지하기 위해 중지명령을 내릴 수 있다. 1933년 증권법 제8조 (e)항에 따라 SEC는 중지명령절차를 실시하기 전에 조사를 할 수 있다. SEC는 조사과정에서 소환장에 의거하여 서류의 제출을 명할 수 있으며, 관련정보를 가지고 있는 자에 대하여 선서하게 하고 증언을 시킬 수 있다. 또한 발행인 또는 인수인이 SEC의 조사에 협조하지 않는 경우에는 중지명령을 발동할 수 있는 이유가 될 수 있다.

No. 616, 101st Cong., 2d Sess. 13(1990)("House Report") at 24.

289) House Report at 25.

290) 1934년 증권거래법 제21B조.

다. 금전적 제재

1990년 증권집행구제법은 SEC가 규제대상자(자연인 또는 법인)에 대하여 일정한 행정절차를 통해 금전적 제재(money penalties)를 부과할 수 있는 권한을 부여하고 있다. 예컨대, 1934년 증권거래법 제21B조는 조치 대상자에게 증권관련법의 규정을 고의적으로 위반한 경우 등의 사실이 있다고 인정되는 경우 브로커 등에게 문책, 정지, 금지 또는 취소를 위한 행정절차에서 SEC가 금전적 제재를 부과할 수 있는 권한을 부여하고 있다.

금전적 제재는 정지명령절차에서는 부과될 수 없고, 규제대상이 아닌 자에 대한 다른 행정절차에서도 부과될 수 없다. 1995년의 증권민사소송개혁법(PSLRA)은 정지명령절차에서 금전적 제재를 부과할 수 있는 규제대상이 아닌 자의 범위를 정하였다.[291] 행정절차에서의 금전적 제재는 당해 제재가 공익에 부합하다고 인정되는 경우에만 부과할 수 있는 데 비하여,[292] 후술하는 금지명령소송(injunctive actions)에 있어서는 법원이 공익의 부합 여부와 관계없이 금전적 제재를 부과할 수 있다.[293]

3) 금지명령

가. 개　　요

SEC는 1934년 증권거래법 등 증권관련법을 위반하는 행위를 하였거나 하려고 하는 자에 대하여 연방지방법원에 금지명령소송(injunctive actions)을 청구할 수 있는 권한을 가진다. 연방지방법원은 적절한 증거에 기초하여 장래 증권법 위반에 대한 영구적 또는 일시적 금지명령(permanent or temporary injunction)을 부과할 수 있다. 또한 SEC는 금지명령절차를 통해 금전적 제재를 부과하거나, 공개회사의 임원 또는 이사로 임명되는 것을 금지하는 법원의 명령을 구할 수 있는 권한을 가지고 있다.[294] 법원은 피고의 자산을 동

291) PSLRA 제301조, 즉 1934년 증권거래법 제10A조.

292) 1934년 증권거래법 제21B조 (a)항 참조.

293) 1934년 증권거래법 제21조 (d)항 참조.

294) 1934년 증권거래법 제21조 (d)항; 1934년 증권법 제20조 (b)항 등.

결할 수 있고, 회계보고를 명할 수 있으며, 관리인을 임명할 수 있고, 불법행위로 취득한 이득 또는 회피한 손실의 반환을 요구할 수 있다. 금지명령은 부수적인 구제를 얻기 위한 전제조건이 아니다. 따라서 법원은 특정 사건에서 금지명령이 적당하지 않다고 판단되는 경우에는 부당이득반환이나 기타 부수적인 구제를 명할 수도 있다.[295)]

나. 예비적 금지명령과 일시적 제한명령

SEC는 법원으로부터 영구적 금지명령의 최종적인 결정을 받기 전에도 현상유지를 위하여 예비적 금지명령(preliminary injunction), 일시적 제한명령(temporary restraining order) 및 기타 형평법상의 구제(other equitable remedies)를 위하여 조치를 취할 수 있다. 일반적으로 SEC는 피고가 계속적으로 위반행위를 하거나, 잠재적 원고(potential claimant)로부터 자산을 은닉하거나, 증거를 훼손 또는 은닉할 수 있다고 판단하는 경우에는 예비적 구제수단(interim relief)을 취하려고 한다. SEC는 피고의 자산처분을 예방하기 위하여 법원의 판결을 통해 자산의 동결 명령을 받기도 하였고, 영구적 금지명령이 진행 중인 경우에 피고의 사업을 관리할 관리인의 선임명령을 구하기도 하였다.[296)]

다. 영구적 금지명령

역사적으로 SEC가 연방증권법의 위반에 대하여 주로 사용하는 수단은 연방증권법의 장래의 위반에 대한 영구적 금지명령(permanent injunctions)이다. 그러나 영구적 금지명령이 모든 사건에 있어서 적절한 조치는 아니었다. 일정한 경우 금지명령 부과가 적절한지 여부에 대하여는 많은 논의가 있었다. 금지명령은 죄질이 극히 나쁜 위반자에 대하여는 장래의 위법행위를 억제할 수 있는 효과가 적은 것으로 알려지고 있다. 따라서 증권법 위반자에 대한 제재수단으로 금전적 제재 등이 추가되었다.

---

295) SEC v. Unifund SAL, 910 F.2d 1028(2d Cir. 1990); SEC v. Grossman, 87 Civ. 1031 (S.D.N.Y. May 6, 1997).

296) SEC v. Unifund SAL, 910 F.2d 1028(2d Cir. 1990); SEC v. Goldfield Deep Mines Co., 758 F.2d 459(9th Cir. 1985).

연방지방법원은 SEC가 금지명령의 필요성에 관하여 적절한 입증을 하는 경우 금지명령을 부과한다. 일반적으로 금지명령을 얻기 위해서는 다음과 같은 2가지 사실에 대한 입증이 필요하다. 즉 ① 증권법 위반사실에 대한 입증, ② 요청한 구제의 필요성에 대한 입증이다.

라. 기타 제재

(가) 부당이득반환

연방증권법은 금지명령을 통해 피고에게 부당이득반환을 명할 수 있는 권한을 SEC에 부여하고 있다. 그러나 법원은 오랫동안 자신이 형평법상의 권한을 행사하여 연방증권법의 위반행위로부터 얻은 이익이나 회피한 손실의 반환을 청구할 수 있다고 주장해왔다. 법원은 SEC의 연방증권법의 집행력을 제고하기 위하여 부당이득반환을 명령해왔던 것이다. 많은 사건의 경우, 금지명령만을 부과하는 것은 적절하지 않은 것으로 생각되었다. 이는 금지명령의 부과 자체만으로는 피고가 불법행위로부터 얻은 이익을 환수하지 못하기 때문이었다. 따라서 부당이득반환은 피고에게 부당이득을 소유하지 못하게 하고, 다른 사람들의 위반행위를 억제하는 이중의 목적을 가지고 있다.[297] 연방증권법의 효율적인 집행을 위해서 SEC는 위반행위로부터 생긴 이익을 박탈할 수 있는 권한을 가지고 있어야 한다. 연방증권법 위반자들이 부당이득을 반환할 필요가 없다면, SEC의 기능은 악화될 것이다.[298]

(나) 금전적 제재(민사벌)

1984년 내부자거래제재법(Insider Trading Sanctions Act: ITSA)에 의하여 SEC는 금지명령을 통해 피고로부터 금전적 배상을 받을 수 있는 권한을 가지게 되었다. 내부자거래제재법상의 민사벌은 내부자거래 위반자에 대하여만 부과할 수 있고, 법원만이 이 제재를 금지명령소송에서 부과할 수 있으며,

---

297) SEC v. First Jersey Sec., Inc., 101 F.3d 1450(2d Cir. 1996); SEC v. Bilzerian, 29 F.3d 689, 697(D.C. Cir. 1994); SEC v. Wang, 944 F.2d 80, 85(2d Cir. 1991).

298) SEC v. Manor Nursing Ctrs, Inc., 458 F.2d at 1104.

법원의 부당이득반환명령과 병과하여 부과할 수 있다. SEC는 행정절차를 통하여 내부자거래 위반자에 대하여 이 민사벌을 부과할 권한을 갖지 않는다. 1988년 내부자거래 및 증권사기집행법(Insider Trading and Securities Fraud Enforcement Act: ITSFEA)은 내부자거래 위반자를 감독하는 자에 대하여 민사벌을 부과할 수 있는 권한을 SEC에게 부여하였다.

(다) 임원 또는 이사 취임금지

1990년의 증권집행구제법에서는 피고의 행위가 임원 또는 이사로서 업무를 수행하는 데 상당히 부적합하다고 인정되는 경우, 피고가 공개회사의 임원 또는 이사로 임명되는 것을 금지하는 명령을 법원에 구할 수 있는 명시적인 권한을 SEC에 부여하고 있다.[299] 이 금지는 조건부 금지, 일시적 금지 또는 영구적 금지로 구분된다.

(라) 기타 형평법상 제재

전술한 제재조치 이외에 법원은 SEC의 집행소송에서 다양한 제재수단을 제공하기 위하여 형평법상의 권한을 이용하였다. 법원은 합리적인 제재가 이루어지도록 독창적인 형평법상 제재조치를 취한 것이다.[300] 이 제재조치에는 관리명령, 법원이 내린 명령의 준수 여부를 감독할 감독관의 지정 등이 포함된다.[301] 증권집행구제법은 금지명령(injunctive) 및 다른 명시적인 법령상의 제재조치를 보완하기 위하여, 법원이 형평법상의 권한행사를 통해 새로운 제재수단을 사용하는 것을 제한하지 않았다.

---

299) 1933년 증권법 제20조 (e)항, 1934년 증권거래법 제21조 (d)항 (2)호.

300) In SEC v. Manor Nursing Ctrs., Inc., 458 F.2d 1082, 1103(2d Cir. 1972); SEC v. Wencke, 622 F.2d 1363, 1369(9th Cir. 1980).

301) SEC v. American Bd. of Trade, Inc., 830 F.2d 431(2d Cir. 1987); Handler v. SEC, 610 F.2d 656(9th Cir. 1979).

2. 우리나라의 경우

(1) 증권선물위원회의 설치

증권시장에서의 내부자거래에 대한 조사 및 조치의 권한은 증권시장에 대한 전문적인 관리·감독기관으로 설치된 증권선물위원회의 고유권한이다(법 제426조 및 제427조). 자본시장법과 다른 법령이 규정하는 바에 따라 다음의 업무를 수행하기 위하여 금융위원회에 증권선물위원회를 둔다(금융위원회의 설치등에 관한 법률 제19조).

1. 자본시장의 불공정거래 조사
2. 기업회계의 기준 및 회계감리에 관한 업무
3. 금융위원회 소관사무 중 자본시장의 관리·감독 및 감시등과 관련된 주요사항에 대한 사전심의
4. 자본시장의 관리·감독 및 감시등을 위하여 금융위원회로부터 위임받은 업무
5. 기타 다른 법령에서 증권선물위원회에 부여된 업무

증권선물위원회의 조사는 증권시장의 공정성을 저해하는 불공정행위를 단속하기 위한 행정조사의 일종으로 미공개정보 이용금지 규정을 위반한 자와 그 위반사실을 적발하여 형사상 또는 행정상 조치를 취하는 일련의 절차이다.[302]

(2) 조 사 권

1) 임의조사권

증권선물위원회는 내부자거래를 조사하기 위하여 임의조사권과 강제조

302) 박임출, 전게논문, 33쪽. 금융위원회는 내부자거래, 시세조종 이외의 자본시장법 위반사항에 대한 조사를 전담하고 있다.

사권을 갖는다. 자본시장법 제426조는 임의조사권에 관하여 다음과 같이 규정하고 있다.

가. 자료제출명령 및 조사 등

증권선물위원회는 내부자거래 해당 여부를 조사하기 위하여 관계자에게 참고가 될 보고 또는 자료의 제출을 명하거나 금융감독원장에게 장부·서류, 그 밖의 물건을 조사하게 할 수 있고(법 제426조 제1항), 조사를 위하여 관계자에게 다음의 사항을 요구할 수 있다(법 제426조 제2항).

1. 조사사항에 관한 사실과 상황에 대한 진술서의 제출
2. 조사사항에 관한 증언을 위한 출석
3. 조사에 필요한 장부·서류, 그 밖의 물건의 제출

증권선물위원회는 조사를 함에 있어서 미공개중요정보 이용행위 금지를 위반한 사항의 조사에 필요하다고 인정되는 경우에는 다음의 조치를 할 수 있다(법 제426조 제3항).

1. 제출된 장부·서류, 그 밖의 물건의 영치
2. 관계자의 사무소 또는 사업장에 대한 출입을 통한 업무·장부·서류, 그 밖의 물건의 조사

나. 자료제출요구

증권선물위원회는 조사를 함에 있어서 필요하다고 인정되는 경우에는 금융투자업자, 금융투자업관계기관 또는 거래소에 대통령령으로 정하는 방법에 따라 조사에 필요한 자료의 제출을 요구할 수 있다(법 제426조 제4항).

증권선물위원회가 금융투자업자, 금융투자업관계기관 또는 거래소에 대하여 자료의 제출을 요구하는 경우에는 법 제426조 제4항에 따라 그 사

용목적과 조사대상 금융투자상품의 종류, 종목·품목, 거래유형 및 거래기간 등을 기재한 서면으로 하여야 한다(영 제375조).

이와 같은 임의조사의 실효성을 담보하기 위하여 증권선물위원회의 조사요구에 불응한 자는 3년 이하의 징역 또는 1억원 이하의 벌금에 처할 수 있도록 하고 있다(법 제445조 제48호).

다. 시정명령 등 기타 조치

금융위원회는 조사 결과 별표 15 각 호의 어느 하나에 해당하는 경우에는 시정명령, 그 밖에 대통령령으로 정하는 조치[303]를 할 수 있으며, 조사 및 조치를 함에 있어서 필요한 절차·조치기준, 그 밖에 필요한 사항을 정하여 고시할 수 있다(법 제426조 제 5 항).

라. 공 표

금융위원회는 관계자에 대한 조사실적·처리결과, 그 밖에 관계자의 위

303) "대통령령으로 정하는 조치"란 다음 각 호의 조치를 말한다(영 제376조 제 1 항).

1. 금융투자업자의 경우: 법 제420조 제 1 항·제 3 항 또는 법 제422조 제 1 항·제 2 항에 따른 조치
2. 거래소의 경우: 법 제411조 제 1 항부터 제 3 항까지의 규정에 따른 조치
3. 협회의 경우: 법 제293조 제 1 항부터 제 3 항까지의 규정에 따른 조치
4. 예탁결제원의 경우: 법 제307조 제 1 항부터 제 3 항까지의 규정에 따른 조치
5. 증권금융회사의 경우: 법 제335조 제 1 항부터 제 4 항까지의 규정에 따른 조치
6. 종합금융회사의 경우: 법 제354조 제 1 항부터 제 4 항까지의 규정에 따른 조치
7. 자금중개회사의 경우: 법 제359조 제 1 항부터 제 4 항까지의 규정에 따른 조치
8. 단기금융회사의 경우: 법 제364조 제 1 항부터 제 4 항까지의 규정에 따른 조치
9. 명의개서대행회사(법 제365조 제 1 항에 따라 등록을 한 자)의 경우: 법 제369조 제 1 항부터 제 4 항까지의 규정에 따른 조치
10. 금융투자 관계 단체의 경우: 법 제372조 제 1 항에 따른 조치
11. 제 1 호부터 제10호까지의 규정이 적용되지 아니하는 자의 경우: 다음 각 목의 어느 하나에 해당하는 조치

가. 경 고
나. 주 의
다. 법을 위반한 경우에는 고발 또는 수사기관에의 통보
라. 다른 법률을 위반한 경우에는 관련 기관이나 수사기관에의 통보
마. 그 밖에 금융위원회가 법 및 이 영, 그 밖의 관련 법령에 따라 취할 수 있는 조치

법행위를 예방하는 데 필요한 정보 및 자료를 대통령령으로 정하는 방법에 따라 공표할 수 있다(법 제426조 제8항).

금융위원회는 법 제426조 제8항에 따라 위법행위를 예방하는 데에 필요한 다음 각 호의 정보와 자료를 신문·방송 또는 인터넷 홈페이지 등을 이용하여 공표할 수 있다. 다만, 관계자에 대하여 고발 또는 수사기관에 통보가 된 경우 등 금융위원회가 정하여 고시하는 경우에는 공표하지 아니하거나 일부를 제외하고 공표할 수 있다(영 제377조).

1. 관계자의 소속 및 인적 사항
2. 위법행위의 내용 및 조치사항
3. 그 밖에 관계자의 위법행위를 예방하는 데에 필요하다고 금융위원회가 정하여 고시하는 사항

2) 강제조사권

자본시장법 제427조는 강제조사에 관하여는 다음과 같이 규정하고 있다. 증권선물위원회는 미공개중요정보 이용행위 금지를 위반한 행위를 조사하기 위하여 필요하다고 인정되는 경우에는 금융위원회 소속공무원 중 대통령령으로 정하는 자[304]("조사공무원")에게 위반행위의 혐의가 있는 자를 심문하거나 물건을 압수 또는 사업장 등을 수색하게 할 수 있다(법 제427조 제1항).

조사공무원이 위반행위를 조사하기 위하여 압수 또는 수색을 하는 경우에는 검사의 청구에 의하여 법관이 발부한 압수·수색영장이 있어야 하고(법 제427조 제2항), 심문·압수·수색을 하는 경우에는 그 권한을 표시하는 증표를 지니고 이를 관계자에게 내보여야 하며(법 제427조 제3항), 형사소송법 중 압수·수색과 압수·수색영장의 집행 및 압수물 환부(還付) 등에 관한 규정은 이 법에 규정된 압수·수색과 압수·수색영장에 관하여 준용한다(법 제

304) "대통령령으로 정하는 자"란 금융위원회 소속 공무원 중에서 증권선물위원회 위원장의 제청에 의하여 검찰총장이 지명하는 자를 말한다(영 제378조).

427조 제 4 항).

조사공무원이 영치·심문·압수 또는 수색을 한 경우에는 그 전 과정을 기재하여 입회인 또는 심문을 받은 자에게 확인시킨 후 그와 함께 기명날인 또는 서명하여야 한다. 이 경우 입회인 또는 심문을 받은 자가 기명날인 또는 서명을 하지 아니하거나 할 수 없는 때에는 그 사유를 덧붙여 적어야 하며(법 제427조 제 5 항), 조사공무원이 위반행위의 조사를 완료한 경우에는 그 결과를 증권선물위원회에 보고하여야 한다(법 제427조 제 6 항).

(3) 금융투자업자에 대한 제재(인가 또는 등록 취소)

금융위원회는 금융투자업자가 법 제174조에 따른 미공개중요정보 이용행위 금지 의무를 위반한 경우에는 금융투자업인가 또는 금융투자업등록을 취소할 수 있다(법 제420조 제 1 항 제 6 호, 영 제373조 제 1 항 제19호, 별표 1 174호).

금융위원회는 금융투자업자가 제174조에 따른 미공개중요정보 이용행위 금지 의무를 위반한 경우에는 다음의 어느 하나에 해당하는 조치를 할 수 있다(법 제420조 제 3 항, 별표 1 174호).

1. 6개월 이내의 업무의 전부 또는 일부의 정지
2. 신탁계약, 그 밖의 계약의 인계명령
3. 위법행위의 시정명령 또는 중지명령
4. 위법행위로 인한 조치를 받았다는 사실의 공표명령 또는 게시명령
5. 기관경고
6. 기관주의
7. 그 밖에 위법행위를 시정하거나 방지하기 위하여 필요한 조치로서 대통령령으로 정하는 조치

(4) 금융투자업자의 임직원에 대한 제재

금융위원회는 금융투자업자의 임원이 제174조에 따른 미공개중요정보 이용행위 금지 의무를 위반한 경우에는 다음의 어느 하나에 해당하는 조치를 할 수 있다(법 제422조 제1항, 별표 1 174호).

1. 해임요구
2. 6개월 이내의 직무정지
3. 문책경고
4. 주의적 경고
5. 주의
6. 그 밖에 위법행위를 시정하거나 방지하기 위하여 필요한 조치로서 대통령령으로 정하는 조치

금융위원회는 금융투자업자의 직원이 제174조에 따른 미공개중요정보 이용행위 금지 의무를 위반한 경우에는 다음의 어느 하나에 해당하는 조치를 그 금융투자업자에게 요구할 수 있다(법 제422조 제2항, 별표 1 174호).

1. 면직
2. 6개월 이내의 정직
3. 감봉
4. 견책
5. 경고
6. 주의
7. 그 밖에 위법행위를 시정하거나 방지하기 위하여 필요한 조치로서 대통령령으로 정하는 조치

금융위원회는 금융투자업자의 임직원에 대하여 조치를 하거나 이를 요

구하는 경우 그 임직원에 대하여 관리·감독의 책임이 있는 임직원에 대한 조치를 함께 하거나 이를 요구할 수 있다. 다만, 관리·감독의 책임이 있는 자가 그 임직원의 관리·감독에 상당한 주의를 다한 경우에는 조치를 감면할 수 있다(법 제422조 제 2 항).

(5) 위법행위의 신고 및 포상금 지급

1) 신 고

누구든지 제 4 편의 불공정거래행위, 그 밖에 이 법의 위반행위를 알게 되었거나 이를 강요 또는 제의받은 경우에는 증권선물위원회에 신고 또는 제보할 수 있다(법 제435조 제 1 항).

위법행위의 신고 등과 관련하여 시행령에서 규정한 사항 외에 불공정거래행위 등의 신고 또는 제보의 접수방법 및 처리절차, 포상금 지급 등에 관하여 필요한 사항은 금융위원회가 정하여 고시한다(영 제384조 제 9 항). 이에 따라 금융위원회는 "불공정거래 신고 및 포상 등에 관한 규정"을 두고 있다.

불공정거래행위 등 법의 위반행위 또는 위반행위의 강요나 제의를 받은 사실("불공정거래행위 등")을 증권선물위원회에 신고하거나 제보하려는 경우에는 다음의 기준에 따라야 한다(영 제384조 제 1 항).

1. 신고 또는 제보하는 내용이 특정인의 불공정거래행위 등과 관련이 있을 것
2. 위반행위자, 일시, 장소 등 불공정거래행위 등의 구체적인 위반사실을 적시하고 그 증거 등을 함께 제시할 것
3. 신고 또는 제보하는 자("신고자등")의 신원을 밝힐 것

금융위원회는 접수된 신고 또는 제보 사항에 대하여 신고자등을 상대로 인적 사항, 신고 또는 제보의 경위 및 취지, 그 밖에 신고 또는 제보한

내용을 특정하는 데에 필요한 사항 등을 확인할 수 있다(영 제384조 제 2 항). 또한 금융위원회는 접수된 신고 또는 제보 사항에 대한 진위 여부를 확인하는 데 필요한 범위에서 신고자등에게 필요한 자료의 제출을 요구할 수 있다(영 제384조 제 3 항).

2) 처리 및 처리결과의 통지

금융위원회는 신고 또는 제보를 받은 경우에는 이를 신속하게 처리하고, 그 처리결과를 신고자 또는 제보자("신고자등")에게 통지하여야 한다(법 제435조 제 2 항).

금융위원회는 접수된 신고 또는 제보를 그 접수일부터 60일 이내에 처리하여야 한다. 이 경우 자료의 제출, 의견의 청취 등을 위하여 필요하다고 인정되는 경우 그 기간을 30일 이내에서 연장할 수 있다(영 제384조 제 4 항).

금융위원회는 신고 또는 제보에 대한 처리결과를 신고자등에게 문서로 통지하여야 한다. 다만, 금융위원회가 정하여 고시하는 경우에는 구술 또는 정보통신망 등으로 통지할 수 있으며, 이 경우에도 신고자등의 요청이 있으면 지체 없이 처리결과에 관한 문서를 교부하여야 한다(영 제384조 제 5 항).

3) 비밀유지와 불리한 대우의 금지 등

금융위원회는 신고 또는 제보를 받은 경우 신고자등의 신분 등에 관한 비밀을 유지하여야 한다(법 제435조 제 3 항).

신고자등이 소속된 기관·단체 또는 회사는 그 신고자등에 대하여 그 신고 또는 제보와 관련하여 직접 또는 간접적인 방법으로 불리한 대우를 하여서는 아니 된다(법 제435조 제 5 항). 신고자등은 신고 또는 제보와 관련하여 그 소속기관으로부터 불리한 대우를 받은 경우에는 원상회복 등 필요한 조치를 금융위원회에 요구할 수 있다(영 제384조 제 6 항). 이 경우 금융위원회는 신고자등의 요구가 타당하다고 인정되는 경우에는 신고자등의 소속기관의 장에게 원상회복 등 적절한 조치를 취할 것을 요구할 수 있다. 다만, 신고자등의 소속기관이 금융위원회의 설치 등에 관한 법률 제38조에 따른 검사대상기관이 아닌 경우에는 소속기관의 장 또는 관계기관의 장에게 적절한 조치를 취할 것을 권고할 수 있다(영 제384조 제 7 항).

신고자등이 신고의 내용이 거짓이라는 사실을 알았거나 알 수 있었음에도 불구하고 신고한 경우에는 이 법의 보호를 받지 못한다(법 제435조 제 6 항).

4) 포상금의 지급

금융위원회는 신고자등에 대하여 포상금을 지급할 수 있다(법 제435조 제 7 항). 포상금은 불공정거래에 대한 정보를 신고 또는 제보한 자에게 경제적 이익을 제공함으로써 신고 또는 제보를 활성화하기 위한 제도이다.

금융위원회는 접수된 신고 또는 제보가 불공정거래행위등의 적발이나 그에 따른 조치에 도움이 되었다고 인정하는 경우에는 1억원의 범위에서 금융위원회가 정하여 고시하는 기준에 따라 신고자등에게 금융감독원장으로 하여금 금융감독원의 예산의 범위에서 포상금을 지급하게 할 수 있다(영 제384조 제 8 항).

미국의 경우 포상금 지급 여부의 결정 및 포상금의 액수는 SEC의 재량처분사항으로 재심리하지 않는다고 한다.

Ⅲ. 형사제재

1. 내부자거래의 범죄화 논의

내부자거래가 범죄의 성질을 갖는지에 관한 입법적 태도는 국가마다 다양하다. 미국은 가장 먼저 1934년 증권거래법에서 형사제재 규정을 둔 이래 수차에 걸쳐 제재를 강화해 왔다. 미국에서의 형사제재에 관한 입법은 각국에 많은 영향을 미치고 있다. 많은 국가들의 경우 증권시장의 규모 확대와 국제화와, 그리고 다국적 기업의 활동 증가에 따라 증권시장의 규정 통일화와 규제강화의 필요성이 증대함에 따라 1980년대에 들어서 내부자거래의 법적 규제에 대하여 큰 변화가 있었다.

(1) 주요국의 동향

1) 미　　국

미국에서의 내부자거래규제는 1929년 10월의 대공황 이후 시작되었다. 내부자거래 등의 불공정거래를 증권시장 붕괴의 원인으로 판단하고 1933년 증권법과 1934년 증권거래법을 제정하였다. 그러나 1934년과 SEC 규칙에는 규제대상인 내부자나 내부자거래에 관한 정의가 존재하지 않았다. 따라서 1960년대 이후 내부자거래 사건이 빈번하게 발생하면서 법원과 SEC의 노력에 의하여 내부자거래를 규제하는 이론이 발전하게 되었다. 즉 법원과 SEC는 1934년 증권거래법 제10조 (b)항과 SEC Rule 10b-5를 내부자거래 규제의 근거로 적용하기 시작한 것이다. 1970년 후반에 M&A와 관련된 내부자거래가 많이 발생하기 시작했을 때 1934년 증권거래법에 제14조 (e)항을 추가하고, 이에 근거해 공개매수에서의 내부자거래를 규제하는 Rule 14e-3을 제정하였다.

1980년대 들어 빈번하게 발생하는 대형 내부자거래 사건을 규제하기 위하여 1984년에 내부자거래제재법(Insider Trading Sanctions Act)을 제정하였다. 이 법의 주요 특징은 SEC에 민사벌(civil penalty)을 청구할 수 있는 권한을 부여하고 형사제재를 강화한 점이다. 이 법에 의해 벌금 상한선이 1만 달러에서 10만 달러로 상향되었다. 내부자거래제재법 시행 후에도 여전히 내부자거래는 발생하였고, 특히 1985년 이후 발생한 Ivan Boesky 사건, Dennis Levine 사건, Michael Milken 사건 및 Martin Siegel 사건은 내부자거래 사건의 중대성과 규모의 면에서 미국의 시장에 충격을 안겨주었다.[305] 이러한 배경하에 1988년 내부자거래 및 증권사기집행법(Insider Trading and Securities

305) 내부자거래는 1980년대의 대표적인 화이트칼라 범죄로 알려져 있다.

Fraud Enforcement Act)을 제정하여 1934년 증권거래법 제21A조를 강화하였다. 이 법은 민사벌의 상향조정, 내부자의 지배자(controlling person)에 대한 민사벌의 부과, 내부자거래 제보자에 대한 포상금 지급의 신설 등을 주요 내용으로 하고 있었다. 또한 징역형은 종래 5년 이하에서 10년 이하로 상향조정되었고, 벌금은 10만 달러 이하에서 100만 달러 이하(법인은 50만 달러 이하에서 250만 달러 이하)로 상향되는 등 형벌이 대폭 상향조정되었다.

2) EU

유럽에서는 1980년대 후반 내부자거래 사건이 증권시장을 혼탁하게 하고 있기 때문에 규제해야 한다는 공감대가 형성되고 있었다. 이에 따라 1989년 11월 EC 내부자거래지침[306]이 채택되었다. 회원국은 이 지침을 1992년 6월 1일까지 채택하게 되어 있었다. 유럽에서 이 지침이 채택되기 이전의 회원국의 내부자거래규제상황은 상이하였다. 영국과 프랑스는 형사제재 규정을 두고 있었고, 독일 등은 자율규제를 하고 있었으며, 이탈리아나 아일랜드 등은 내부자거래를 규제하지 않고 있었다.

그 후 유럽의 증권시장이 통합되고 국경간 거래증가로 인해 시세조종의 기회가 증가함에 따라 시세조종의 금지까지 포괄하는 새로운 규제법제를 마련하자는 주장이 제기되었다. 이에 따라 EC지침은 시세조종을 포함한 모든 시장남용행위를 규제하는 2003년의 EU 시장남용지침[307]으로 대체되었다.

---

306) 내부자거래지침의 명칭은 Council Directive of 13 November 1989 coordinating regulation on insider trading(89/592/EEC)이다. EC는 1977년 내부자거래 규제에 관한 권고서를 채택하였고, 그 후 영국(1980년), 노르웨이(1985년), 스웨덴(1985년), 덴마크(1986년) 등이 내부자거래를 형사처벌하기 위한 법을 제정함에 따라 내부자거래 규제의 조화를 위하여 이와 같은 지침을 제정하게 되었다.

307) 지침의 명칭은 Directive 2003/6 EC of EUROPEAN PARLIAMENT AND OF THE COUNCIL of 28 January 2003 on insider trading and market manipulation(market abuse)이다.

3) 영 국

영국에서는 1980년에 제정법에 의해 내부자거래를 규제하기 시작하였다. 즉 1980년 회사법(Companies Act)을 개정하여 내부자거래에 대한 형사제재 규정을 신설하였다. 그 후 1985년 회사증권(내부자거래)법[Company Securities (Insider Trading) Act]이 제정되면서 위 회사법상의 규정들이 통합되었다. 이 법은 1986년 금융서비스법(Financial Services Act)에 의해 개정되었으며 1989년 회사법(Companies Act)을 개정하여 내부자거래 금지규정을 위반한 자에 대한 형사제재를 2년 이하의 징역에서 7년 이하의 징역으로 대폭 강화하였다. 또한 EC지침을 수용하여 현재는 형사사법법(Criminal Justice Act of 1993: CJA) 제5장(내부자거래)에서 내부자거래규제에 관한 내용을 정하고 있다. CJA 제61조 제1항은 내부자거래 금지 위반자에게 대하여 7년 이하의 징역 또는 벌금(무제한)에 처한다고 규정하고, 다만 배심에 의하지 아니한 약식절차에 의한 경우에는 6개월 이하의 징역 또는 5,000파운드 이하의 벌금에 처하며, 양자 모두 징역과 벌금을 병과할 수 있다고 규정하고 있다.

그런데 금융서비스 부문을 광범위하게 규제하기 위한 2000년 금융서비스시장법(Financial Service and Market Act)이 시행하게 되었다. 이 법은 내부자거래를 시장남용(market abuse) 행위로 간주하여 규제하는 새로운 방식을 도입하였다. 시장남용은 내부자거래 등의 불공정거래행위를 포함하는 새로운 규제개념이다. 이 법은 감독기관인 금융감독청(Financial Service Authority: FSA)에게 시장을 규제할 수 있는 권한과 일정한 금액의 민사벌을 부과할 수 있는 권한을 부여하였다. 그리고 FSA는 형사소추를 담당한다.

4) 독 일

독일은 EC 내부자거래지침을 1994년에서야 국내법으로 수용하게 되었다. 1994년에 제2차 자본시장진흥법(Zweites Finanzmarktforderungsgesetz)에 따라 Wertpapierhandelsgesetz(이하 “WpHG”라 한다)을 제정하였는데, 이 법 제3장(내부자의 감시)에서 내부자거래규제에 관한 규정을 마련하면서 형사제재규정을 도입하였다. WpHG의 제정으로 형사처벌을 할 수 있는 근거규정이 마련되었고, 내부자거래에 대한 자율규제는 폐지되었다. WpHG 제38조 제 1 항은 내부자거래 금지 위반자에 대하여 5년 이하의 징역 또는 벌금에 처한다고 규정하고 있다.

5) 일 본

일본의 내부자거래규제의 역사는 다른 나라에 비하여 상대적으로 일천하다. 1987년 다데호 화학공업(주) 사건을 계기로 내부자거래에 대한 규제를 강화해야 한다는 요청의 결과로 1988년 5월 31일 증권취인법의 일부를 개정하는 법률이 공포되어 제정법에 의한 금지근거를 마련하였다. 그 후 제정된 금융상품취인법은 제166조에서 내부자거래를 규정하고, 이에 위반한 자는 5년 이하의 징역 또는 500만엔 이하의 벌금에 처하거나 병과한다(금융상품취인법 제197조의2 제13호). 또한 내부자거래로 인하여 얻은 재산은 몰수하고, 이를 몰수할 수 없을 때에는 그 가액을 추징한다(금융상품취인법 제198조의2). 양벌규정도 두고 있다(금융상품취인법 제207조).

6) 우리나라의 경우

내부자거래규제 근거는 1962년 증권거래법 제정 당시에는 존재하지 않았다. 1980년대 접어들어 내부자거래의 규제 필요성이 증대함에 따라 1982년 증권거래법 개정으로 상장법인의 임직원 및 주요주주에 대하여 소유주식상황 보고의무를 부과하였으나, 내부자거래를 직접규제하는 제도는 아니었다. 진정한 의미의 내부자거래규제제도는 1987년 증권거래법 개정에서 시세조종등 불공정거래 금지규정인 제105조에 미국식의 미공개정보 이용금지 조항을 신설하여 미공개정보를 이용한 내부자거래를 직접 금지하는 제도를 최초로 도입하였다.

1990년대 들어 내부자거래에 대한 본격적인 단속의 필요성과 규제를 강화하는 것이 세계적인 흐름이었다. 이에 따라 우리나라도 1991년 12월 증권거래법의 전면적인 개정으로 현재와 같은 내부자거래규제체계를 마련하였다.

그 후 1997년 1월 증권거래법 개정에서는 내부자거래에 대한 형사제재 규정을 강화하여 징역형의 상한을 3년에서 10년으로 상향조정하고, 내부자거래규제 위반으로 얻은 이익 또는 회피한 손실액의 3배 이내의 벌금에 처할 수 있는 근거를 신설하였다.

나아가 사회적 물의를 일으킨 대형사건들이 발생하자 2002년 1월 증권거래법을 개정하여 증권선물위원회에 강제조사권을 부여하고, 2002년 2월에는 얻은 이익이나 회피한 손실이 5억원 이상 50억원 미만인 때에는 3년 이상의 유기징역을, 그 이익 또는 회피한 손실액이 50억원 이상인 때에는 무기징역 또는 5년 이상의 유기징역에 처하고, 10년 이하의 자격정지도 병과할 수 있도록 형사벌칙을 대폭 강화하는 개정을 하였다.

자본시장법은 2002년 개정증권거래법의 내용 중 형사제재에 관한 규제체계를 그대로 수용하고 있다.

(2) 결　　어

현재 증권시장에서의 내부자거래는 불공평하고 증권시장의 질서를 침해하기 때문에 규제할 필요가 있다는 데는 대부분의 국가에서 인정하고 있다. 내부자거래는 자신의 경험과 분석·예측능력 등을 기초로 하는 정당한 노력에 의하지 않고, 자신의 지위나 불법·부당한 수단을 동원함으로써 정보상 우위를 차지하여 부당이득을 얻는 행위이다. 따라서 사회적 공평의 이념에서 내부자거래는 법률로 엄격하게 규제할 필요가 있다. 이와 같은 취지에서 증권시장을 개설하고 있는 국가에서는 증권거래의 공정성 확보와 증권시장의 기능유지를 위하여 내부자거래에 대하여 이를 실정법으로 금지하고, 그 위반행위에 대하여 형사제재를 강화하고 있다.[308] 따라서 민사제재

308) 박임출, 전게논문, 1-2쪽. 내부자거래를 법으로 금지하고 있는 국가는 1990년 34개국에서 2000년 87개국(증권시장을 개설하고 있는 국가는 총 103개국)으로 증가하였고, 법에 의한 기소사례가 있었던 국가는 1990년 9개국에서 2000년 38개국으로 증가하였다.

와 행정제재를 가하면서 형사제재를 가하는 규정을 두고 있다. 내부자거래를 범죄화하는 경우 규제형식을 형법으로 할 것인지와 특별법으로 할 것인지, 그리고 내부자거래를 범죄로 처벌하는 경우 그 보호법익이 무엇인가가 문제된다. 이에 관하여는 후술하기로 한다.

2. 보호법익에 대한 논의

(1) 미국과 독일에서의 논의

미국에서는 내부자거래를 세계에서 가장 일찍 가장 무거운 형벌로 처벌해 오고 있다. 그런데 일부에서는 내부자거래가 보호할 가치가 있는 법익을 침해하는 것인지에 대하여 의문을 제기해왔다.[309] 특히 경제학자 중에는 내부자거래는 해로운 것이 아니라는 주장도 있다. 독일의 경우 경제학자 중에 형법에 의해 내부자거래를 규제하는 것을 비판하는 견해가 많다. 독일에서의 형법적 관점에서의 법익론을 살펴보면 형벌로 보호해야 하는지, 그렇지 않으면 형벌 이외의 행정처분으로 보호해야 하는지에 대한 논의는 이전부터 있었다. 독일에서의 긍정론의 논의는 내부자거래 금지 구성요건에 의해 보호되는 법익이 초개인적 법익인지 또는 개인적 법익인지에 대하여 논의되고 있다.[310]

(2) 개인적 법익

개인적 법익으로 보는 견해는 ① 내부자와 거래하는 투자자의 손해로 보는 입장, ② 시장차원에서 일반투자자의 손해로 보는 입장이 있다. ①의 입장에서 내부자와 거래하는 투자자는 호재성 정보 또는 악재성 정보를 얻어 증권거래를 하는 내부자와의 관계에서, 전자의 경우는 당해 증권을 시장가격보다 낮은 가격으로 내부자에게 매도하고, 후자의 경우는 당해 증권을

309) Dennis W. Carlton & Daniel R. Fischel, “The Regulation of Insider Trading”, Standford Law Review, 1983, pp. 857-895.

310) 神山敏雄, 日本の 證券犯罪, 日本評論社(1999), 77쪽.

시장가격보다 높은 가격으로 내부자로부터 매수하기 때문에 양자 모두 손해가 발생한다. 그러나 이와 같은 견해에 대해서는 증권거래는 통상 거래자 자신의 동기로 이루어지기 때문에 원칙적으로 자신이 책임을 져야 하며, 거래 상대방으로서의 투자자에게는 내부자거래에 의해 직접적인 손해가 발생한 것은 아니라는 비판을 받고 있다.[311)]

②의 입장에서 내부자가 악재성 정보를 얻어 당해 증권을 매도하는 경우에는 그 수량만큼 매도가 증가하기 때문에 당해 증권의 가격은 하락하고, 호재성 정보를 얻어 당해 증권을 매수하는 경우에는 수요가 증가하여 그 만큼 당해 증권의 가격은 상승하기 때문에 시장차원에서 일반투자자는 손해를 보게 된다. 이와 같은 견해는 다음과 같은 비판을 받고 있다. 즉 시장에 참가하는 일반투자자는 시장가격의 상승 또는 하락에 대한 경험에 기초해 거래시점을 정하기 때문에 내부자의 시장참가에 의해 일반투자자가 손해를 보는 것은 아니다.[312)]

(3) 초개인적 법익

초개인적 법익이라는 입장에서 증권시장의 기능이 보호법익이라는 견해가 유력하다. 예컨대, 독일의 입법자들은 금융시장의 기능 유지를 위하여 투자자의 신뢰는 결정적인 중요성을 가지고, 그 신뢰는 투자자를 동등하게 취급하고 정보의 불법적인 이용을 금지함으로써 보장되며, 따라서 내부자거래는 투자자의 신뢰를 떨어뜨려 시장의 원활한 기능을 침해한다고 한다. 학설로서는 ① 증권시장의 가격형성과정에서 투자자의 기회균등에 대한 신뢰라고 보는 견해, ② 시장참가자의 시세에 중대한 영향을 미치는 정보에 대한 동등한 접근기회를 중시하여 자본시장에서의 정보에 대한 평등이 보호법익이라는 견해 등이 주장되고 있다.[313)]

311) 神山敏雄, 상게서, 77쪽.
312) 神山敏雄, 상게서, 77쪽.
313) 神山敏雄, 상게서, 78쪽.

(4) 결 어

현행 자본시장법은 내부자거래를 범죄로 규정하고 있다. 이와 같은 전제에서 본다면 그 보호법익은 직접적으로는 당해 회사가 발행한 증권의 거래의 공평성, 간접적으로는 증권시장의 공정성·건전성이다. 이는 법익 3분설에 의하면 초개인적 법익으로서 사회적 법익이다.[314] 사회적 법익이란 인간의 공동생활의 기초가 되는 사회생활에서의 일반적인 법익이다.

3. 우리나라의 경우

(1) 서 론

1) 내부자거래의 구성요건의 체계

내부자거래는 내부자, 준내부자, 정보수령자가 상장법인의 업무 등과 관련된 중요한 정보를 안 후 당해 중요정보가 공개되기 전에 특정증권등의 매매, 그 밖의 거래에 이용하거나 타인에게 이용하게 함으로써 성립한다.

자본시장법은 내부자거래 규정을 위반한 자를 10년 이하의 징역 또는 5억원 이하의 벌금에 처하고, 다만 그 위반행위로 얻은 이익 또는 회피한 손실액의 3배에 해당하는 금액이 5억원을 초과하는 경우에는 그 이익 또는 회피한 손실액의 3배에 상당하는 금액 이하의 벌금에 처한다(법 제443조 제1항)고 규정하고 있다.

또한 그 위반행위로 얻은 이익 또는 회피한 손실액이 5억원 이상인 경우에는 제1항의 징역형을 다음의 구분에 따라 가중한다(법 제443조 제2항).

1. 이익 또는 회피한 손실액이 50억원 이상인 경우에는 무기 또는 5년 이상의 징역에 처한다.

314) 神山敏雄, 상게서, 79쪽.

2. 이익 또는 회피한 손실액이 5억원 이상 50억원 미만인 경우에는 3년 이상의 유기징역에 처한다.

그리고 징역에 처하는 경우에는 10년 이하의 자격정지를 병과할 수 있다(법 제443조 제3항). 또한 징역과 벌금을 병과할 수 있으며(법 제447조 제1항), 제443조 제2항에 따라 가중처벌을 받는 자에게 벌금형을 병과하는 경우에는 그 위반행위로 얻은 이익 또는 회피손실액의 3배에 상당하는 금액 이하의 벌금에 처한다(법 제447조 제2항).

법인(단체를 포함)의 대표자나 법인 또는 개인의 대리인, 사용인, 그 밖의 종업원이 그 법인 또는 개인의 업무에 관하여 제443조부터 제446조까지의 어느 하나에 해당하는 위반행위를 하면 그 행위자를 벌하는 외에 그 법인 또는 개인에게도 해당 조문의 벌금형을 과한다. 다만, 법인 또는 개인이 그 위반행위를 방지하기 위하여 해당 업무에 관하여 상당한 주의와 감독을 게을리하지 아니한 경우에는 그러하지 아니하다(법 제448조).

2) 보호법익

내부자거래를 범죄로 규제하는 것은 자본주의 경제가 발달하면서 증권시장의 투명성을 확보하기 위하여 형성된 새로운 범죄라고 할 수 있기 때문이다. 자본시장법은 "자본시장에서의 금융혁신과 공정한 경쟁을 촉진하고 투자자를 보호하며 금융투자업을 건전하게 육성함으로써 자본시장의 공정성·신뢰성 및 효율성을 높여 국민경제의 발전에 이바지함을 목적으로 한다(법 제1조)." 그런데 내부자거래가 방치되면 자본시장법의 목적인 증권시장의 공정성과 신뢰성이 훼손되고 투자자의 신뢰를 상실하게 된다. 따라서 내부자거래의 보호법익은 증권시장의 공정성을 확보하여 투자자를 보호하는 사회적 법익이다.

관련판례: 서울중앙지방법원 2007. 2. 9. 선고 2006고합332 판결
증권거래법 제207조의2(자본시장법 제443조) 규정은 증권시장의 공정한 질서를 해치는 행위에 대한 제재인 형사처벌의 법정형에 관한 것으로서 그 보호법익은 구체적인 피해자를 위한 개인적 법익이 아니라 증권시장의 공정한 거래질서라는 사회적 법익이다.

3) 법적 성질

자본시장법 제174조와 제443조 등은 내부자거래를 금지하고 이를 위반한 자를 형사처벌하는 규정이다. 이들 규정은 첫째, 미공개중요정보를 갖고 있는 자의 내부자거래를 금지하는 규제적 기능, 둘째, 일반투자자에 비하여 불공정한 내부자거래를 금지하고, 증권시장의 공정성과 건전성을 확보하며, 증권시장에 대한 투자자의 신뢰를 보호하는 보호적 기능, 셋째, 내부자거래 규제 기타 형벌법규에 저촉되지 않는 행위에 대하여는 증권거래의 자유를 보장하는 보장적 기능을 수행하고 있다. 또한 내부자거래의 규제에는 징역, 금고, 자격정지 등의 형사제재가 포함되기 때문에 다른 형벌법규와 마찬가지로 죄형법정주의의 원칙이 적용된다. 따라서 형사제재 규정의 해석은 첫째, 누구든지 처벌받는 행위를 예상할 수 있을 정도로 위반행위가 명확하고, 둘째, 위반행위에 대한 처벌이 합리적이어야 하며, 셋째, 내부자거래 금지규정에 대하여 유추해석을 해서는 안 된다. 따라서 투자자가 증권거래를 하는 시점에서 그 거래가 내부자거래로 처벌되는가의 여부를 명확히 판단할 수 있어야 한다.[315)]

(2) 객관적 구성요건

1) 행위의 주체

내부자거래의 행위주체는 내부자, 준내부자 및 정보수령자로 한정된 신분범의 형태로 되어 있다. 신분범이란 행위의 주체에 일정한 신분을 요하는 범죄를 말한다. 여기서 신분이란 범인의 인적관계인 특수한 지위나 상태를

315) 박임출, 전게논문, 10쪽.

말한다. 신분범에는 진정신분범과 부진정신분범이 있다. 진정신분범이란 일정한 신분이 있는 자에 의하여만 범죄가 성립하는 경우를 말하며, 부진정신분범이란 신분 없는 자에 의하여도 범죄가 성립할 수는 있지만 신분 있는 죄를 범한 때에는 형이 가중되거나 감경되는 범죄이다.[316)]

그런데 신분범에 있어서 신분 없는 자는 그 죄에 정범이 될 수는 없으나 공범이 될 수는 있다. 내부자거래는 신분을 가진 자만을 규제대상으로 하는 진정신분범의 형태로 되어 있다. 따라서 신분이 없는 자는 내부자거래의 단독정범이 될 수는 없고 공범이 될 수는 있다.

내부자, 준내부자, 정보수령자의 개념에 대하여는 전술한 바와 같다.

관련판례: 서울지방법원 1999. 12. 15. 선고 99노8915 판결

증권거래법 제188조의2 제1항 위반의 죄는 “내부자 또는 준내부자로서 직무와 관련하여 법인의 미공개정보를 알게 된 자” 또는 “이들로부터 당해 정보를 수령한 자”라는 신분을 구성요건으로 하는 일종의 진정신분범이라고 할 것이다.

2) 행위의 객체인 특정증권등

자본시장법은 상장법인이 발행한 특정증권등을 내부자거래의 규제대상 증권으로 하고 있다(법 제174조 제1항). 따라서 거래 객체는 상장법인이 발행한 특정증권등에 한정된다. 여기서 특정증권등은 단기매매차익 반환의무의 대상증권을 말한다(법 제172조 제1항 제1호부터 제4호까지). 행위의 객체가 되는 상장법인의 특정증권등에 관하여는 전술한 바와 같다.

3) 행 위

본죄의 행위는 상장법인의 업무 등과 관련된 중요한 정보를 안 후 당해 중요정보가 공개되기 전에 특정증권등의 매매, 그 밖의 거래에 이용하거나 타인에게 이용하게 하는 것이다.

---

316) 이재상, 형법총론, 박영사(2001), 72쪽.

상장법인의 업무 등과 관련되어야 하고, 중요한 미공개정보이어야 하며, 정보는 공개되기 전의 정보이어야 하고, 특정증권등의 매매, 그 밖의 거래에 이용하는 행위 또는 타인에게 이용하게 하는 행위에 대하여는 위에서 상술하였다.

(3) 주관적 구성요건

본죄는 고의범이므로 객관적 구성요건에 대한 고의를 필요로 한다. 따라서 내부자, 준내부자 또는 정보수령자라는 신분에 대한 인식뿐만 아니라, 미공개중요정보를 이용하거나 타인에게 이용하게 한다는 점에 대한 인식도 고의의 내용이 된다. 반드시 확정적 고의임을 요하지 않고 미필적 고의로 족하다. 그러므로 오해 또는 착오에 의한 이용이나 기억이 분명하지 못하여 잘못 이용한 때에는 본죄가 성립하지 않는다. 공개된 정보를 미공개중요정보라고 믿고 이용한 때에는 구성요건적 착오로서 고의가 조각된다. 이에 반하여 자신은 내부자, 준내부자 또는 정보수령자가 아니라고 오신한 때에는 법률의 착오에 해당할 수 있다.

관련판례: 대법원 2006. 5. 11. 선고 2003다4320 판결

미공개 여부는 당사자 본인의 해당 내부정보에 대한 인식 여부를 기준으로 하여야 할 것인데 당사자가 법인인 경우 회사의 대표이사 또는 의사결정권자의 인식을 기준으로 하여야 할 것이고 거래의 당사자가 이러한 대표권한이 없는 거래 관련 업무담당자에 불과하다면 예외가 적용되지 않을 것이다. 따라서 거래당사자인 법인의 담당 직원이 거래의 상대방으로부터 그 유가증권 관련 내부정보를 전해 들었음에도 이를 정식으로 법인의 의사결정권자에게 보고하거나 그에 관한 지시를 받지 아니한 채 거래의 상대방으로부터 거래의 성사를 위한 부정한 청탁금을 받고서 법인에 대한 배임의 의사로 거래가 이루어지도록 한 경우에는 거래 당사자에 대하여 위 내부정보의 완정한 공개가 이루어졌다고 볼 수 없다.

관련판례: 서울중앙지방법원 2007. 7. 20. 선고 2007고합159 판결

증권거래법 제188조의2 제1항은 유가증권의 매매 기타 거래와 관련하여 미공개정보를 "이용"하는 행위를 금지하고 있기 때문에, 미공개정보 이용행위로 처벌하기 위해서는 단순히 미공개정보를 "보유"하고 있는 상태에서 유가증권의 거래를 한 것만으로는 부족하고, 그것을 "이용"하여 유가증권의 거래를 한 것이 인정되어야 하지만, 미공개정보를 인식한 상태에서 유가증권 거래를 한 경우에는 특별한 사정이 없는 한 그것을 이용하여 유가증권 거래를 한 것으로 봄이 상당하고, 또한 유가증권 거래를 하게 된 다른 요인이 있더라도 미공개 내부 정보를 이용한다는 것이 하나의 요인이 된 경우에는 미공개정보를 이용하여 유가증권 거래를 한 것으로 인정할 수 있다.

(4) 기수시기

본죄의 미수범은 처벌되지 않는다. 왜냐하면 자본시장법 제443조 및 제174조 제1항의 구성요건의 내용이 결과의 발생을 요하지 않고 법에 규정된 행위를 함으로써 충족되는 형식범의 형태이고, 법익침해의 일반적인 위험이 있으면 구성요건이 충족되는 추상적 위험범의 형태로 규정되어 있기 때문이다.

이와 같이 구성요건이 결과범의 형태가 아닌 형식범의 형태로 되어 있어 결과의 발생을 요건으로 하지 아니하므로 내부자가 중요한 미공개정보를 특정증권등의 매매, 그 밖의 거래에 이용하거나 타인에게 이용하게 하는 행위가 있으면 범죄는 완성되어 바로 기수가 성립되고, 미수가 성립될 여지는 없다. 따라서 이러한 행위에 의하여 이익을 얻거나 손실을 회피할 것을 요하지 않는다.

(5) 위 법 성

내부자거래를 범죄로 규제하는 경우 이에 대한 구성요건에 해당하는 행위가 위법성이 조각되는 경우는 사실상 생각하기 어려울 것이다. 피해자의 승낙도 본죄의 위법성을 조각하지 않는다. 본죄의 주된 보호법익인 증권

시장의 공정성을 확보하여 투자자를 보호해야 하는 사회적 법익은 처분할 수 없는 법익이기 때문이다.

(6) 공 범

1) 정보이용행위와 공범의 성립 여부

내부자거래규제 위반죄는 내부자, 준내부자 및 정보수령자만 정범이 될 수 있다. 즉 여기서의 신분은 구성적 신분을 이루며, 이러한 의미에서 내부자거래규제 위반죄는 진정신분범이다. 따라서 신분 없는 자는 본죄의 단독정범이 될 수 없고, 공동정범·교사범 또는 종범이 될 수 있을 뿐이다(형법 제33조 본문). 즉 신분자와 비신분자가 공동하여 본죄를 범한 때에는 비신분자도 내부자거래규제 위반죄의 공동정범이 된다. 또한 고의 없는 타인을 이용하여 간접적으로 정보를 이용하여 거래하는 경우에는 간접정범이 성립된다. 예컨대, 중요사실을 직무에 관하여 알게 된 회사의 임직원이 중요사실을 알지 못하는 부하직원에게 지시하여 당해 증권 등을 매매하게 하는 경우이다.

공범의 성립 여부를 구체적으로 보면 다음과 같다. 내부자거래의 행위주체는 내부자, 준내부자 및 정보수령자로 한정된 진정신분범의 형태로 되어 있지만 중요한 미공개정보를 이용하여 매매 그 밖의 거래를 하는 과정에서 타인(비신분자)과 공모한 경우에는 공동정범이 성립한다. 또한 비신분자가 내부자, 준내부자 및 정보수령자에게 내부자거래의 결의를 가지게 하여 내부자 등이 내부자거래를 하거나 또는 내부자거래를 하는 내부자 등의 결의를 촉진·강화하여 내부자 등이 내부자거래를 하는 경우에는 교사범 또는 방조범이 성립한다. 이 경우 타인 또는 교사자나 방조자는 내부자의 범위에 속하지 않지만 내부자거래의 주체가 될 수 있다.

교사행위의 수단에는 제한이 없다. 내부자거래규제 위반죄의 결의에 영향을 줄 수 있으면 충분하다. 따라서 지시, 명령, 요청, 이익제공, 감언이설

등의 수단을 불문한다. 또한 방조행위의 방법에도 제한이 없다. 따라서 내부자거래를 할 수 있는 장소의 제공, 자신의 명의를 빌려주는 것 또는 매수자금을 빌려주는 것 등은 방조에 해당한다.

관련판례: 서울남부지방법원 2004. 10. 15. 선고 2004노948 판결
비내부자가 내부자를 위하거나 또는 함께 미공개정보를 이용하여 이득을 얻은 것은 형법 제33조의 공범과 신분 규정에 의하여 공동정범, 교사범, 방조범이 될 수 있다.[317)]

2) 정보제공행위와 공범관계

가. 연쇄적 정보제공

일반적으로 내부자 또는 준내부자가 타인에게 정보를 제공하였다면 그 내부자 또는 준내부자는 그 타인으로 하여금 정보를 이용하게 한 행위로, 그 정보를 수령한 사람은 정보수령자로서 정보를 이용한 행위로 규제받으므로 공범관계가 성립할 여지는 없다.

그러나 연쇄적 정보제공행위의 경우, 즉 내부자 또는 준내부자가 정보를 타인에게 전달하고, 그 타인이 다시 제 3 자에게 정보제공행위를 한 경우에 최초의 정보제공자도 책임을 지는가가 문제된다. 예컨대, 최초의 정보제공자(내부자 또는 준내부자)가 그 제 3 자(2차 정보수령자)에게까지 그 정보가 전달

317) 피고인도 홍○○이 L사의 주식담당자임을 알고 있었기에 홍○○이 L사에 호재가 되는 내부 정보에 기해서 이를 이용하여 이득을 취할 의도하에 위와 같은 부탁을 하는 것이라는 정을 알고 있었음에도 불구하고, 이를 승낙한 후 위 홍○○의 범행을 돕기 위하여 2002. 12. 24.경부터 2002. 12. 27.경까지 사이에 피고인이 근무하는 사무실에서 L증권사 C지점에 개설한 피고인 명의의 주식거래계좌 및 김○○ 명의의 차명계좌를 이용하여 위 홍○○이 송금한 3,000만원에 피고인의 돈을 보태어 인터넷 증권사이트에서 L사의 주식을 매입한 다음, 예상대로 주가가 상승하자 2003. 1. 10.경 위 주식을 전량 매도한 후, 2003. 1. 14.경 홍○○에게 위 3,000만원 상당 주식매입분에 대한 매매차익 28,538,087원을 송금하여 주어, 홍○○이 위와 같은 L사의 정보를 이용하여 위 3,000만원 상당 주식을 매매하여 이득을 취하는 것을 용이하게 함으로써 이를 방조한 것이다.

될 것을 의도 내지 예상한 경우에는 그 제 3 자(2차 정보수령자)의 내부정보를 이용한 거래에 대하여 그 타인(1차 정보수령자)뿐만 아니라 최초의 정보제공자도 책임을 진다고 보는 것이 타당하다. 다만 1차 정보수령자만을 내부자의 범위에 포함시켜야 하므로, 내부자거래의 책임을 부담하는 정보제공자는 최초의 정보제공자(내부자 또는 준내부자) 및 2차 정보제공자(정보수령자)에 한하고, 그 제 3 자는 2차 정보수령자에 불과하여 내부자거래의 책임을 부담하지 않는다고 보아야 한다.[318]

나. 2차 정보수령자 이후의 정보수령자

내부자 또는 준내부자로부터 중요한 미공개정보를 수령한 자(1차 정보수령자)로부터 다시 그 정보를 전달받은 자(2차 정보수령자)가 증권의 매매 그 밖의 거래와 관련하여 수령한 정보를 이용하거나 타인으로 하여금 이용하게 하는 행위는 내부자거래의 규제대상이 아니다.

관련판례: 대법원 2001. 1. 25. 선고 2000도90 판결

법 제188조의2 제 1 항은 내부자로부터 미공개 내부정보를 전달받은 제 1 차 정보수령자가 유가증권의 매매 기타 거래와 관련하여 그 정보를 이용하거나 다른 사람으로 하여금 이를 이용하게 하는 행위만을 금지하고 있을 뿐 제 1 차 정보수령자로부터 미공개 내부정보를 전달받은 제 2 차 정보수령자 이후의 사람이 유가증권의 매매 기타 거래와 관련하여 당해 정보를 이용하거나 다른 사람으로 하여금 이를 이용하게 하는 행위를 금지하지는 아니하므로 결국 법 제188조의2 제 1 항, 제207조의2 제 1 호는 내부자로부터 미공개 내부정보를 전달받은 제 1 차 정보수령자가 유가증권의 매매 기타의 거래에 관련하여 당해 정보를 이용하거나 다른 사람에게 이를 이용하게 하는 행위만을 처벌할 뿐이고, 제 1 차 정보수령자로부터 제 1 차 정보수령과는 다른 기회에 미공개 내부정보를 다시 전달받은 제 2 차 정보수령자 이후의 사람이 유가증권의 매매 기타의 거래와 관련하여 전달받은 당해 정보를 이용하거나 다른 사람에게 이용하게 하는 행위는 그 규정조항에 의하여는 처벌되지 않는 취지라고 판단된다.

이는 법에서 내부자가 미공개 내부정보를 이용하여 유가증권의 매매 기타

318) 곽민섭, 전게논문, 154쪽.

의 거래를 하는 것만을 금지할 경우 내부자가 그 금지를 회피하여 탈법적으로 미공개 내부정보를 이용한 유가증권의 매매 기타의 거래를 하는 것을 막을 수 없으므로 내부자로부터 미공개 내부정보를 전달받아 이를 이용하여 유가증권의 매매 기타의 거래를 하는 것을 금지하여야 할 필요가 있으면서 한편으로는 미공개 내부정보는 정보의 성격상 전달과정에서 상당히 변질되어 단순한 소문 수준의 정보가 되기 마련이어서 미공개 내부정보의 이용에 대한 규제대상을 적절한 범위 내로 제한하여야 할 필요도 있으므로, 그 규정조항은 내부자로부터 직접 미공개 내부정보를 전달받은 제1차 정보수령자는 통상적으로 내부자와 특별한 관계가 있음을 고려하여 증권시장의 공정성 및 건전성에 대한 투자자의 신뢰를 확보한다는 관점에서 제1차 정보수령자가 내부자로부터 전달받은 미공개 내부정보를 이용하여 직접 유가증권의 매매 기타의 거래를 하거나 다른 사람으로 하여금 유가증권의 매매 기타의 거래와 관련하여 이를 이용하게 하는 행위를 처벌하기로 하는 한편 그 처벌범위가 불명확하게 되거나 법적안정성을 해치게 되는 것을 막기 위하여 제2차 정보수령자 이후의 정보수령자의 미공개 내부정보 이용행위를 그의 처벌범위에 넣지 않기로 한 것으로 봄이 죄형법정주의 원칙에 부응되기 때문이다.

다. 1차 정보수령자와 2차 정보수령자의 공범관계 성립 여부

2차 정보수령자는 1차 정보수령자와 형법 제33조의 공범관계도 성립하지 않는다. 이는 형법 제243조의 음화 등의 반포 등의 죄에 있어서 매도한 자만 처벌하는 것과 마찬가지로 대향범의 구조를 갖고 있는 것으로 보기 때문이다.

관련판례: 대법원 2001. 1. 25. 선고 2000도90 판결

법 제188조의2 제1항의 금지행위 중의 하나인 내부자로부터 미공개 내부정보를 수령한 제1차 정보수령자가 다른 사람에게 유가증권의 매매 기타 거래와 관련하여 당해 정보를 이용하게 하는 행위에 있어서는 제1차 정보수령자로부터 당해 정보를 전달받는 제2차 정보수령자의 존재가 반드시 필요하고, 제2차 정보수령자가 제1차 정보수령자와의 의사 합치하에 그로부터 미공개 내부정보를 전달받아 유가증권의 매매 기타 거래와 관련하여 당해 정보를 이용하는 행위가 당연히 예상되는바, 그와 같이 제1차 정보수령자가 미공개 내부정보를 다른 사람에게 이용하게 하는 법 제188조의2 제1항 위반죄가 성립하는 것이 당연히 예상될 뿐만 아니라, 그 범죄의 성립에 없어서는 아니 되는

제 2 차 정보수령자의 그와 같은 관여행위에 관하여 이를 처벌하는 규정이 없는 이상 그 입법 취지에 비추어 제 2 차 정보수령자가 제 1 차 정보수령자로부터 제 1 차 정보수령 후에 미공개 내부정보를 전달받은 후에 이용한 행위가 일반적인 형법 총칙상의 공모, 교사, 방조에 해당된다고 하더라도 제 2 차 정보수령자를 제 1 차 정보수령자의 공범으로서 처벌할 수는 없다고 할 것이다.

2인 이상의 서로 대향된 행위의 존재를 필요로 하는 범죄에 있어서는 공범에 관한 형법총칙 규정의 적용이 있을 수 없고, 따라서 상대방의 범행에 대하여 공범관계도 성립되지 아니하는 것으로 본 대법원 1985. 3. 12. 선고 84도2747 판결, 1988. 4. 25. 선고 87도2451 판결들의 취지가 이 사건에 참고될 것이다.

(7) 죄　　수

동일 종목, 동일 종류의 특정증권등을 수회에 걸쳐 매매거래 등을 한 경우, 개별 거래별로 내부자거래가 성립하는지 또는 전체로서 1개의 내부자거래가 성립하는지가 문제된다. 대법원은 동일 죄명에 해당하는 수개의 행위를 단일하고 계속된 범의하에 일정기간 계속하여 행하고 그 피해법익도 동일한 경우에는 이들 각 행위를 통틀어 포괄일죄로 처단하여야 한다고 판시하였다.[319] 이 판결은 시세조종행위에 관한 판례이지만 내부자거래의 경우에도 동일하게 포괄일죄로 처벌하여야 한다. 따라서 내부자가 내부자거래규제 위반죄에 해당하는 수개의 행위를 단일하고 계속된 범의하에서 일정기간 계속하여 범행을 반복하고, 또 피해법익의 동일성이 인정되어야 한다. 이 경우 내부자거래규제 위반죄의 보호법익은 개별 증권 소유자나 발행인 등 개개인의 재산적 법익은 직접적인 보호법익이 아니고, 증권시장에서의 증권거래의 공정성 및 유통성의 원활성 확보라는 사회적 법익이다.

(8) 벌　　칙

1) 징역, 벌금, 자격정지

가. 자본시장법 규정

자본시장법은 내부자거래 규정을 위반한 자를 10년 이하의 징역 또는 5

319) 대법원 2002. 6. 14. 선고 2002도1256 판결.

억원 이하의 벌금에 처하고, 다만 그 위반행위로 얻은 이익 또는 회피한 손실액의 3배에 해당하는 금액이 5억원을 초과하는 경우에는 그 이익 또는 회피한 손실액의 3배에 상당하는 금액 이하의 벌금에 처한다(법 제443조 제1항)고 규정하고 있다.

또한 그 위반행위로 얻은 이익 또는 회피한 손실액이 5억원 이상인 경우에는 제1항의 징역형을 다음의 구분에 따라 가중한다(법 제443조 제2항).

1. 이익 또는 회피한 손실액이 50억원 이상인 경우에는 무기 또는 5년 이상의 징역에 처한다.
2. 이익 또는 회피한 손실액이 5억원 이상 50억원 미만인 경우에는 3년 이상의 유기징역에 처한다.

그리고 징역에 처하는 경우에는 10년 이하의 자격정지를 병과할 수 있다(법 제443조 제3항). 또한 징역과 벌금을 병과할 수 있으며(법 제447조 제1항), 제443조 제2항에 따라 가중처벌을 받는 자에게 벌금형을 병과하는 경우에는 그 위반행위로 얻은 이익 또는 회피손실액의 3배에 상당하는 금액 이하의 벌금에 처한다(법 제447조 제2항).

나. 위헌 여부에 대한 판단

자본시장법 제443조 제1항 단서와 제443조 제2항에 해당하는 증권거래법 제207조2 제1항 단서 및 제2항과 관련하여, 이 규정은 형벌 체계의 균형성을 상실한 것으로 죄형법정주의 원칙에 반하고, 형벌 법규의 책임원칙 내지 비례원칙에 명백하게 위배되는 위헌적 규정이라는 논의가 있었으나, 서울고등법원은 다음과 같이 판결하였다.

관련판례: 서울고등법원 2009. 1. 23. 선고 2008노2564 판결

① 법정형의 종류와 범위의 선택은 광범위한 입법재량이 인정되므로, 어느 범

죄에 대한 법정형이 그 범죄의 죄질 및 이에 따른 행위자의 책임에 비하여 지나치게 가혹한 것이어서 현저히 형벌체계상의 균형을 잃고 있다거나 그 범죄에 대한 형벌 본래의 목적과 기능을 달성함에 있어 필요한 정도를 일탈하였다는 등 헌법상의 평등의 원칙 및 비례의 원칙 등에 명백히 위배되는 경우가 아닌 한, 쉽사리 헌법에 위반된다고 단정하여서는 아니 된다(헌법재판소 1995. 4. 20. 선고 91헌바11 결정).

② 증권거래법 제207조의2 제 2 항은 상장유가증권 또는 협회중개시장에 등록된 유가증권의 매매거래에 관하여 시세조종 등 불공정거래를 하여 부정하게 이익을 취득한 경우 이로 인한 불특정다수 증권투자자들의 피해가 막심하고 국가 경제에 부정적 영향을 크게 미치는 데 반하여 그 벌칙이 미약하여 이를 근절하지 못하고 있는 실정일 뿐만 아니라, 재범을 방지하지 못함으로 인해 경제질서를 왜곡·혼란시킬 우려가 높으므로 그에 대한 처벌을 강화하여 이러한 경제적 부작용을 막기 위해 신설된 조항인바, 그 입법 취지, 현재 우리나라 국민의 평균적 소득수준에 비추어 볼 때 5억원이나 50억원의 경제적 가치, 거액의 시세조종 등 불공정거래 사범에 대한 국민 일반의 법감정, 이로 인한 불특정 다수의 투자자들에 대한 폐해, 범죄예방을 위한 형사정책적 측면 등을 종합적으로 고려할 때, 위 법률조항의 법정형이 형벌체계상의 균형을 잃은 것이라거나 범행자를 책임 이상으로 과잉처벌하는 것이라고 단정할 수는 없다.

③ 증권거래법 제207조의2 제 2 항의 경우 그 법정형의 하한을 높게 규정하였다고 하더라도, 이는 입법자의 결단이라 보아야 할 것이고, 이러한 입법자의 결단은 입법재량의 한계를 벗어난 자의적인 것이라고는 보기 어려우며, 위 규정에 의할 경우 사안에 따라 작량감경을 통하여 집행유예의 선고가 가능하므로 이 점에서도 그 법정형이 형벌체계상 균형을 잃었다고 할 만큼 과중하다고 볼 수 없다.

다. 가중처벌 규정의 취지

형사책임이란 측면에서 볼 때 일반적으로 시세조종행위, 미공개정보 이용행위 등 법이 금지한 행위가 개입된 거래에서 그 행위자가 얻은 시세차익이 많으면 많을수록 그 위반행위에 대한 비난가능성은 그만큼 높아진다. 자본시장법 제443조 규정의 문언을 살펴보면 벌금형의 상한 및 가중처벌 규정의 적용 여부의 기준이 되는 "이익", "회피손실액"에 대하여 "위반행위로 얻은 이익 또는 회피한 손실액"이라고 표현하고 있을 뿐 위반행위와 직접적인 인과관계가 있다거나 일시효과는 배제된 이익 또는 회피손실액만을 의미하는 것으로 한정하여 규정하고 있지 않다.[320)]

또한 위 규정은 위반행위자와의 거래에서 그 거래상대방이 입은 손해에 대한 배상책임의 범위를 정하기 위한 조항이 아니며, 위반행위자가 얻은 부당이익 중에서 위반행위와 직접적인 인과관계가 있는 부당이익을 박탈하거나 환수하려는 조항도 아니다. 위 규정은 유가증권시장의 공정한 질서를 해치는 행위에 대한 제재인 형사처벌의 법정형에 관한 것으로서 그 보호법익은 구체적인 피해자를 위한 개인적 법익이 아니라 유가증권시장의 공정한 거래질서라는 사회적 법익이다. 따라서 유가증권시장의 공정성을 저해하는 행위를 효과적으로 규제하고 그에 대한 처벌의 실효성을 확보하기 위하여 위 규정이 벌금액의 상한이나 징역형의 법정형이 위반행위로 인한 부당이득액(이익 또는 회피손실액)에 따라 변동되는 연동제를 채택함에 있어서 위반행위와 직접적인 인과관계가 있는 부당이득액만을 그 변동의 요건으로 삼아야 할 필연성이 인정되지 않을 뿐만 아니라, 위반행위자가 받게 될 최종적인 형량은 법정형의 범위 내에서 구체적인 법관의 양형에 의하여 결정되는 것이지 위반행위로 인한 부당이득액 자체가 곧바로 위반행위자에 대한 형량으로 되는 것도 아니어서, 법정형의 차이로 인해서 구체적인 사건에서 나타날 수 있는 불합리한 점은 여러 양형인자를 고려한 법관의 적절한 양형에 의하여 합리적인 방향으로 조절하는 것이 가능하다.[321)]

따라서 위반행위와 상당인과관계가 있는지 여부를 엄격히 따져 피해자가 입은 현실적인 손해 상당액만큼을 불법행위자로부터 박탈하여 피해자의 손해를 보전하는 것이 제도의 취지인 민사상의 손해배상책임이나 부당이득의 관점에서 위 규정을 바라보아야 할 이유가 없다.

---

320) 서울중앙지방법원 2007. 2. 9. 선고 2006고합332 판결.

321) 서울중앙지방법원 2007. 2. 9. 선고 2006고합332 판결.

2) 이익 및 손실액의 산정

가. 가중처벌 요건의 기준

내부자거래 금지규정은 형식범의 형태로 규정되어 있다. 따라서 내부자거래의 결과 내부자가 이익을 얻었거나 손실을 회피하였는지 여부를 요건으로 하지 않는다. 또한 주관적 고의 이외에 특정한 주관적 목적도 필요하지 않으므로 이익 또는 손실을 회피할 목적도 요건으로 하지 않는다. 다만 위반행위로 얻은 부당이득을 환수하기 위한 벌금형을 정하면서 죄책이 중하기 때문에 가중처벌기준으로 얻은 이익 또는 회피한 손실을 고려할 뿐이다.

일반적으로 범죄의 액수는 구성요건요소가 아니고 양형의 자료에 불과하지만 특정경제범죄가중처벌등에관한법률위반죄의 경우 범죄의 액수는 구성요건요소로서 그 액수에 따라 적용될 법률조항이 달라지고 그 계산이 잘못되면 법률 적용의 착오로서 판결에 영향을 미친 법률위반이 된다. 이러한 취지에서 "위반행위로 얻은 이익 또는 회피한 손실액"은 구성요건의 일부가 된다.[322] 따라서 "위반행위로 얻은 이익 또는 회피한 손실액" 등의 액수에 따라 가중처벌하는 규정을 둠으로써 특히 그 이익의 액수는 범죄의 구성요건요소로서 중요한 의미를 가지게 되었다.

즉 상장법인의 내부자가 미공개정보를 이용하는 것은 기업공시제도를 훼손하고, 기업운영과 증권거래시장의 투명성을 저해하여 주주, 채권자, 거래당사자 등에게 예측하지 못한 손해를 입힐 뿐만 아니라 결국에는 기업에 대한 신뢰, 시장에 대한 신뢰를 떨어뜨림으로써 헌법상의 기본원리인 시장경제질서를 무너뜨리는 결과를 낳을 수도 있다는 점에서 그 죄책이 중하다.[323]

그리고 법문은 벌금형의 상한 및 가중처벌 규정의 적용 여부의 기준이 되는 "이익", "회피손실액"에 대하여 "위반행위로 얻은 이익 또는 회피한 손실액"이라고 표현하고 있을 뿐 위반행위와 직접적인 인과관계가 있다거

322) 대법원 2001. 1. 19. 선고 2000도5352 판결; 대법원 2003. 11. 28 선고 2002도2215 판결.
323) 서울중앙지방법원 2007. 2. 9. 선고 2006고합332 판결.

나 일시효과는 배제된 이익 또는 회피손실액만을 의미하는 것으로 한정하여 규정하고 있지 않다. 위반행위자가 받게 될 최종적인 형량은 법정형의 범위 내에서 구체적인 법관의 양형에 의하여 결정되는 것이지 위반행위로 인한 부당이득액 자체가 곧바로 위반행위자에 대한 형량으로 되는 것도 아니다. 따라서 법정형의 차이로 인해서 구체적인 사건에서 나타날 수 있는 불합리한 점은 여러 양형인자를 고려한 법관의 적절한 양형에 의하여 합리적인 방향으로 조절하는 것이 가능하다.[324)]

나. 위반행위로 얻은 이익

자본시장법 제443조와 제447조에서 정한 "위반행위로 얻은 이익"이란 거기에 함께 규정되어 있는 "손실액"에 반대되는 개념으로서 당해 위반행위로 인하여 행위자가 얻은 이윤, 즉 그 거래로 인한 총수입에서 그 거래를 위한 총비용을 공제한 차액을 말한다.[325)]

또한 "위반행위로 얻은 이익"이란 그 위반행위와 관련된 거래로 인한 이익을 말하는 것으로서 위반행위로 인하여 발생한 위험과 인과관계가 인정되는 것을 의미한다. 통상적인 경우에는 위반행위와 관련된 거래로 인한 총수입에서 그 거래를 위한 총비용을 공제한 차액을 산정하는 방법으로 인과관계가 인정되는 이익을 산출할 수 있다. 그러나 구체적인 사안에서 위반행위로 얻은 이익의 가액을 위와 같은 방법으로 인정하는 것이 부당하다고 볼 만한 사정이 있는 경우에는, 사기적 부정거래행위를 근절하려는 위 법 제443조와 제447조의 입법취지와 형사법의 대원칙인 책임주의를 염두에 두고 위반행위의 동기, 경위, 태양, 기간, 제 3 자의 개입 여부, 증권시장 상황 및 그 밖에 주가에 중대한 영향을 미칠 수 있는 제반 요소들을 전체적·종합적으로 고려하여 인과관계가 인정되는 이익을 산정해야 하며, 그에 관한 입증책임은 검사가 부담한다.[326)]

---

324) 서울고등법원 2008. 6. 24. 선고 2007노653 판결.

325) 대법원 2009. 4. 9. 선고 2009도675 판결.

326) 대법원 2009. 7. 9. 선고 2009도1374 판결.

다. 위반행위로 회피한 손실액

(가) 회피손실의 판단기준

자본시장법 제443조 제 2 항은 "위반행위로 얻은 이익 또는 회피한 손실액이 50억원 이상인 때에는 무기 또는 5년 이상의 징역에 처하고, 이익 또는 회피한 손실액이 5억원 이상 50억원 미만인 때에는 3년 이상의 유기징역에 처한다"고 규정하고 있다. 이와 같이 얻은 이익 또는 회피한 손실액이 범죄구성요건의 일부로 되어 있고 그 가액에 따라 그 죄에 대한 형벌도 매우 가중되어 있는 경우에, 이를 적용함에 있어서는 얻은 이익이나 회피한 손실의 가액을 엄격하고 신중하게 산정함으로써, 범죄와 형벌 사이에 적정한 균형이 이루어져야 한다는 죄형균형 원칙이나 형벌은 책임에 기초하고 그 책임에 비례하여야 한다는 책임주의 원칙이 훼손되지 않도록 유의하여 회피손실액을 산정하여야 하고(대법원 2007. 4. 19. 선고 2005도7288 판결 참조), 나아가 어느 정보가 공개되어 그 영향으로 인하여 주가가 상승 또는 하락함으로써 이익을 얻거나 손실을 회피하였는지 여부는 해당 정보가 충분히 시장에 공개된 이후 주가가 안정화된 시점을 기준으로 판단하여야 할 것이다.[327)]

(나) 회피손실액의 산정 및 적용법조에 관한 판단

① 회피손실액의 산정방식과 죄형법정주의

법령에 근거가 없는 "회피손실액 산정 방식"을 사용하여 가중처벌규정을 적용하는 것이 죄형법정주의(형벌법규 명확성의 원칙)에 반하는 것인지 여부가 문제된다. 여기서는 이에 관하여 다툼이 심하였던 제 1 심과 제 2 심 판례를 소개하기로 한다.

서울중앙지방법원 2007. 2. 9. 선고 2006고합332 판결(1심)

① 여기서 "위반행위로 얻은 이익" 부분에 관하여, 이미 다른 형사사건에서 위 규정이 죄형법정주의 등에 위반된다는 취지로 위헌제청신청을 한 바 있었

327) 서울고등법원 2008. 6. 24. 선고 2007노653 판결.

으나 대법원은 위헌제청신청을 기각한 바 있다.[328] 그 후 제기된 헌법소원 사건에서도 헌법재판소가 합헌결정을 한 바 있다.[329]

---

328) 대법원 2002. 7. 26. 선고 2002도1855 판결 및 2002초기199 결정, 대법원 2003. 6. 13. 선고 2003도683 판결 및 2003초기76 결정. 처벌법규의 입법목적이나 그 전체적 내용, 구조 등을 살펴보아 사물의 변별능력을 제대로 갖춘 일반인의 이해와 판단으로서 그의 구성요건 요소에 해당하는 행위유형을 정형화하거나 한정할 합리적 해석기준을 찾을 수 있다면 죄형법정주의가 요구하는 형벌법규의 명확성의 원칙에 반하는 것이 아닌바, 증권거래법 제207조의2의 규정상의 이익액을 산출해 낼 합리적 해석기준이 분명하여 처벌규정으로서의 명확성을 지니는 것이어서 헌법 제12조의 죄형법정주의에 위반되지 않는다(대법원 2002. 7. 26. 선고 2002도1855 판결).

329) 헌법재판소 2003. 9. 25. 선고 2002헌바69·2003헌바41(병합) 결정.

【판시사항】

1. 증권거래법이 금지하는 시세조종행위 등을 한 자에 대하여 10년 이하의 징역 또는 2천만원 이하의 벌금에 처하면서, 다만, 그 위반행위로 얻은 이익 또는 회피한 손실액의 3배에 해당하는 금액이 2천만원을 초과하는 때에는 그 이익 또는 회피손실액의 3배에 상당하는 금액 이하의 벌금에 처하도록 규정하고 있는 증권거래법(1997. 1. 13. 법률 제5254호로 개정되고 2002. 4. 27. 법률 제6695호로 개정되기 전의 것) 제207조의2(이하 '이 사건 법률조항'이라 한다)의 단서 중 위 '위반행위로 얻은 이익' 부분이 죄형법정주의(명확성 원칙)에 위반되는지 여부(소극)
2. 이 사건 법률조항이 과잉처벌에 해당하는지 여부(소극)
3. 이 사건 법률조항이 평등의 원칙에 위배되는지 여부(소극)

【결정요지】

1. 이 사건 법률조항에 사용된 '위반행위', '얻은', '이익' 등의 개념 자체는 애매하거나 모호한 점이 없으며, 이 사건 규정은 '위반행위로 얻은 이익'이라고 표현하고 있을 뿐 위반행위와 직접적인 인과관계가 있는 이익만을 의미하는 것으로 한정하여 규정하고 있지 않으므로, 건전한 상식과 통상의 법감정을 가진 일반인의 입장에서 '위반행위로 얻은 이익'을 위반행위가 개입된 거래에서 얻은 총수입에서 총비용을 공제한 액수(시세차익)로 파악하는 데 별다른 어려움이 없으므로, 이 사건 법률조항은 죄형법정주의에서 파생된 명확성 원칙에 위배되지 않는다.
2. 대법원 판례에 의하면, 이 사건 법률조항상의 '위반행위로 얻은 이익'이란 그 위반행위가 개입된 거래에서 위반행위자가 얻은 모든 이익(시세차익)을 의미하는바, 주식을 비롯한 유가증권의 시장가격은 어느 특정 요인에 의해 형성되는 것이 아니고 매우 다양한 요인에 의해 영향을 받는다는 점을 고려하면 유가증권의 시세를 인위적으로 조종하는 행위를 하여 이익을 얻은 경우 이것이 모두 그 시세조종행위에 의한 것이라고 말할 수는 없지만, 형사책임이란 측면에서 볼 때 위반행위로 얻은 시세차익의 많고 적음이 그러한 위반행위를 한 자에 대한 형사책임의 경중을 결정하는 중요한 요소가 될 수 있으며, 또 이 사건 법률조항은 형사처벌의 법정형에 관한 조항이지, 손해배상책임의 범위를 정하기 위한 조항이거나 위반행위와 직접적인 인과관계

② 명확성의 원칙은 특히 처벌법규에 있어서 엄격히 요구되는 것이지만, 법규정을 규범적 요소는 배제한 채 순수한 의미의 기술적 개념만으로 규정하는 것은 입법기술상 불가능하며 어느 정도 가치개념을 포함하는 일반적·규범적인 언어를 사용하는 것은 불가피하다. 따라서, 입법자가 처벌의 종류와 정도에 대한 법규에 법관의 보충적인 해석을 필요로 하는 개념이 사용되었다고 하더라도 그 점만으로 헌법이 요구하는 처벌법규의 명확성에 반드시 배치되는 것이라고는 볼 수 없다. 따라서 여기서 "위반행위로 얻은 이익 또는 회피한 손실액"을 구체적으로 어떻게 산정할 것인지에 관하여 서로 다른 해석의 여지가 있을 수 있으나, 그와 같은 법률의 해석·적용의 필요성은 모든 법규정이 본질적으로 안고 있는 문제이며, 관련 법규정 및 법률이론에 입각한 법관의 보충적 해석과 판례를 통하여 충분히 해결될 수 있는 것이므로, 위 규정상의 "위반행위로 얻은 이익 또는 회피한 손실"의 액수를 산정하는 구체적인 방법이 법령에 정해져 있지 않다는 점만으로, 위 규정을 적용하여 형사처벌을 하는 것이 죄형법정주의가 요구하는 형벌법규의 명확성의 원칙에 위배된다고는 할 수 없다.

가 있는 이익액을 박탈하려는 조항이 아니기 때문에 위반행위와 직접적인 인과관계가 있는 이익액만을 벌금형 상한변동의 요건으로 삼아야 할 필연성이 인정되지 않는다. 또한, 위반행위자가 받게 될 최종적인 형사책임(형량)은 법정형의 범위 내에서 구체적인 법관의 양형에 의하여 결정된다. 그렇다면, 위반행위가 개입된 거래에서 얻은 시세차익을 기준으로 벌금형의 상한이 가중되도록 한 이 사건 법률조항은 그 정당성을 수긍할 수 있으므로, 형벌체계의 균형을 상실하였거나 책임원칙에 반하는 과잉처벌이라고 할 수 없다.

3. 청구인은 자신이 행한 주식거래행위 중 기소되지 않은 부분 중에는 그 거래로 이득을 얻은 바는 없지만 시세조종에 해당하는 행위가 있고 그 부분까지 기소되었다면 이 사건 법률조항상의 '위반행위로 얻은 이익'의 액수를 산정함에 있어 그 매수가격 등을 비용으로서 공제받을 수 있었는데 검사가 기소를 하지 않는 바람에 공제를 받지 못하게 되었고 그 결과 그 기소되지 않은 부분까지 모두 기소된 경우에 비하여 법정형에서 불리한 입장에 처했다고 주장하나, 형사소송법상 법원의 심판대상은 기소되어 공소사실에 포함되거나 공소장변경에 의하여 변경된 사실에 한정되는 것이므로 법원은 기소되지 아니한 범죄사실에 대하여는 심판할 수 없는바, 청구인이 주장하는 불리한 결과는 검사가 포괄일죄의 일부만을 기소한 행위에 의하여 야기된 것이지 이 사건 법률조항에 의해 발생한 차별효과는 아니므로, 이 사건 법률조항이 평등의 원칙에 위반된다고 할 수는 없다.

② 회피손실액의 의미 및 산정 방식[330)]

서울중앙지방법원 2007. 2. 9. 선고 2006고합332 판결

① 대법원은 "위반행위로 얻은 이익"은 자본시장법 제443조에 함께 규정되어 있는 "위반행위로 회피한 손실액"에 반대되는 개념으로서, 당해 위반행위로 인하여 행위자가 얻은 이윤, 즉 그 거래로 인한 총수입에서 그 거래를 위한 총비용을 공제한 차액을 말하고, 따라서 위반행위 개시 후 종료시점까지 매도가 이루어진 경우 위반행위와 관련된 유가증권거래의 총매도금액에서 총매수금액 외에 그 거래를 위한 매수수수료, 매도수수료, 증권거래세 등의 거래비용도 공제한 나머지 순매매이익(실현이익)과 위반행위 종료 시점 당시까지 매도가 이루어지지 아니하여 주식을 보유중인 경우 시세조종행위 종료 시점 당시 보유 중이던 주식의 평가이익(미실현이익)이 모두 포함되어야 한다고 수차례 판시한 바 있다.[331)]

② 건전한 상식과 통상의 법감정을 가진 일반인의 입장에서 "위반행위로 회피한 손실액"이란, 만일 위반행위자가 악재성 미공개정보를 공개 이전에 몰랐더라면 기존의 보유 주식을 공개 이후까지 계속하여 보유할 것이었으므로 "미공개정보를 이용하여 당해 정보 공개 이전에 보유 주식을 처분함으로써 얻은 현실적인 매각대금 총액"에서 "그와 같이 처분된 물량을 계속 보유하고 있었다고 할 때, 당해 정보의 공개가 주가에 영향을 미친 후의 보유 주식의 평가금액 총액, 즉 악재성 정보의 공개에 따른 주가하락분에 위반행위자의 정보 공개 이전의 주식 처분물량을 곱하여 산정한 금액"을 공제한 액수로 파악하는 데 별다른 어려움이 없고 오히려 그렇게 파악하는 것이 더 보편적인 태도라 할 것이다.[332)]

③ 다만, "당해 정보의 공개가 주가에 미친 영향, 즉 악재성 정보의 공개에 따른 주가하락분"을 과연 어느 시점에서 측정할 것인지가 문제된다. 이와 관련하여 미국의 1934년 증권거래법 제21A(f) 규정은 "획득된 이득" 또는 "회피된 손실"을 "증권의 매매가격과 비공개 정보의 공개 후 합당한 기간(reasonable period)이 경과한 때 형성된 당해 증권의 시장가격과의 차액"으로 정의하고 있

330) 서울중앙지방법원 2007. 2. 9. 선고 2006고합332 판결.

331) 대법원 2003. 12. 12. 선고 2001도606 판결 등.

332) 서울중앙지방법원 2007. 2. 9. 선고 2006고합332 판결; 서울고등법원 2008. 6. 24. 선고 2007노653 판결.

다.[333] 여기에서 "합당한 기간"이라 함은 공개된 당해 정보가 시장에 더 이상 영향을 미치지 않게 된 때를 의미하는 것으로 새겨야 할 것이다.

호재성 정보가 공개된다면 당해 주식의 주가가 상승할 것이고, 악재성 정보가 공개된다면 당해 주식의 주가가 하락할 것인데, 일반인의 건전한 상식에 의하면 "정보 공개 후에 발생한 주가의 움직임이 멈추거나 운동방향이 반대로 바뀌었을 때"를 당해 정보가 시장에 더 이상 영향을 미치지 않게 된 때라고 파악하는 데 별다른 어려움이 없고 그렇게 파악하는 것이 보편타당하다고 할 것이다. 주가의 움직임이 멈추었다는 것은 당해 정보의 주가형성 영향력이 완전히 소멸하였거나 다른 주가형성요인의 영향력과 상쇄되어 더 이상 주가변동의 주요 요소로 작용하고 있지 못함을 의미하며, 주가의 움직임의 운동방향이 바뀌었다는 것은 당해 정보의 주가형성 영향력보다 훨씬 우월한 주가형성요인이 새로이 발생하여 당해 정보의 영향력을 능가하였음을 의미하기 때문이다. 바로 그러한 "정보 공개 후에 발생한 주가의 움직임이 멈추거나 운동방향이 반대로 바뀌었을 때"의 주가가 바로 (호재성 정보 공개의 경우) "최초 형성 최고가", (악재성 정보 공개의 경우) "최초 형성 최저가"라고 할 것이다.

따라서, "위반행위로 인한 회피손실액"은 "미공개정보를 이용하여 당해 정보 공개 이전에 보유 주식을 처분함으로써 얻은 현실적인 매각대금 총액"에서 "그와 같이 처분된 물량을 계속 보유하고 있었다고 할 때, 정보 공개 후의 발생한 주가의 움직임이 멈추거나 운동방향이 반대로 바뀐 시점에서의 주가에 의해서 측정한 위 처분물량의 평가금액"을 공제한 액수로 파악함이 상당한데, 두 금액의 공통요소인 처분물량을 추출해내면 바로 "(가중평균 매도단가－최초형성 최저가) × 매매일치수량"이란 산식이 도출된다.

그렇다면, 위와 같은 산식은 일반인의 건전한 상식에 의하여 충분히 도출해 낼 수 있는 보편타당성을 지닌 것으로서, 금융감독원과 검사가 위 산식을 사용하여 이 사건 미공개정보 이용행위의 회피손실액을 산정한 것은 매우 합리적이라 할 것이다.

④ 계량경제학적 방법이나 사건연구 방법의 문제점[334]

---

333) Securities Exchange Act of 1934 Section 21A[Civil Penatlies for Insider Trading]
(f) Definition — For Purposes of this section, "profit gained" or "loss avoided" is the difference between the purchase or sale price of the security as measured by the trading price of the security a reasonable period after public dissemination of the nonpublic information.

334) 이 사건에서 피고인들은 다음과 같이 주장하였다. 즉 금융감독원 산정 방식은, 당해 미공개정보의 공개와 직접적인 인과관계가 있는 주가 영향만을 고려하는 것이 아

계량경제학적 모델은 수많은 전제와 가정들을 통해서 현실세계에 존재하는 다양하고 무질서한 요소들을 탈각하고서 특정 변수가 다른 변수에 미치는 영향을 예측적으로 측정하기 위한 이론적 모형으로서, 첫째, 현실세계를 보다 정확히 파악하고자 한다면 가능한 한 많은 변수와 데이터를 사용하는 정교한 모형을 만들어야 하는데 그렇게 하면 할수록 그러한 연산은 슈퍼컴퓨터를 사용해서야 가능해 질 것이므로 '효율적·정형적으로 이루어져야 할 법실무'에 적용하는 것이 사실상 어렵고, 변수와 데이터의 취사선택은 모형설계자의 자의에 쉽게 노출되어 있으므로 '일반국민의 예측가능성이 확보되어야 하며, 객관성, 중립성, 보편타당성이 추구되어야 하는 법실무'에 적용하는 것이 사물의 본성상 적합하지 않다고 할 것이다. 그러므로 위 연구 결과에는 이러한 결함이 있기 때문에 이 사건 재판에 참고하기에 부적합하며, 일반적으로도 계량경제학적 방법이나 사건연구 방법은 보다 객관적인 연구자에 의해서 공정하고 정교하게 모형이 설계된 경우에만 재판에서 예외적으로 참고할 수 있을 것이다.

③ 결　어

피고인들에게 징역형과 200억원이 넘은 벌금형을 선고한 제1심 판결에 대하여 항소심인 서울고등법원은 원심판결을 파기하고 피고인들에게 무죄를 선고하였다. 또한 금융감독원의 산정방식도 받아들이지 않았다. 본 사건과 관련하여 항소심은 일부 미공개중요정보의 생성을 인정하지 않았고, 피고인들이 일부 생성된 정보를 주식을 매각하는 과정에서 이용하였다고 인정하지 않았으며, 정보를 이용함으로써 손실을 회피하였음을 인정하지 않았다. 이 사건에 관하여 검사는 미공개정보의 의미와 그 생성시기를 주요

니라 해당 거래 시점과 미공개정보 공시 후 최초 최저가 형성 시점 사이에 시장에 유입하는 모든 정보의 영향(즉, 미공개정보 공개와 인과관계가 없는 모든 주가 영향 요소의 영향)을 모두 회피손실액에 포함시키게 되며, 미공개정보 공개에 따른 시장 참여자들의 심리적인 과민반응이나 일시적인 불확실성으로 인한 주가 하락분(일시효과)을 감안하지 않고 있으므로 그 자체로 합리성이 없어 부당하다. 따라서 미공개정보 외의 다른 외부 정보의 영향을 차단하고, 일시효과를 배제하여, 당해 미공개정보가 주가에 미치는 영구적인 영향(영구효과)만을 반영할 수 있는 회피손실액 산정 방식만이 정당하다. 이러한 점을 전제로 통계학적 분석방법인 사건연구(event study) 방식에 의하면, 이 사건 주식 매각과 관련한 회피손실액은 "0"이다. 그러나 법원은 회피손실액 산정에 관한 소위 금융감독원 방식이 합리적이며 보편타당한 방법이므로, 그 방식을 사용하여 이 사건 회피손실액을 산정하였다.

쟁점으로 하여 대법원[335]에 상고하였으나 검사의 상고는 기각되었다. 정보의 생성시기와 중요한 미공개정보의 의미에 관한 판단을 전제로 내부자거래의 성립을 전제로 논해야 하는 금융감독원의 산정방식은 대법원에서 다투어지지 않았다.

금융감독원의 산정방식을 인정하지 않은 항소심 판결은 다음과 같다.

서울고법 2008. 6. 24. 선고 2007노653 판결(항소심)

원심이 회피손실액 산정을 위하여 사용한 금감원 방식은 미공개중요정보와 아무런 관련성이 없는 부분까지 회피손실액으로 계산되는 점, 일시적인 주가변동 부분까지 회피손실액으로 되는 점 등의 중대한 문제점을 안고 있으므로 정당한 계산방법이 아니고, 회피손실액의 입증은 검사에게 있는 이상 증권거래법 207조의2 제 2 항 각호의 가중처벌 조항이 아닌 같은 조 제 1 항에 의하여 처벌하여야 한다.

만약, 원심과 같이 아무런 법령상의 근거도 없는 금감원 방식에 의하여 증권거래법 제207조의2 제 2 항 제 2 호 소정의 회피손실액을 산정하여야 한다는 해석이 허용된다면, 위 규정은 '회피손실'이라고 하는 추상적인 용어만을 규정할 뿐 그 구체적인 산출방식을 법령에 규정하지 아니하여, 헌법이 정하고 있는 죄형법정주의, 과잉금지의 원칙, 비례의 원칙, 그리고 형사개별책임의 원칙에 반하는 것으로서 헌법에 위반된다.

라. 미실현이익

위반행위로 얻은 이익에는 위반행위 종료 시점 당시까지 매도가 이루어지지 아니하여 주식을 보유 중인 경우 중요한 미공개정보를 이용한 매도시점 당시의 보유 중인 주식의 평가이익인 미실현이익도 포함된다. 그러나 자본시장법 제443조 제 1 항 본문의 규정을 적용하는 경우에는 미실현이익을 포함하는 것이 타당하지만, 단서의 규정을 적용하는 경우에는 미실현이익이 항상 이익에 포함되는지에 관하여 의문을 제기하는 견해[336]가 있다.

---

335) 대법원 2008. 11. 27. 선고 2008도6219 판결.

336) 임재연, 전게서, 871쪽.

관련판례: 대법원 2006. 5. 12. 선고 2004도491 판결
그와 같은 이익의 산정에 있어서는 피고인의 이익실현행위를 기준으로 하여 그에 따른 구체적 거래로 인한 이익, 아직 보유 중인 미공개정보 이용 대상 주식의 가액, 미공개정보 이용행위와 관련하여 발생한 채권 등이 모두 포함되어야 하며, 이 경우 특별한 사정이 없는 한 아직 보유 중인 주식의 가액은 그와 동종 주식의 마지막 처분행위시를 기준으로, 주식양도를 목적으로 하는 채권의 가액은 그 약정이행기를 기준으로 산정함이 상당하다.

마. 공소사실의 특정과 불고불리의 원칙

(가) 개 요

공소사실의 기재는 범죄의 일시·장소와 방법을 명시하여 사실을 특정할 수 있도록 하여야 한다(형사소송법 제254조 제4항). 이와 같이 규정한 취지는 심판의 대상을 한정함으로써 심판의 능률과 신속을 꾀함과 동시에 방어의 범위를 특정하여 피고인의 방어권 행사를 쉽게 해주기 위한 것이므로, 검사로서는 위 세 가지 특성요소를 종합하여 다른 사실과의 식별이 가능하도록 범죄 구성요건에 해당하는 구체적 사실을 기재하여야 한다.[337] 특정의 정도는 다른 공소사실과 구별할 수 있는 정도, 즉 공소사실의 동일성을 인정할 수 있는 정도면 족하다. 따라서 공소사실로는 구체적인 범죄사실의 기재가 있어야 한다. 특정해야 할 공소사실은 범죄구성요건에 해당하는 사실에 한한다.[338]

법원의 심판의 대상은 공소제기에 의하여 결정되고 법원은 이를 중심으로 심판하여야 한다는 원칙을 불고불리의 원칙이라고 한다. 따라서 법원의 심판의 대상은 공소장에 기재된 피고인과 공소사실에 제한되어야 한다.

(나) 판 례

① 한정적극: 대법원 2000. 11. 24. 선고 2000도2827 판결

법 제207조의2 단서에서는 미공개 내부정보의 이용행위를 금지하고 있는 법 제188조의2 제1항을 위반한 자를 벌금형에 처하는 경우 그 위반행

337) 대법원 2004. 3. 26. 선고 2003도7112 판결.
338) 이재상, 전게서, 340-341쪽.

위로 얻은 이익 또는 회피한 손실액의 3배에 해당하는 금액이 금 2천만원을 초과하는 때에는 그 이익 또는 회피손실액의 3배에 상당하는 금액 이하의 벌금에 처하도록 규정하고 있으므로, 그 위반행위로 얻은 이익 또는 회피한 손실액의 3배에 해당하는 금액이 금 2천만원을 초과한다는 사실이 구성요건의 일부가 됨은 상고이유가 지적하는 바와 같다. 그러나 기록에 의하면 피고인이 이 사건 미공개정보를 이용하여 얻은 이득 또는 회피한 손실액이 금 2천만원을 훨씬 상회하고 있음이 명백하므로(증권선물위원회가 관계 규정에 의하여 산정한 회피 손실액은 금 1,123,377,400원이다. 수사기록 16면), 비록 원심이 인용한 제1심 판결에 그러한 사실이 특정되지 아니한 잘못이 있다고 하더라도 이는 판결에 영향을 미친 것이라고 볼 수는 없다.

이 판례는 공소사실의 특정과 불고불리의 원칙에 대하여 유연한 입장을 취하고 있다. 그러나 그 후의 판례(아래 판례)는 불고불리의 원칙을 엄격히 적용하고 있는바, 이러한 입장을 취한 판례가 타당하다. 위반행위로 얻은 이익 또는 회피한 손실액의 액수는 그 사실 자체가 구성요건의 일부이기 때문이다.

② 엄격히 적용한 판례: 대법원 2004. 3. 26. 선고 2003도7112 판결

증권거래법 제207조의2 제1호는 "제188조의2 제1항의 규정에 위반한 자는 10년 이하의 징역 또는 2천만원 이하의 벌금에 처한다. 다만, 그 위반행위로 얻은 이익 또는 회피한 손실액의 3배에 해당하는 금액이 2천만원을 초과하는 때에는 그 이익 또는 회피손실액의 3배에 상당하는 금액 이하의 벌금에 처한다"라고 규정하고 있으므로, 증권거래법 제188조의2 제1항 소정의 미공개정보 이용행위의 금지위반으로 얻은 이익 또는 회피손실액의 3배에 해당하는 금액이 2천만원을 초과한다는 사실이 2천만원 이상의 벌금형을 선고하기 위한 구성요건의 일부가 되는 것이고, 불고불리의 원칙상 법원은 증권거래법 제207조의2 단서 부분에 관한 검사의 공소 제기가 없으면 이에 대하여 심판할 수 없다고 할 것이다.

그런데 이 사건 공소장에는 피고인 1이 미공개정보 이용행위의 금지위반으로 인하여 얻은 이익액이 명시되어 있지 아니하고, 나아가 그 이익액을 산정할 수 있는 거래가액 등 기초적인 자료조차 공소장에 기재되어 있지 아니하며, 공소제기 후 공소장이 변경되지도 아니하였으므로, 검사가 피고인 1의 미공개정보 이용행위 등과 관련하여는 증권거래법 제207조의2 본문에 위반하는 행위로만 기소한 것으로 보아야 할 것이고, 따라서 피고인 1의 미공개정보 이용행위 등에 대하여는 2천만원을 초과하는 벌금형을 병과할 수 없다 할 것임에도, 원심이 피고인 1의 미공개정보 이용행위 등에 대하여 5억원의 벌금형을 병과한 것은 불고불리의 원칙에 위반하여 기소되지 아니한 사실을 심판하는 위법을 저지른 것이고, 이는 판결 결과에 영향을 미쳤음이 명백하다(대법원 2003. 11. 28. 선고 2002도2215 판결 참조).

또 원심이 피고인 1에게 미공개정보의 이용행위와 관련하여 증권거래법 제207조의2 단서를 적용하여 벌금 2천만원 이상을 병과하려면 그 위반행위로 인하여 얻은 이익 또는 회피한 손실액의 3배에 해당하는 금액이 2천만원을 초과한다는 사실이 심리·확정되어야 할 것인데, 기록상 피고인 1이 이 사건 미공개정보 이용행위와 관련하여 얻은 이익 또는 회피한 손실액이 얼마인지를 전혀 알 수 없음에도 불구하고 원심이 이에 대하여 심리를 하지 아니한 채 2천만원 이상의 벌금형을 병과한 것도 위법한 것으로 보아야 할 것이다.

관련판례: 대법원 2003. 11. 28. 선고 2002도2215 판결

원심은, 피고인들이 주식의 매매와 관련하여 일반인에게 공개되지 아니한 중요한 정보를 이용하였다는 공소사실 제1항에 관하여 피고인들이 그와 같은 행위로 합계 3,806,890,758원 상당의 이익을 얻은 사실을 인정하고, 증권거래법(2002. 4. 27. 법률 제6695호로 개정되기 전의 것, 이하 같다) 제207조의2, 제214조에 의하여 피고인 ○○○에게 벌금 20억원을, 피고인 XXX에게 벌금 2억원을 각 병과하고 있다.

그러나 증권거래법 제207조의2 단서에서는 유가증권의 매매 기타 거래와

관련하여 일반인에게 공개되지 아니한 중요한 정보를 이용하는 행위를 금지하고 있는 같은 법 제188조의2 제 1 항을 위반한 자를 벌금형에 처하는 경우 그 위반행위로 얻은 이익 또는 회피한 손실액의 3배에 해당하는 금액이 2천만원을 초과하는 때에는 그 이익 또는 회피손실액의 3배에 상당하는 금액 이하의 벌금에 처하도록 규정하고 있으므로, 그 위반행위로 얻은 이익 또는 회피한 손실액의 3배에 해당하는 금액이 2천만원을 초과한다는 사실은 구성요건의 일부가 되는 것이고, 한편 불고불리의 원칙상 법원은 검사의 공소제기가 없으면 심판할 수 없으며, 검사가 공소제기한 범위 내에서 심판을 하여야 하는 것이다.

그런데 기록에 의하면, 이 사건 공소장에는 피고인들이 주식의 매매와 관련하여 일반인에게 공개되지 아니한 중요한 정보를 이용하였다고 되어 있을 뿐, 피고인들이 얻은 이익액은 명시되어 있지 않으며, 나아가 그 이익액을 산정할 수 있는 거래금액 등 기초적인 자료조차 공소장에 적시되어 있지 않고, 공소제기 후 공소장이 변경되거나 검사가 위 공소사실에 대하여 2천만원을 초과하는 벌금형을 구형한 사실조차 없는 사실을 알 수 있는바, 사정이 이러하다면, 검사는 피고인들의 위 행위를 증권거래법 제207조의2 본문에 위반하는 행위로 기소하였다고 볼 것이고, 따라서 원심으로서는 검사가 공소제기한 범위 내에서 심판하여야 하고, 그 결과 피고인들에게 벌금을 병과할 필요가 있었다고 하더라도 2천만원을 초과하는 벌금을 병과할 수는 없다 할 것이다.

그럼에도 불구하고 원심은 피고인들이 얻은 이익이 3,806,890,758원인 사실을 인정하고 이에 터잡아 피고인들에게 2천만원을 초과하는 벌금형을 병과하였는바, 이러한 원심판결에는 불고불리의 원칙에 위배하여 기소되지 아니한 사실을 심판함으로써 판결결과에 영향을 미친 위법 있다 할 것이므로, 이 점을 지적하는 피고인들의 상고이유의 주장은 정당하다.

바. 부당이득 계산방법

검찰이 주로 이용하고 법원도 인정한 금융감독원의 부당이득 산정방식은 다음과 같다. 이 계산방식이 법률적 효력을 가지는 것은 아니지만 부당이득을 산정함에 있어 일응의 기준을 될 수 있을 것이다. 그러나 다른 합리적인 방법에 의한 부당이득의 산정도 배제할 수는 없을 것이다.[339]

339) 노태악, 전게논문(주 170), 107쪽.

금융감독원의 부당이득 산정방식의 계산시점은 가격상승요인이 되는 정보를 알고 매수한 경우에는 정보생성 후 매매 기타 거래한 시점이 되고, 가격하락요인이 되는 정보를 알고 매도한 경우에는 정보공개 후 형성된 일일종가 중 최저가가 최초로 형성된 시점이다.[340]

얻은 이득의 계산방법은 다음과 같다.

① 매수 후 매도로 인한 실현이득의 경우

가중평균 매도단가에서 가중평균 매수단가를 공제한 금액에 매매일치수량을 곱한 금액으로 한다.

> 매수 후 매도로 인한 실현이득 = (가중평균 매도단가 − 가중평균 매수단가) × 매매일치수량

② 매수 후 보유로 인한 미실현이득의 경우

매도단가(시세관여기간 종료일에 형성된 종가)에서 가중평균 매수단가를 공제한 금액에 매매일치수량, 즉 잔여수량을 곱한 금액으로 계산한다.

> 보유로 인한 미실현이득 = (최초형성 최고가 − 가중평균 매수단가) × 매매일치수량(잔여수량)

여기서 "최초형성 최고가"는 정보공개 후 형성된 일일종가 중 최초로 형성된 최고가를 말한다.

③ 매도로 인해 회피한 손실액의 경우

가중평균 매도단가에서 최초형성 최저가(공개 후 형성된 일일종가 중 최초로 형성된 최저가)를 공제한 금액에 매매일치수량을 곱한 금액으로 계산한다.

> 매도로 회피한 손실액 = (가중평균 매도단가 − 최초형성 최저가) × 매매일치수량

---

340) 권종호 외, 전게 보고서, 111쪽.

여기서 "최초형성 최저가"는 정보공개 후 형성된 일일종가 중 최초로 형성된 최저가를 말한다.

사. 얻은 이익 또는 회피한 손실액의 산정과 손해배상의 범위와의 관계

내부자가 내부정보의 이용행위로 인한 상대거래자에게 손해를 가한 경우에 인정될 수 있는 민사상 손해배상책임과 형사상 범죄구성요건인 "위반행위로 인한 이익 또는 회피한 손실액"의 범위는 일치할 필요는 없다. 일반 형사상 사기죄의 경우 재산상 손해와 그로 인한 민법상 불법행위책임의 범위가 일치하지 않는 것과 동일한 것이다.[341]

3) 양벌규정

가. 의 의

법인(단체를 포함)의 대표자나 법인 또는 개인의 대리인, 사용인, 그 밖의 종업원이 그 법인 또는 개인의 업무에 관하여 제443조부터 제446조까지의 어느 하나에 해당하는 위반행위를 하면 그 행위자를 벌하는 외에 그 법인 또는 개인에게도 해당 조문의 벌금형을 과한다(법 제448조).

여기서 법인이란 대표자, 대리인, 사용인, 그 밖의 종업원의 사업주인 법인이고, 대표자란 당해 법인의 대표권한을 가지는 자를 말하며, 개인이란 대리인, 사용인, 그 밖의 종업원의 사업주인 개인을 말하며, 대리인, 사용인, 그 밖의 종업원은 법 제174조 제 1 항 제 5 호의 해석으로 충분하지만, 법 제448조에는 임원이 그 행위자로서 명기되어 있지 않은 관계상 사용인 그 밖의 종업원에 법인의 임원이 포함된다고 해석하여야 한다. 왜냐하면 법인의 임원이 내부자거래를 한 경우 본조 소정의 내부자거래에서 제외할 이유가 없고, 제외한다면 사용인 그 밖의 종업원과 균형이 맞지 않기 때문이다.[342]

---

341) 노태악, 전게논문(주 170), 109쪽.

342) 박임출, 전게논문, 153쪽.

관련판례: 대법원 1993. 5. 14. 선고 93도344 판결

증권거래법 제215조 제2항(양벌규정) 소정의 법인의 종업원에는 법인과 정식의 고용계약이 체결되어 근무하는 자뿐만 아니라 그 법인의 대리인, 사용인 등이 자기의 보조자로서 사용하고 있으면서 직접 또는 간접으로 법인의 통제·감독하에 있는 자도 포함한다고 할 것이다.

기록에 의하면 피고인 회사의 안동지점 대리 공소외 1은 위 지점의 업무가 폭주하자 위 지점에 상시 출입하는 고객이었던 공소외 2로 하여금 위 지점의 업무인 투자상담·주식매도·매수주문수령·전화받기, 그 밖의 심부름 등을 하게 하여 위 지점의 업무를 보조하게 하였으며, 공소외 2가 위 지점장이하 직원들의 통제·감독하에 있음으로써 피고인 회사의 간접적 통제·감독하에 있었음이 인정된다.

따라서 원심이 공소외 2가 피고인 회사의 직원 또는 임원으로 채용된 적은 없다 하더라도 이 사건 범행기간 동안 피고인 회사의 명시적 또는 묵시적 승인하에 피고인 회사의 직원과 동일한 업무를 수행하면서 사실상 그 직원으로 행세하여 온 사실을 인정한 다음, 위 법조 소정의 "법인의 대리인, 사용인 기타의 종업원"이라 함은 반드시 법인의 내부규정에 따라 정식 채용절차를 거친 직원 또는 임원에 한정되는 것이라고 할 수 없다는 이유로 피고인을 유죄로 인정한 1심판결을 유지하였음은 위 법리에 비추어 정당하다고 할 것이고, 거기에 소론이 주장하는 바와 같은 증권거래법 제215조 제2항의 법리를 오해하거나, 죄형법정주의원칙을 위배한 위법이 없으므로 논지는 이유 없다.

나. 업무관련성

양벌규정에서 "그 법인 또는 개인의 업무에 관하여"라는 의미는 법인의 대표자, 법인 또는 개인의 대리인, 사용인, 그 밖의 종업원이 개인적으로 한 내부자거래금지 위반행위를 제외하는 취지이다. 즉 내부자거래 행위가 그 법인 또는 개인의 업무에 관하여 이루어진 경우이다.[343)]

다. 이익의 판단기준

법인에게 부과되는 벌금형은 법인이 대표자의 위반행위로 인하여 얻은 이익 또는 회피한 손실액을 기준으로 그 상한을 정하여야 한다.

---

343) 박임출, 상계논문, 153쪽.

관련판례: 대법원 2003. 12. 12. 선고 2001도606 판결

증권거래법(2002. 4. 27. 법률 제6695호로 개정되기 전의 것) 제207조의2 제2호는 같은 법 제188조의4의 규정에 위반한 자는 10년 이하의 징역 또는 2천만원 이하의 벌금에 처한다고 규정하고, 다만, 그 위반행위로 얻은 이익 또는 회피한 손실액의 3배에 해당하는 금액이 2천만원을 초과하는 때에는 그 이익 또는 회피손실액의 3배에 상당하는 금액 이하의 벌금에 처한다고 규정하고 있고(이 사건 이후 개정된 현재의 증권거래법 규정은 위 이익 또는 회피한 손실액에 따라 행위자를 가중처벌하고 있다), 같은 법 제215조는 법인의 대표자, 법인 또는 개인의 대리인·사용인 기타 종업원이 그 법인 또는 개인의 업무에 관하여 제207조의2 내지 제212조의 위반행위를 한 때에는 행위자를 벌하는 외에 그 법인 또는 개인에 대하여도 각 해당 조의 벌금형을 과한다고 규정하고 있는바, 법인의 대표자가 법인의 기관으로서 그 법인의 업무에 관하여 위와 같은 증권거래법 규정 위반의 행위를 한 경우 그 법인에 대하여 병과되는 증권거래법 제207조의2 소정 벌금형은 그 법인이 대표자의 위반행위로 인하여 얻은 이익 또는 회피한 손실액을 기준으로 그 상한이 정하여진다고 보아야 한다.

라. 면 책

다만, 법인 또는 개인이 그 위반행위를 방지하기 위하여 해당 업무에 관하여 상당한 주의와 감독을 게을리하지 아니한 경우에는 그러하지 아니하다(법 제448조 단서).

4) 몰수와 추징

가. 의 의

몰수는 범죄반복의 방지나 범죄에 의한 이득의 금지를 목적으로 범죄행위와 관련된 재산을 박탈하는 것을 내용으로 하는 재산형이다. 원칙적으로 다른 형에 부가하여 과하는 부가형이다. 몰수에는 필요적 몰수와 임의적 몰수가 있다. 벌금형은 재산형이지만 일정한 금액의 지불의무를 부담하는데 그치며 재산권을 일방적으로 국가에 귀속시키는 효과를 가지는 않는다는 점에서 몰수와 구별된다.[344] 추징은 몰수의 대상인 물건을 몰수하기 불가능한 경우에 그 가액을 추징하는 것이다.

---

344) 이재상, 전게서, 537-538쪽.

나. 입 법 례

(가) 독 일

내부자거래로 얻은 이익은 형법 제73조 내지 제75조의 규정에 의하여 국가에 몰수된다.

(나) 일 본

내부자거래로 인하여 얻은 재산은 몰수하고, 이를 몰수할 수 없을 때에는 그 가액을 추징한다(금융상품거래법 제198조의2).

다. 범죄수익은닉의 규제 및 처벌 등에 관한 법률

(가) 목 적

범죄수익은닉의 규제 및 처벌 등에 관한 법률은 특정범죄와 관련된 범죄수익의 취득 등에 관한 사실을 가장하거나 특정범죄를 조장할 목적 또는 적법하게 취득한 재산으로 가장할 목적으로 범죄수익을 은닉하는 행위를 규제하고, 특정범죄와 관련된 범죄수익의 몰수 및 추징에 관한 특례를 규정함으로써 특정범죄를 조장하는 경제적 요인을 근원적으로 제거하여 건전한 사회질서의 유지에 이바지함을 목적으로 한다(같은 법 제 1 조).

(나) 내부자거래와 중대범죄

범죄수익은닉의 규제 및 처벌 등에 관한 법률에서 사용하는 용어의 뜻은 다음과 같다(같은 법 제 2 조).

> 1. "특정범죄"란 재산상의 부정한 이익을 취득할 목적으로 범한 죄로서 별표[345]에 규정된 죄("중대범죄")와 제 2 호 나목에 규정된 죄를 말한다. 이 경우 중대범죄 및 제 2 호 나목에 규정된 죄와 다른 죄가 형법 제40조에 따른 상상적 경합 관계에 있는 경우에는 그 다른 죄를 포함하며, 외국인이 대한민국 영역 밖에서 한 행위가 대한민국 영역 안

345) [별표] 중대범죄(제 2 조 제 1 호 관련) 제10호: 자본시장과 금융투자업에 관한 법률 제443조 및 제445조 제42호의 죄.

에서 행하여졌다면 중대범죄 또는 제 2 호 나목에 규정된 죄에 해당하고 행위지의 법령에 따라 죄에 해당하는 경우 그 죄를 포함한다.

2. "범죄수익"이란 다음 각 목의 어느 하나에 해당하는 것을 말한다.

가. 중대범죄에 해당하는 범죄행위에 의하여 생긴 재산 또는 그 범죄행위의 보수로 얻은 재산

나. 다음의 어느 하나의 죄에 관계된 자금 또는 재산

1) 성매매알선 등 행위의 처벌에 관한 법률 제19조 제 2 항 제 1 호(성매매알선등행위 중 성매매에 제공되는 사실을 알면서 자금·토지 또는 건물을 제공하는 행위만 해당)의 죄

2) 폭력행위 등 처벌에 관한 법률 제 5 조 제 2 항 및 제 6 조(제 5 조 제 2 항의 미수범만 해당)의 죄

3) 국제상거래에 있어서 외국공무원에 대한 뇌물방지법 제 3 조 제 1 항의 죄

4) 특정경제범죄 가중처벌 등에 관한 법률 제 4 조의 죄

5) 국제형사재판소 관한 범죄의 처벌 등에 관한 법률 제 8 조부터 제 16조까지의 죄

6) 공중 등 협박목적을 위한 자금조달행위의 금지에 관한 법률 제 6 조 제 1 항·제 4 항의 죄

3. "범죄수익에서 유래한 재산"이란 범죄수익의 과실로 얻은 재산, 범죄수익의 대가로 얻은 재산 및 이들 재산의 대가로 얻은 재산, 그 밖에 범죄수익의 보유 또는 처분에 의하여 얻은 재산을 말한다.

4. "범죄수익등"이란 범죄수익, 범죄수익에서 유래한 재산 및 이들 재산과 그 외의 재산이 합쳐진 재산을 말한다.

내부자거래는 범죄수익은닉의 규제 및 처벌 등에 관한 법률 별표에 규정된 중대범죄로서 재산상의 부정한 이익을 취득한 목적으로 범죄 특정범죄에 해당한다. 또한 중대범죄인 내부자거래로 생긴 재산 또는 그 범죄행위

의 보수로 얻은 재산은 범죄수익에 해당한다.

(다) 범죄수익의 몰수와 추징

범죄수익은 몰수할 수 있으며(같은 법 제8조), 몰수할 재산을 몰수할 수 없거나 그 재산의 성질, 사용 상황, 그 재산에 관한 범인 외의 자의 권리 유무, 그 밖의 사정으로 인하여 그 재산을 몰수하는 것이 적절하지 아니하다고 인정될 때에는 그 가액을 범인으로부터 추징할 수 있다(같은 법 제10조 제1항). 따라서 내부자거래로 얻은 부당이득은 범죄수익으로 국가에 몰수될 수 있으며, 몰수할 수 없는 경우 등은 추징할 수 있다. 같은 법은 임의적 몰수를 규정하고 있다.

관련판례: 대법원 2009. 7. 9. 선고 2009도1374 판결

구 범죄수익은닉의 규제 및 처벌 등에 관한 법률(2007. 12. 21. 법률 제8719호로 개정되기 전의 것) 제2조 제1호 [별표 제16호], 제2호 (가)목, 제8조, 제10조에서 몰수 또는 추징 대상으로 정한 구 증권거래법 제207조의2의 범죄행위에 의하여 생긴 재산인 불법수익 역시 위와 마찬가지로 구 증권거래법 제207조의2 위반행위와 관련된 거래로 인한 이익으로서 위반행위로 인하여 발생한 위험과 인과관계가 인정되는 것을 의미하므로, 법원은 그 인과관계가 인정되는 이익이라고 하더라도 여러 사정을 고려하여 재량에 따라 그 불법수익의 몰수 또는 추징 여부를 최종 결정하면 된다.[346)]

관련판례: 서울고등법원 2008. 6. 4. 선고 2008노145 판결

사기적 부정거래로 인한 증권거래법위반죄에 의하여 생긴 재산도 범죄수익은닉의 규제 및 처벌 등에 관한 법률 제2조 제1호 [별표] 제16호, 제8조 및 제10조에 의한 추징의 대상이 되고, 추징의 대상이 되는지 여부는 엄격한 증명을 필요로 하는 것은 아니나 그 대상이 되는 범죄수익을 특정할 수 없는 경우에는 추징할 수 없으며, 범죄수익은닉의 규제 및 처벌 등에 관한 법률 제10조 소정의 추징은 임의적인 것이므로 그 추징의 요건에 해당되는 재산이라도 이를 추징할 것인지의 여부는 법원의 재량에 맡겨져 있다(대법원 2007. 6. 14. 선고 2007도2451 판결).

346) 대법원 2009. 7. 9. 선고 2009도1374 판결.

(라) 입 법 론

자본시장법의 목적인 투자자보호를 강화하고 내부자거래 금지규정의 보호법익이 증권시장의 공정성 확보라는 사회적 법익인 점을 고려하여 필요적 몰수로 규정하는 것이 타당할 것이다. 또한 우리 자본시장법은 벌금형 이외에는 내부자거래로 인하여 획득한 이익을 박탈할 수 있는 금전적 제재가 없는바, 내부자거래의 금지규정의 실효성을 담보하기 위하여 몰수와 추징규정을 도입하여야 할 것이다.

참 고 문 헌

국내문헌

단 행 본

금융감독원, 기업공시실무안내(2009).

김건식·정순섭, 자본시장법, 두성사(2009).

김건식·송옥렬, 미국의 증권규제, 홍문사(2001).

김정수, 현대증권법원론, 박영사(2002).

박준서, 주석 민법(채권각칙(6)), 한국사법행정학회(2002).

신영무, 증권거래법, 서울대학교출판부(1989).

이상복, 증권집단소송론, 삼우사(2004).

이재상, 형법총론, 박영사(2001).

이철송, 회사법강의(제16판), 박영사(2009).

임재연, 자본시장법, 박영사(2010).

전홍렬, 증권거래법 해설, 한국상장회사협의회(1997).

한국증권법학회, "자본시장법 주석서 Ⅰ", 박영사(2009).

논 문

강대섭, "내부자거래와 배상책임에 관한 판례연구" — 배상청구권자와 인과관계에 관한 미국·일본의 판례(1), 경영법률 6집, 한국경영법률학회(1996).

강대섭, "내부자거래의 인과관계와 배상청구권자의 범위", 상거래법의 이론과 실제, 안동섭 교수 화갑기념논문집(1995).

강대섭, "내부정보제공자와 정보수령자의 거래의 규제", 증권법연구 제2권 제2호, 한국증권법학회(2001).

강대섭, "증권시장에서의 부실공시로 인한 손해배상책임에 관한 연구", 고려대학교 박사학위논문(1992).

고창현, "증권거래법상 단기매매차익반환의무", 인권과 정의 제277호, 대한변호사협회(1999).

곽민섭, "증권거래법상의 내부자거래에 대한 민사책임", 증권법연구 제1권 제1호, 한국증권법학회(2000).

권종호 외, "증권손해배상책임의 실체법의 정비", 한국증권법학회 보고서(2003).

김건식, "내부자거래규제의 이론적 기초", 증권학회지 제28집(2001).

김병태, "관계회사와 관련된 내부자거래규정 적용상의 문제점", 증권법연구 제3권 제2호, 한국증권법학회(2003).

김용진, "내부자거래에 있어서 중요한 정보", 월간상장, 한국상장회사협의회(1993년 2월호).

노태악, "내부자거래 등 관련행위의 규제", 증권거래에 관한 제문제(상), 법원도서관(2001).

노태악, "증권거래법상 미공개 내부정보에 관하여", 증권법연구 제2권 제1호, 한국증권법학회(2001).

박승배, "자본시장법상 불공정거래행위로 인한 손해배상책임에 관한 연구", 연세대학교 박사학위논문(2009).

박임출, "내부자거래 규제에 관한 비교법적 연구", 성균관대학교 박사학위논문(2003).

신영무, "내부자거래와 민사상책임", 상사법연구 제8집, 한국상사법학회(1990).

오영환, "내부자거래와 민사책임에 관한 연구", 연세대학교 박사학위논문(1994).

이형기, "증권거래법상의 민사책임에 관한 고찰", 인권과 정의 제277호(1999).

최민용, "단기매매차익의 반환", 상사판례연구 제19집 제4권(2006).

최재경, "증권거래법상 내부자거래의 형사처벌 관련문제", 법무연구 제27호, 법무연수원(2000).

형남훈, "내부자거래의 규제방안", 상장협연구, 한국상장회사협의회(1999년 추계호).

외국문헌

단 행 본

Frank H. Easterbrook & Daniel R. Fischel, "The Economic Structure of Corporate Law", Harvard University Press(1991).

Henry G. Manne, "Insider Trading and the Stock Market"(1966).

Lewis D. Solomon et al., "Corporations, law and policy, materials and problems", 3d ed.(1994).

Paul. Hastings, Janofsky & Walker, LLP, "Securities Law Claims A Practical Guide", Oceana Publications, Inc.(2004).

神山敏雄, 日本の證券犯罪, 日本評論社(1999).

논 문

Daniel R. Fischel, "Insider Trading and Investment Analysts: An Economic Analysis of Dirks v. Securities and Exchange Commission", 13 Hofstra L. Rev. 127, 133(1984).

Dennis S. Karjala, "Statutory Regulation of Insider Trading in Impersonal Market", Duke Law Journal, Vol. 1982, No. 4(1982).

Dennis W. Carlton & Daniel Fischel, "The Regulation of Insider Trading", 35 Stan. L. Rev. 857(1983).

Harold Demsetz, "Corporate Control, Insider Trading, and Rate of Return", 76 Am. Econ. Rev. 313(1986).

Marleen A. O'Connor, "Toward a More Efficient Deterrence of Insider Trading: The Repeal of Section 16(b)", 58 Fordham L. Rev. 309, 318(1989).

Robert M. Daines & Jon D. Hanson, "The Corporate Law Paradox: The Case for Restructuring Corporate Law", 102 Yale L. J. 577, 610(1992).

Stephen Bainbridge, "The Insider Trading Prohibition: A Legal and Economic Enigma", 38 Fla .L. Rev. 35(1986).

William J. Carney, "Signalling and Causation in Insider Trading", 36 Cath. U. L. Rev. 863, 885-891(1987).

찾 아 보 기

저자약력

연세대학교 경제학과(학사)
고려대학교 법무대학원 국제거래법학과(석사)
고려대학교 대학원(박사)
서울대학교 법과대학 금융거래법 연구과정 수료
미국 스탠퍼드 로스쿨 Visiting Scholar(증권규제, 기업범죄 연구)
사법시험합격
한국거래소 연구위원 겸 상근고문변호사
서울지방변호사회 중소벤처기업고문변호사단 상담위원
ACFE(America Certified Fraud Examiner)
재정경제부 금융발전심의회 위원
금융위원회 자체평가위원
기획재정부 정부소유주식매각 자문위원
기획재정부 국유재산정책 심의위원
관세청 정부업무평가위원
현) 서강대학교 법학전문대학원 교수(자본시장법, 기업인수합병실무, 회사소송실무, 기업지배구조론 담당)

저서 및 역서

개인투자자가 꼭 알아야 할 인터넷 증권사기(2001 매일경제신문사)
증권범죄와 집단소송(2004 삼우사)
증권집단소송론(2004 삼우사)
기업범죄와 내부통제(2005 삼우사)
(장편소설) 모래무지와 두우쟁이(2005 마음은행)
(역서) 헤지펀드와 프라임 브로커(2009 비엠에스)

자본시장법상 내부자거래

2010년 11월 15일 초판인쇄
2010년 11월 25일 초판발행

저 자 이 상 복
발행인 안 종 만
발행처 (株) 博 英 社
서울특별시 종로구 평동 13 - 31번지
전화 (733) 6771 FAX (736) 4818
등록 1959. 3. 11. 제300 - 1959 - 1호(倫)

저자와 협의하여 인지첩부를 생략함

www.pakyoungsa.co.kr e - mail: pys@pakyoungsa.co.kr

정 가 25,000원 ISBN 978-89-6454-624-6